禪宗倫理

編輯室導讀

　　《禪宗倫理》顧名思義，探討的是禪宗的倫理問題，那麼，如果我們直接問：「什麼是禪宗倫理？」相信在每個研究禪宗/禪學的人心中都存有不完全相同的答案，因為這個問題並不是三言兩語或是用一個簡單抽象的概念就可以描述完全的。在本書作者的觀點裡，這個問題的答案必需要被放入歷史脈絡與對不同教派的比較分析下，才能得到一個完整的概念體系/範疇。換言之，《禪宗倫理》這本書要告訴我們的不是教條式或規範式的禪宗倫理，而是禪宗倫理是如何形成的，以及在形成過程中逐漸發展出來的組成元素與體系架構，特別是禪宗倫理的理論與實踐上的內涵為何。

　　本書一開始便點出一個重要的思維方向，就是倫理的內容與觀念並不是先天就存在的，而是在人們建構與認可下型塑出來的。「宗教倫理」與「非宗教倫理」之間存在相當程度的差異；而佛教、儒家、道教/道家等不同宗教間對倫理的內容、定義也存在不同的認知與看法，這就導致了它們之間「倫理衝突」產生的必然性，特別是佛教做為一個外來宗教進入中國，更必須面臨這種外來文化與本土文化相互磨合滲透的過程。所以書的伊始便由佛教被其他宗教攻訐為一個「非倫理」的宗教開始談起，說明倫理觀念的本土性與時代性，同時也說明禪宗身為中國化最徹底的佛教宗派，在面對來自佛教和儒學、道家之間的倫理衝突或壓力時，如何考慮其他宗派的意見而做出回應，並且融合其他宗派的特色而建構出自己的倫理架構體系。

　　作者先是分析了儒道兩家倫理概念的內容特色，之後便

描述了儒道兩家對佛教倫理觀念的批判，並且說明做為中國本土化佛教代表的禪宗如何回應。作者在文中先提出了「倫理」與「道德」的差異，他認為「道德」傾向於個人層面，「倫理」則是具有社會性的性的意涵，因為這種社會性的意涵使得倫理成為一種「社會倫理」，也使得倫理的涵括面向與內容包含了政治、經濟與倫理自身。（這種說法並非是一刀切的區隔道德與倫理之間的關係，而只是為了論述上的需要。）也因此儒道兩家對佛教的倫理觀念批判便集中在這些面向上；包括政治經濟、夷夏之分、孝道之說等等的差異。針對這些批判，作者指出，佛教與儒道一般都是倫理型的宗教，只是在看法與表現上有所不同，儒道雖然對佛教有批評的一面，卻也不乏贊同之處。作者強調佛教倫理有其本身的組成架構，可以分為形而上、形而中、形而下三方面：「形而上」突出的是心性論、價值論和存在論。心性論討論的是做為倫理學基本出發點的心性關係；價值論討論的是佛教倫理如何由「一切皆苦」到「避苦趨樂」原則的產生來影響人們做出價值判斷；存在論是指佛教的空觀，是對物理世界和精神世界存在的判斷。「形而中」突出的是佛教倫理的制度層面，具體表現為佛教戒律，戒律是佛教倫理的制度化，讓佛教倫理原則形式化、規範化、公開化，把自律的道德轉換成他律的道德／倫理，突出道德／倫理教化中強制的一面。「形而下」的部分指得是對僧眾日常道德生活的具體規範，把戒律的道德規範體現為具體的道德生活，由此也可以體現佛教倫理之世俗性和超越性的統一。

明白了佛教倫理的特色，我們尚須瞭解禪宗在佛教／中國佛教中所扮演的角色，才能真正理解禪宗在倫理觀念上對儒道所做出的回應。在這個問題上，作者指出一個禪宗倫理

內容建構的核心，即禪宗是中國化最徹底的佛教宗派，之所以如此，就是因為禪宗充分注意到佛教在中國必須關心與避免的問題，從而走上了倫理化的道路，並且融合了儒學和道家思想完成了三教合一的文化融合。這一工作的代表人物是南宗六祖惠能，經過宗密、契嵩等人的努力，並且由百丈懷海通過制訂清規的形式在制度上確立起來完成這一工作。唐以後的宋明禪宗發展，也是持續著這種融合的道路在發展與進行。

作者在禪宗倫理體系的建構方面指出，對禪宗倫理具體內容的探討，要具有一個歷史的眼光，如此方可以瞭解到禪宗倫理有其一般的原理，也有其個別時期不同的體現。如果我們將其畫成一個二元結構的同心圓：一般的原理可以當成是禪宗倫理的核心部分，而個別時期的不同體現則是一種外圍的具體規範或實踐，而這種二元結構是一種相互保證、相互滲透、依存的辯證作用關係。作者也進一步的描述出，由於禪宗的宗教性格，倫理思想成為其內部最突出的一個內容，除了具有核心與外圍的二元結構，又有其內在的邏輯結構。包括七個部分：關於對倫理學基本問題探討的善惡問題；探討的人與「他者」—包含人、佛、自然、社會等道德和心性關係問題；探討戒律實踐問題的「道德制度論」；探討各種修行方法的「道德修行論」；探討如何認識道德本體觀點的「道德認識論」；探討日常的具體化道德行為體現方式的「道德生活論」以及讓受眾如何接受倫理教化的「道德教育論」。而這些問題，又可以與禪宗倫理體系的二元結構/三分系統歸納在一起，形成了形而上/核心（善惡、道德關係論）、形而中/外圍（道德制度論）、形而下/外圍（道德修行論、道德認識論）以及由此體系架構內外融合互動而辯

證產生的種種關係行為（道德生活論、道德教育論），如此
構成的一個整體，才是禪宗倫理的內涵與表現。

　　當我們分析了作者對「禪宗倫理」的形成架構以及發展
脈絡的看法時，我們便能瞭解作者的論述方式，作者在前面
兩章中介紹的是佛教/禪宗與儒學道家之間的倫理衝突以及
其後不同倫理觀念間的批判、互動與融合，在這個過程中，
禪宗倫理是如何在禪宗祖師的闡述發微之下逐漸的發展完
成，並且成為具有中國本土色彩的倫理觀念，雖然對禪宗倫
理的批評與回應在歷史上仍不斷持續，但已經無損於禪宗倫
理內涵的粲然大備。後面五章則是作者針對禪宗倫理的內涵
所開展的一系列論述與探討，分別針對形而上、形而中、形
而下三方面的議題來說明禪宗在具體實踐與作用的過程中是
如何表現/呈現在世人眼前的。第九章也就是最終章，作者
再回頭扣緊禪宗倫理中對儒學倫理的吸收，用「文化融合」
的概念來說明，禪宗是如何的融合儒學觀念使自己克服與中
國傳統文化的差異，卻又保存自己的特色而呈現一種中國式
佛教的禪宗倫理。前後呼應的章節安排，讓禪宗倫理的體系
架構與作用便在作者的章論述模式下完整的呈現出來，而這
也正是本書的突出之處。

　　事實上，本書跳出了一般對「倫理」概念的制式思考，
不用傳統的規範式論述手法來說明禪宗的倫理為何，而是採
用一種結構主義式的分析方式，將「禪宗倫理」的內在結構
做一深入的剖析，並且找出在其倫理範疇下的各個議題的相
對位置，這是一個相當有建設性的做法。因為傳統對倫理的
觀點或內容總是習慣以論述式的方式來說明其內涵，但卻無
法明確的說明其內容下各個議題的相互關連與重要性。建構
出禪宗的倫理體系，區分出禪宗倫理在認知與作用上的「核

心」與「外圍」，讓我們在理解禪宗倫理內容的同時，也能
瞭解其背後所代表的價值意義。知道哪些是最核心根本的思
考命題；哪些則是伴隨著對核心命題而來，可以隨著時空環
境人事作用而產生不同變化旨趣的議題。用西方哲學的話來
說，那是區分出本體論、認識論和方法論上的不同，讓人們
在理解認知和具體落實禪宗倫理的同時不致因果顛倒或是輕
重不分，這實可謂是本書的一大貢獻。另外，我們也必須認
知到，禪宗倫理體系中所謂的形而上、形而中、形而下的部
分，並不是三個純粹的、完全分開的不同部分，實際上三者
是融合在一起並且表現在人們對禪宗倫理道德的落實上的，
之所以做這樣的區分，只是為了寫作上邏輯分析的需要的方
便，這一點在作者的書中也有提及，換言之，禪宗體系是一
個理論與實踐同時並起、相互交融作用的整體，架構內部的
元素都是相互依存、相互辯證的，這種辯證流動關係的存在
才構成禪宗倫理的全部內容。

　　所以，這本《禪宗倫理》並只不是一本告訴我們「什麼
是禪宗倫理」或是「禪宗倫理的內容有哪些」的書，它是分
析禪宗倫理的思想體系如何被建構，以及禪宗倫理的核心和
外圍部分的規則或作用是如何構成整體運作規範的書。它不
是告訴我們「禪宗倫理是什麼」，而是更進一步的告訴我們
「禪宗倫理為什麼是什麼」。所以，如果我們願意花一點時
間來詳讀此書，相信對幫助我們跳脫禪宗倫理的規範式或教
條式束縛，而真正瞭解禪宗倫理並進而進入它的世界將會有
莫大的幫助！

宗博出版社 《經典對話系列》

主編　賴皆興

目錄

前　言

一

　　禪宗倫理，屬於宗教倫理的一個分支，對禪宗倫理的討論，自然可以從宗教倫理開始。

　　宗教和倫理，或者說，宗教和道德[1]，這兩種社會意識形態，兩種文化表現形式，既有區別，也有聯繫，這個觀點是討論宗教倫理問題的一個基本的前提。

　　就區別的角度講，表現為許多方面，概要而言，可述六點。其一，宗教是和一種特殊性質的信仰相聯繫的；而道德至多只涉及一般的信仰。人們一般講宗教信仰，這種信仰是以一個超越性的精神實體為對象，這種對象或者是神，或者是上帝，或者是佛，存在於人的現實生活之外的彼岸、來世或天堂世界，但又反映了人類的終極理想；而道德當然也可以從信仰的角度去理解，而有道德信仰之提法，這是對道德目標和道德理論體系等內容的信仰，這種信仰的對象是存在於現實生活之中的，也代表著人類的不同程度的精神境界，卻是存在於現世的、此岸的。也就是說，宗教信仰把理想設定在現實生活世界之外，以此種方式曲折地批評社會；道德信仰把理想設定在現實生活之中，以此種方式積極地改造社

1　倫理和道德，是兩個既有聯繫又有區別的概念，在本書的第一章中對此有所討論。本書在多數情形下，是在一般的意義上使用這兩個概念，即將其在大致相同的意義上理解，這也是為了敘述的方便。所以，宗教倫理又表述為宗教道德，禪宗倫理又表述為禪宗道德，在作這種互置式的表達時，並不表示無視倫理和道德的不同特點。

會。其二，宗教是一個內容廣泛的概念，建構起一整套世界觀體系，對於自然、社會、人類生活、人的精神世界都有系統的理論說明；而道德相對來說涉及的內容就少得多，是人的具體的行為規範的匯集，雖然也反映出一種世界觀背景，但不是直接討論這種大問題。其三，宗教是一種社會實體，有其特殊的組織制度結構，有著高度的組織性，又有物質性的宗教活動場所。因此，我們在述說宗教信仰自由的時候，所指的實際上是信仰的自由，因為信仰是一種純粹的意識活動，而不是說的宗教活動的自由，宗教活動受到宗教自身的組織制度的規定，也受到社會主流制度的大背景的制約。道德一般不反映出這種社會實體的特徵。其四，宗教的認識活動，常常強調直覺和情感。宗教的直覺認識使其帶有不同程度的非理性的色彩，甚至是神秘主義色彩，比如禪宗的頓悟，就是講的一種突發性的、瞬間永恆性的、非言說的宗教認識；注重情感，也使宗教認識又更明顯地帶有感性的成分，也使得宗教生活更注重宗教經驗（對超驗經歷的體驗）。道德的認識活動更多地強調理性或理智，反對認識的盲目，反對單純強調一個「信」，也重視以社會實踐，而不是個人的神秘性、不帶有普遍操作或指導意義的體驗對道德認識加以驗證。其五，宗教的修行實踐是一種組織規範下的共同行為和個人行為的結合。所謂共同行為，既是說宗教修行既有團體共修的形式，也依照宗教教義規範的統一方式而修，在這種條件下即使是個人的單獨修行，也有著共同的方法層面的標準。而道德踐履雖然也有某種規範性，但更多的是個人的經驗性行為。宗教修行有出世性的成分；而一般的道德踐履是和世俗的社會生活密切聯繫著的。其六，宗教關心的是人的終極性追求，即人生的解脫問題。這種解脫在不

同的宗教中有不同的規範，比如，道教是講肉體的長生，而以成仙為解脫；佛教講靈魂的永恒不滅；基督教也講天堂幸福的真實性和永恒性。道德關心的是個人理想人格的培養和各種道德關係的處理原則，對於靈魂的解脫或被拯救的話題就不重視。

關於宗教和道德的聯繫，池田大作和威爾遜的對話曾涉及到這個話題。池田大作說：

> 宗教既直接在教義中闡述倫理規範，又以教義為依據，間接地制定了各種倫理規範。總之，宗教在現實社會中所表現出的影響力主要在於它的道德規範，另外，道德規範也是宗教的堅實基礎。[2]

威爾遜也表達了相似的看法：

> 宗教之所以為宗教，是因為它與巫術不同，必須具有能夠普遍適用的各種規定和關於個人行為、社會秩序的各種規則，換句話說，宗教必須具備倫理的綱領。……宗教如果是「應該信仰的對象」，那麼它必然要給予人們「如何生活的規則」。[3]

兩人都表達了這樣的觀點：宗教本身涉及道德，包含著道德層面的內容，並且通過道德而起作用。這是從宗教的角

2《社會與宗教》，四川人民出版社 1996 年 11 月版，頁 414。
3 同上，頁 415。

度而言，任何宗教都可以說是道德化的宗教。從道德的角度而言，道德也可以通過宗教的形式發揮作用，這是所謂道德的宗教化。梁漱溟先生有「以道德代宗教」的觀點[4]，以此說明中國文化中道德和宗教的區別，而實際上正是反映了儒學道德宗教化的特點，因此有儒教之稱。這裡涉及到對宗教的理解問題，梁氏是站在西方話語中心條件下的宗教觀立場上提出這種看法的。不過這裡有一點要說明，並不是任何道德都一定要通過宗教化的形式起作用。這是宗教和道德相互滲透，甚至相互依存。另外，從不同的社會意識形式的社會作用看，宗教和道德共同反映社會生活，對同一個社會現實發揮相似的社會作用，兩者存在的社會基礎相同，有相同的社會功能。

二

這裡講的宗教倫理，是指在信仰的基礎上，在人—神關係的前提下（當然，東方宗教有個別的宗教派別是否認這類前提的，比如禪宗）處理各種道德關係的規範和原則的總和。所謂各種道德關係，除了人和神的關係外，宗教倫理還要處理人與人的關係、人與自然的關係，也涉及到人與社會的關係，這種關係是通過間接的形式表現出來的，因為任何宗教可以標榜其對世俗社會的超越，但同時又總在服務於具體的世俗制度的，宗教倫理還要處理人內在的靈與肉的衝突，精神與肉體的關係。這也就涉及到宗教倫理的研究對象，就是這五種道德關係。就具體涉及範圍來說，宗教倫理一般來說主要包括宗教體系本身所體現的道德問題。

---

4 見《中國宗教倫理與現代化》，台灣商務印書館1992年7月版。

　　宗教倫理與世俗倫理的關係，也是有同有異的，對於這種關係的討論，人們關心的恐怕主要還是兩者的區別。區別之一，是否以宗教信仰為前提，宗教倫理是，而世俗倫理不是。區別之二，是否涉及人神關係，並以此為所要處理的首要的道德關係，宗教倫理是，而世俗倫理不是。區別之三，是否具有超越性的特徵，宗教倫理是，世俗倫理不是。宗教倫理是超越於世俗生活的，有著比世俗倫理更為細密、嚴格的道德要求，其道德理想之境一般來說也不存在於世俗世界；而世俗倫理，一切都是從現實的、感性的生活狀況出發的，又歸結於世俗生活，也就是說，其道德理想之境同樣也是存在於世俗生活之中的，並不主張理想之境，實現道德理想的完人都存在於天國、天堂或來世。區別之四，是否具有嚴格的制度性和他律性，宗教倫理是，而世俗倫理不是。宗教倫理制定了相應的戒律、禁忌及誡條，這些規則的內容集中體現了宗教倫理，同時又是強制性的，代表著宗教信徒和宗教，準確地說，是和神之間所定下的神聖契約，要信教，必須遵守這些戒律，過制度化的生活，在規定的時間地點，修習規定的道德儀式，對違反者也規定了相應的處罰措施，由此顯示出宗教倫理的他律性和制度化的特點；世俗倫理當然也有制度化的內容，但不是像宗教倫理那樣突出，世俗倫理又是強調自律的，反映內心的自覺，依康德的觀點，他律就不成為倫理了。區別之五，是特殊倫理與一般倫理之別，宗教倫理是具體的倫理體系類別，世俗倫理更具有一般性倫理體系的特點。

　　當然，宗教倫理和世俗倫理也有相同的一面，特別在內容上，許多宗教倫理的內容就是世俗倫理的內容，許多世俗倫理的內容也就是宗教倫理的內容。問題在這裡，雖然具體

的內容會有重合，但宗教倫理使其帶有超越性的意義，而在世俗倫理中則體現出世俗化的特點。比如宗教倫理和世俗倫理都講為善去惡，宗教倫理中人們追求善，是為了自我的被拯救和得解脫；世俗倫理中追求善，是為了個人人格的完善或理想化，並由此作為實現社會理想的一個基本前提。當然，最為現實的結果，不論是宗教倫理還是世俗倫理，都使人的道德品質有所提高。

現在人們研究宗教，大多是站在西方權力話語的立場上進行的，對宗教倫理的規定也是如此。而佛教等東方佛教，又有其特點。歐陽漸講佛教非宗教非哲學，他對宗教的理解就是認同了西方宗教觀的立場。宗教講有神，有唯一的至高無上的上帝，而佛教則沒有這樣一個唯一的神。佛教一方面講十方三世存在著無數的佛，另一方面又否定有任何的佛。西方到尼采時喊出「上帝死了」的口號，中國的禪宗則根本否認有這樣的上帝，所以也不存在著死不死的問題，這樣的看法不是比尼采更徹底？宗教講神秘體驗，而唯識宗、華嚴宗，更多的是體現出理性，站在東方宗教的立場上，佛教恰恰是宗教。

同樣，對宗教倫理的研究也具有這樣的對西方權力話語下意識地認同的傾向，這嚴格來講還是一種西方文化中心論的立場，比如，有的觀點這樣認為，「宗教倫理的特點之一，是突出人的有罪」[5]。這突出的是原罪論，而原罪是基督教特有的宗教倫理概念。西方世界對基督教倫理學的研究，常常就冠名為宗教倫理學，以具體代替一般，而東方社會對佛教倫理學的研究，還是老老實實冠名為佛教倫理，可

<hr>

5《宗教學概論》，華東師範大學出版社 1991 年 12 月版，頁 70。

以看出強弱勢文化的不同文化心理。

　　本書對宗教倫理的理解，主張要考慮到東方宗教的特點，對於禪宗倫理的研究，更是要考慮到禪宗的特點。禪宗實際上是否定了佛（宗教一般意義上的神、上帝）的存在，因此，在禪宗倫理中，道德關係的核心，實際上不是人與佛的關係，而是人與自我的關係，由此擴展為人與人的關係、人與自然的關係等，當然，禪宗對人與佛的關係是沒有迴避的，它必須要對此作出解釋，但這種解釋的目的是突出了人與自我的關係，即生佛關係、心性關係。這一點，就和西方的宗教倫理不完全相同。以基督教倫理為例，其道德關係中的三大關係，即人與神的關係、人與人的關係、人與自然的關係，是在歷史發展過程中先後體現的。早期基督教通過各種約，確立的是人和神的關係，馬丁·路德等人的宗教革新確立的是人與人的關係，本世紀出現的生態神學，確立的是人與自然的關係。而在禪宗中，這些關係的處理原則，都是同時存在的，以致於西方宗教或思想界也注意到從禪宗中尋找對處理人與自然關係，重建生態倫理或環境倫理的啟發。不過應該明確的是，禪宗並沒有提出生態倫理或環境倫理這樣的概念，只是體現出與此有關的類似的思想。提出這樣的看法，並不是想說，我們的祖宗什麼都有。西方的宗教都強調出世的特徵，而禪宗卻一再重申其入世的特點，即入世而出世。

三

　　宗教和道德緊密聯繫的特點，使宗教倫理的存在和對它的研究成為可能，宗教倫理是宗教學和倫理學結合的交叉學科，既可以是倫理學研究的範圍領域，也可以是宗教學研究

的課題，本書的寫作，是從宗教學的角度切入，而不是純從倫理學的立場，如果從倫理學的角度切入，而對宗教本身沒有較為深入瞭解的話，寫出的作品很可能更多地體現出倫理學的特徵，而宗教的內容在其中成為碎片，成為倫理體系結構的填充物。

本書的寫作，雖然沒有寫成「禪宗倫理學」，但實際上還是思考了一個基本的思路，至少想以此體現不同篇章安排的邏輯性。宗教倫理體系的內在邏輯，大致可以分析為三個層次：形而上的層次，涉及宗教倫理對一些基本問題的觀點，人的道德本性問題，道德的起源問題，基本的道德關係問題，等等；形而中的層次，是制度的層次，涉及到宗教的戒律、禁誡、清規及禁忌等制度性的或前制度性的規範，體現倫理生活中的強制性和他律特徵；形而下的層次，是宗教信眾具體的道德認識過程和道德修行過程，也涉及到具體的道德規範的內容。

禪宗倫理同樣遵循這樣的邏輯，因此本書的寫法，大致依照這種邏輯順序進行，但考慮到禪宗倫理在中國文化中的特殊性，考慮到禪宗倫理形成的文化背景，在討論整個倫理結構之前，先對禪宗倫理所依據的中國文化背景作了交待，旨在說明，禪宗倫理既是佛教倫理的一個重要部分，有著印度佛教倫理思想的背景，同時又是中國倫理文化的重要組成部分，也有著中國文化的特點。佛教傳入中國，本土的儒學和道家道教文化對其採取的是批評或接納的兩種態度，批評的一面，對佛教提出了經濟的、政治的和倫理的批評，這三類批評，倫理的批評是主要的，而在倫理批評中，又以忠孝觀上的衝突為核心，體現出本土文化視野中儒道佛之間的不同價值取向。佛教對這些批評有著不同形式的回應。這種批

評和回應，構成本書的第一章的內容。禪宗倫理的建立，實際上也是對這些批評的回應。這種回應，也使禪宗體現出倫理化的特點。這一部分的內容，構成本書的第二章。禪宗倫理形上層面的理論的探討，本書持善惡關係為禪宗倫理的基本問題說，在對佛教倫理的善惡觀提出一般性看法後，又突出了禪宗的善惡理論。同時也討論道德的本原問題，禪宗倫理的觀點是，道德源於自心，是自心中先天具備的，這是先驗道德說。這部分內容，構成本書第三章。這一層面還要涉及道德關係論，具體討論五種道德關係：生佛關係（眾生和佛的關係，人和佛的關係，相當於西方宗教中的人和神的關係）、人和人的關係、人和社會的關係、人和自然的關係、人與自我的關係，這部分的內容構成本書第四章。禪宗倫理的形而中的層面，強調的是其制度層的規範，突出禪宗倫理的規範化、制度化和他律強制的特點，具體討論禪宗的各種戒，特別是惠能的無相戒和百丈懷海的《百丈清規》，考慮到《梵網經》在禪宗倫理中的實際作用，也對此經的倫理意義作出分析。禪宗倫理的形下層面，突出了禪宗的道德修行和道德認識方面的內容，揭示其特殊的方法，分別構成本書的第六、七兩章。在這種分析之後，又對禪宗倫理作一個整體性的綜合，因為，實際存在的禪宗倫理並不是分裂為所謂形上、形中和形下部分的，而是一個完整不分的整體，這種整體的體現，本書用「道德生活」的概念來概括，具體所指的內容，是道德教育、道德行為、道德境界，當然還可以容納其他的內容，比如道德評價等。這構成本書的第八章的內容。這樣，從形上、形中、形下三大塊分析而言，從自性出發，又回到自性，或者說，從佛性的被遮蔽出發，而到佛性的顯現。最後的一章，也是基於禪宗倫理的傳統文化背景的

思考，主要想探討禪宗倫理在其內容中對儒學倫理的吸收，突出了禪宗倫理對儒家忠孝觀念的尊重和融合。從全書的結構來說，是從中國文化背景出發，又回到這種背景。

　　本書只是筆者對於禪宗倫理的一個初步思考，不當之處甚多，有些是筆者尚不知曉的，有些是雖稍知曉，但無力深入探究的，還有些雖已知曉但交稿時限緊，來不及仔細琢磨的，請大家批評指正。

第一章

倫理衝突──對佛教的倫理批評及佛教的回應

倫理衝突
——對佛教的倫理批評及佛教的回應

　　所謂「倫理衝突」，並不是說佛教不討論倫理道德問題，佛教是「非倫理」的宗教，而只是想說明，佛教的倫理在中國社會中，曾經不僅不被部分本土文化，主要是儒家和道家道教，的一些堅持者所承認和接受，而且受到他們從倫理角度的批評。這反映出印度佛教在中國的發展過程中所面臨的來自儒家倫理層面的壓力，或者說體現出佛教和儒學之間的倫理衝突，而這種壓力或倫理衝突使禪宗在建構倫理體系時不得不考慮儒家的意見，作出回應。

　　佛教無疑是倫理型的宗教，具有獨特的倫理體系。它對人與佛、人與人、人與社會、人與自然界和人與自我的倫理關係的探討，深刻影響著人類的精神生活，不論是印度的原始佛教、部派佛教，還是大乘佛教，都是如此。中國佛教也保持了這一特色，並且有了新的發展，這種發展特別體現在禪宗倫理之中。不過，當印度佛教傳入中國後，中國本土文化對於佛教的態度不一，既有批評，也有會通。批評的一系，則常常從儒家的倫理標準出發，批評佛教亂了綱常名教，否定佛教對於個人、家庭和社會的積極價值。事實上，佛教倫理與儒家倫理確實有不同的特點，比如說，在道德理想上，一般認為，佛教講出世，而儒家則是講入世的。儒道對佛教的批評，佛教和儒道之間的爭論，特別啟發了禪宗對宗教倫理的思考，禪宗作為中國化佛教的代表，其基本特徵之一就體現為很大程度上的儒學化，而這種儒學化在其倫理層面有著很突出的體現。因此，在討論禪宗倫理之前，有必

要考察一下儒釋道三家特別是儒家對於倫理問題的基本觀
點。

一、　中國本土文化的倫理特徵

　　本土文化，是相對於外邦文化而言的。中國人中很早就
區分出夷文化和夏文化，孔子講「夷狄之有君，不如諸夏之
亡也。」（《論語·八佾》），就是對本土文化和異邦文化的
區別。在先秦時期，本土文化的基本類型就已經十分完備
了，儒、墨、道、法、名、陰陽諸家各呈特色。諸子百家及
道教文化中，與後來的佛教構成衝突或融合之對話關係的主
要是儒家和道教，儒家後來又發展為儒教，突出了儒家的教
化功能，道教在其發展的過程中，對道家和儒家的思想成分
則都有所吸收，道教和儒教、佛教，構成中國文化史上的三
極或三元，同時也產生了三教關係。這裡要討論的本土文
化，是指儒家文化、道家文化（道家也參與過對佛教的批
評，在《牟子理惑論》中可以很明顯地看出這一點）和道教
文化。佛教為一邊，儒道兩教為一邊，道教在對佛教進行倫
理批評時，其基本觀點多來自於儒家。儒家的地位因而更顯
得突出，儒家文化本身就是倫理型的，儒家的倫理觀又影響
到道教的倫理體系。從儒家對倫理道德的重視，可以理解為
什麼儒道兩教對外來的佛教會有著敏銳的倫理型的審視眼
光。

1、儒家文化的倫理特色

　　這裡首先要順便提一下，倫理和道德兩個概念，嚴格講
來，是有些區別的，至於如何區別，則有不同意見。筆者認
為，前者是傾向於社會化的、人人均需普遍遵守的價值規範

和行為準則，後者是傾向於個性化的、帶有個人特點的價值觀和行為規範。也就是說，作為獨立的個人，在不妨礙他人生存權利的前提下，每人都有其獨特的行為準則，即道德；但作為在社會關係中生存的社會人，又必須遵守社會對每個人提出的普遍性準則，即倫理。從某種程度上講，前者可以稱為社會倫理（當然學術界對社會倫理的提法還另有含義），後者可以稱為個人倫理。不過在一般的話語層面上，人們常常在大致相同的意義上使用兩個概念，這樣的情形在本書中也會經常出現。

太虛有句名言：中國佛學特質在禪。套用這樣的句式來看儒家文化（或儒學），儒家的特質在於倫理。一般認為，儒學是倫理與政治相混合的文化，但必須看到，儒家文化的出發點是儒家倫理，不論說儒學是政治型的倫理文化（政治倫理）還是倫理型的政治文化（倫理政治），都離不開儒家倫理的基礎，倫理政治是把倫理原則政治化，上升為政治規範。政治倫理則是把政治問題歸結為倫理問題，一切政治問題都可以用倫理原則來詮釋，梁漱溟先生稱之為「倫理本位」。這種倫理化的特點當然並不始於孔子，孔子之前的一些後來被視作儒家經典的典籍就很重視倫理的作用了，比如《左傳》中說：「夫禮，天之經也，地之義也，民之行也。天地之經而民實則之，則天之明，因地之性……」（《左傳·昭公二十五年》）《詩經》中說：「有馮有翼，有孝有德，以引以翼。豈弟君子，四方之則。」（《詩經·大雅·卷阿》）《尚書》中曾這樣批評兄弟間不講道德的情形：「於弟弗念天顯，乃弗克恭厥兄；兄亦不念鞠子哀，大不友於弟。」（《尚書·周書·康誥》）孔子是使儒學倫理化的重要代表，他的倫理化思路影響到以後的許許多多儒學界的思想

家。正因為如此，孔子常被遵為倫理學家，黑格爾正是這樣來理解孔子的：孔子的學說「是一種道德哲學」。孔子「只有一些善良的、老練的、道德的教訓」。[1]他因此而輕視孔子，那是他的哲學偏見，但他用道德哲學，或倫理學來把握孔子的思想實質，是比較準確的。其實不只是孔子本人的思想，整個儒學都離不開倫理的基礎。

儒家文化的倫理特色表現在哪裡呢？韓愈有過簡潔的概括：

> 夫所謂先王之教何也？博愛之謂仁，行而宜之之謂義，由是而之焉之謂道，足乎己無待於外之謂德。其文《詩》、《書》、《易》、《春秋》，其法禮、樂、刑、政，其民士、農、工、賈，其位君臣、父子、師友、賓主、昆弟、夫婦，其服麻絲，其居宮室，其食粟米、果蔬、魚肉，其為道易明，而其為教也易行。（《原道》）

韓愈寫這篇文章，包含著對佛教以及道教的批判，他的這個思想，實際上是在和佛教文化（當然也包括道教，但主要是佛教）相對比的基礎上形成的。在瞭解三教關於倫理問題的爭論後，可以更進一步理解韓愈對儒家倫理的界定。

儒家文化基本上是一種血緣文化，而不是地緣文化，因而，儒學的倫理特色也可以用血緣來說明。這種特色大致表現為兩個方面，一是宗法社會的結構，二是倫理政治的結構，而這兩者又是相互關聯的。

1《哲學史講演錄》第一卷，商務印書館1989年8月版，頁119。

　　儒家的宗法社會結構規定了社會結構的基本形式，以及
與這種形式相適應的社會穩定所需要的倫理秩序，社會結構
的基本形式是以血緣為紐帶，以家庭為基礎，由家庭而組成
宗族，由宗族而構成整個宗法社會。

　　血緣，從生物學的意義來說，是一種遺傳關係，因著這
種遺傳，而有了天然的血親聯繫，稱血緣關係，於是有了父
子關係、兄弟關係等，當然，血緣關係的出現一般又以婚姻
的形式作紐帶，首先是有婚姻，然後有家庭。古代的家庭不
是現在所流行的夫婦加少量孩子的模式，而是以父權為核心
的，家庭成員眾多，上下幾代共同生活，為了區別於現代的
家庭觀念，用家族概念更合適。在家族關係中存在著多重關
係，父子、夫婦、兄弟關係等，父子關係又是最為重要的。
隨著家庭中男性成員的成長，又會分化出新的家庭。也有在
祖輩在世的情形下，這些依據同一祖先而形成的不同家庭，
構成宗族。傳統的中國社會就由許多的宗族所組成，宗族中
的倫理原則都是依血緣而定的，其核心是孝悌。孟子曰：
「仁之實，事親是也；義之實，從兄是也；智之實，知斯二
者弗去是也；禮之實，節文斯二者是也。」（《孟子‧離婁
上》）節文，依朱熹之解，指品節和文章。事親以孝，從兄
是悌，依孝有仁，依悌行義，知孝悌之理為智，孝悌通過品
節、文章反映出來，就是禮。

　　倫理政治對於每個具體的人來說，是由內聖而外王，以
個人的道德修養為基礎而能致力於治國平天下的政治理想。
內聖外王本是莊學中的觀點，但更反映了儒家的倫理政治特
色，孟子對此其實已有明言，他說：「人有恒言，皆曰天下
國家，天下之本在國，國之本在家，家之本在身。」（《孟
子‧離婁上》）強調修身的重要性。在行孝和個人的道德修

養之間，後者更為重要，是行孝的基礎，「事孰為大？事親為大；守孰為大？守身為大。不失其身而能事其親者，吾聞之矣；失其身而能事其親者，吾未之聞也。」（《孟子·離婁上》）《大學》吸取了莊學中的表達方式，將孔孟的倫理政治理想概括為格致誠正修齊治平，格致誠正是道德修養的基礎，內聖之路；修齊治平是政治理想的實現，外王之路。對於從政者的政治理念而言，倫理政治是要求以倫理原則作為政治思想的核心，以倫理治國治世。

2、道家文化的倫理特色

在先秦時期，道家倫理是以儒家倫理的對立面的角色出現的，儒家強調的許多重要的倫理原則，都遭到道家的批評，而和後來的佛教倫理相比，兩者之間實際上又有著許多相通或相似之處，佛教倫理，尤其是禪宗倫理，也確實從道家倫理中吸收了一些思想，但佛教傳入中國後，道家是對之有所批評的，從這種批評來看道家倫理的特點，可以認為，道家倫理體現出重生、重民的特色。

所謂重生，就是注重現世生命的質量，最大限度地全身延命，達到真人、至人境界。老子和莊子都是圍繞這一點來討論其道德修養原則，老子講見素抱樸，少私寡欲，乃至無欲，「恒無欲也，以觀其妙。」（馬王堆本《老子》第1章）。以無欲的境界，觀照萬物的奧妙、道的奧妙，觀照人的本來狀態的奧妙、道德本性的奧妙，不去追求世俗的功利，過自然狀態的生活，這就是符合道德的生活。當然這個無欲不是講去除人的一切基本的生活需求，而是指的人的自然生活狀態。莊子則講適性，過符合人的道德本性的生活，不人為地破壞這種本性，逍遙，或者說自由，就是人的本

性。違反這種本性的一切，都是不道德的，因此，儒家的仁義禮智，目的在於給人以限制，試圖向人們提供某種規範，都是有害於道家的道德理想的，所以，老莊要絕仁棄義，要絕聖棄智，老子講：「大道廢，有仁義；智慧出，有大偽；六親不和，有孝慈；國家昏亂，有貞臣。」（《老子》第18章）「絕聖棄智，民利百倍；絕仁棄義，民復孝慈；絕巧棄利，盜賊無有。」（《老子》第19章）莊子講，仁義是虛偽的，理由何在？「彼竊鉤者誅，竊國者為諸侯，諸侯之門而仁義存焉。」（《莊子·胠篋》）偷一個鉤要被殺頭，而篡權竊國者卻可以成為諸侯，諸侯又可以仁義自居，以得為德，為仁義，這種仁義難道不需要擯棄？為了達到道家的道德境界，在道德修養方法上，老子講究無為之為，致虛守靜，莊子則講究坐忘和心齋。

在老子的道德理想中，還可以看到對民生的關注，因此，老子的倫理思想更帶有社會倫理的特色。他對現實社會生活中的無道之處提出強烈的批判，指責統治者多事擾民，多稅奪民，「民之饑，以其上食稅之多也，是以饑。民之難治，以其上之有為也，是以難治。」（《老子》第75章）。他指責統治者損害弱者的利益，「損不足而奉有餘。」（《老子》第77章）。他認為，作為社會管理者，不應有自己的私利，唯以廣大百姓的利益為自己的利益，「聖人無心，以百姓之心為心。」（《老子》第49章）。也正因為如此，道家後來就曾從經濟角度提出對佛教的批評。

3、道教倫理中的儒學影響

道教有自身的倫理體系，其基本的價值觀點是勸善禁惡，其道德目的在於渡人得道成仙，因而成仙者，也就是道

德理想的實現者，神仙是完善的道德理想之化身。道教倫理在其建構和完善過程中，吸收了儒家的倫理思想，也參考了佛教倫理的一些觀點。

道教倫理對儒家倫理觀念的吸收，主要體現為採納了儒家忠孝觀和等級秩序等思想，道教界以此為批評佛教的主要論據。

早期道教經典《太平經》對君臣關係就有許多論述，君臣民三者之間的等級，決定於天地人之間的次序：君受命於天，位最尊；臣受命於地，次於君；民則受命於人，最次。但君王應該實行以民為本的政治理念，進行德治，「國有道與德，而君臣賢明，則民從也。」（《天讖支干相配法》，《太平經》卷六十九）。這種思想是商周之際的天命論、孔孟儒學和早期道教的綜合。東晉葛洪從內外兩方面提出系統的修習方法，內靠貴精行氣，外依服食丹藥，除此之外，還需要依靠儒家的道德修養，「欲求仙者，要當以忠孝、和順、仁信為本，若德行不修，而但務方術，皆不得長生也。」（《抱朴子內篇‧對俗》）寇謙之增訂了道教的戒律，採用了佛教戒律的外在形式，而在內容上則吸收了儒家的倫理觀，他寫的《老君音誦誡經》中就明確廢除五斗米道的許多做法，代之以儒家的忠孝仁義的倫理原則。許多道教戒律也都十分重視這一點。《正一法文天師教戒科經》說：「諸欲奉道不可不勤，事師不可不敬，事親不可不孝，事君不可不忠。」道教的十戒，第一和第三分別講孝和忠，並以忠戒最為重要：「第一戒者，不得違戾父母師長，反逆不孝。」；「第三戒者，不得反逆君主，謀害家國。此戒最重，何以故？是諸國王皆是應化推運，總統天下一切人民之所機要，一旦無主，不得其死。」（《太上大道玉清經‧本起

品》)。

儒家的等級制度，是道教制訂神仙等級階位的依據，葛
洪據此認為，仙藥有上中下三類，神仙也有此三類，上者為
天仙，中者為地仙，下者為屍解仙，而神仙等級的頂點，就
是天上的元君，統率眾神。陶弘景作《洞玄靈寶真靈位業
圖》，根據朝廷中的朝班品序和尊卑原則，首次將道教雜亂
的神仙統一排序，分七個神仙階位，每個階位設一個中位，
即主神，分別是元始天尊、玉宸道君、金闕帝君、太上老
君、九宮尚書、定錄真君、酆都大帝，每一主神之下，還配
有左位、右位、女真位、散位、地仙散位。南北朝之後的道
教，則根據這一原則繼續完善神仙等級譜系，這種神仙的等
級也就是地上的封建等級秩序的反映。

二、本土文化對佛教的倫理批評

本土文化對佛教的批評基本上是從三個方面進行的，即
經濟的、政治的和倫理的。經濟角度的批評主要是強調佛教
的寺院經濟對世俗經濟的不利影響，批評寺院經濟對世俗經
濟利益的侵佔，也就是說，寺院經濟的發展，不斷地削弱世
俗地主甚至皇室的經濟利益，又批評佛教在經濟上的浪費奢
侈行為；政治角度的批評則強調佛教在政治方面對國家利益
的危害；倫理角度則批評佛教的倫理價值觀念。這也反映出
佛教在以儒學治國的中國社會中和世俗社會在經濟、政治、
倫理價值各方面的衝突，但在這些衝突中，價值觀念方面的
衝突是最主要的。經濟方面的衝突則可以用行政手段來解
決，皇上一份詔書就可以剝奪某一寺院的經濟基礎，甚至可
以給全國的佛教以毀滅性的打擊，而佛教的道德觀念是無法
用此種行政的手段甚至暴力手段迅速消除其影響的。

　　從社會倫理的角度看，政治和經濟都是其研究對象，也就是說，對佛教的政治批評和經濟批評，也都是從社會倫理角度進行的。如何理解社會倫理，或給其下一個學者式的定義？到目前為止，國際國內學術界還沒有一致的看法。一篇網路資料《二十一世紀的社會科學和社會倫理：美國人的觀點》提出了社會倫理分析的必須注意的四個主要的解釋主題，這就是：1.部族文化（tribalism）；2.民族主義（nationalism）；3.與其他生活方式或區域的關係（relations to other life/land）；4.宗教信仰（religion）。這實際上是美國面向二十一世紀的社會倫理學所要研究的基本問題。由此可知，社會倫理不是像傳統倫理學那樣以研究個人的道德觀念為出發點的，而是以研究社會生活諸方面的倫理問題為中心。中國歷史上有一種觀點認為佛教缺乏社會倫理觀，帕爾默（Daniel Palmer）在其《埃勃論禪佛教的社會倫理》[2]中有過詳細的討論。政治和經濟層面的批評都是基於這一社會倫理的立場，因此也都可以視作是倫理批評。

　　這裡選取的三教爭論資料，重點放在唐代之前，因為，這個時期，中國佛教正是從傳入到創立宗派的發展階段，在這個過程中，佛教方面對儒道兩教的批評觀點的反映，都在其思想中有所體現。

1、來自儒學界的批評

　　佛教傳入中國的大致年代，是在兩漢之際，西元紀年之初。這個時代，以儒家「五經」為代表的價值觀作為正統的

---

2 Masao Abe, Zen Buddhism, and Social Ethics，載於Journal of Buddhist Ethics, Volume 4:1997.

價值形態，同時，道家的神仙辟穀長生之術也非常流行。佛教傳入後，有一個不斷發展的過程，不斷被國人理解的過程。在許多人看來，佛教的倫理價值觀念是和「五經」的規範相違背的，因此對於佛教信徒，「世俗之徒多非之者，以為背『五經』而向異道」（《理惑論》）。反而是佛教的一些修行方式，被認為類似於道家之術而比較容易被接納。佛教在一進入中國，就面臨著和儒家倫理的衝突，這種衝突的記載最早體現在《理惑論》中，後來儒學對佛教的批評越來越多，到唐代為止，以范縝和韓愈為儒家反佛的最為突出的兩位代表。范縝直接批判了作為佛教倫理的哲學基礎之一的有神論，提出「神滅論」；韓愈有一篇反佛名篇《諫迎佛骨表》。儒學界對佛教的批評，大致體現為如下幾個方面：

第一、 明於夷夏之分，以夏貶夷

這是以夷夏論為根據而提出的批評。夷夏論的思路就是明於文化的「中外」之分，這種區分是中國文化中的悠久傳統，突出的是華夏文化優越論，顯示的是民族文化心理的極度自尊和對外邦文化的歧視。上文提到孔子曾講過「夷狄之有君，不如諸夏之亡」的文化觀，孟子也講過「吾聞用夏變夷，未聞變於夷者也」（《孟子・滕文公上》）。這種觀念在中國文化中影響極深，極大地妨礙了中外文化的交流。在三教爭論之初，儒家的這種觀點就被採納了，從印度傳來的佛教自然被稱為夷教，自然被一些人視為歧視的對象。

《理惑論》中，首先就以此論批評佛教，批評者引用孔孟關於夷夏論的這兩句名言，責問牟子：「吾子弱冠學堯舜周孔之道，而今舍之，更學狄夷之術，不亦惑乎？」中國人學自己的儒教學問，但牟子卻棄儒就佛，在他們看來，不是令人困惑嗎？

韓愈也堅持這一論據，他說：

> 伏以佛者，夷狄之一法耳，自後漢時流入中
> 國。上古未嘗有也。（《諫迎佛骨表》）

佛教不是我們中國固有的教法，不是祖宗確立下來的，而是外來的，佛教從後漢時傳入中國。韓愈強調這一歷史事實，是想說明，在佛教傳華之前，中國的文化價值體系就已經健全地建立起來了，沒有必要再讓一個外來的思想損害這一體系。這是以絕對排斥的態度完全否定了佛教的價值。

對於這一批評，禪宗事實上給予了充分的考慮，禪宗的中國化，其基本思路就是最大程度地融入本土文化的內容，即實現儒學化和莊學化。

第二、批評佛教的不孝

這是以儒家的孝道為出發點，批評佛教與孝道的衝突，這層批評，在整個對佛教的批評史中，是最為重要的理由。儒家的孝論是儒家倫理的基礎理論，在人的社會生活中，行孝也是立身之本，由行孝而能盡忠，一個人依孝為做人原則，於家於國，都能體現出積極的作用。而佛教倫理，在儒學界的有些人看來，這一根本性原則就沒有建立起來，就沒有存在和發展下去的必要了。

在現存的資料中，也是由《理惑論》首先從這一立場提出這種批評的：

> 問曰：《孝經》言：身體髮膚，受之父母，
> 不敢毀傷。曾子臨沒，啟予手，啟予足。今沙門
> 剃頭，何其違聖人之語，不合孝子之道也？

《孝經》是儒學之士在批評佛教倫理時經常引用的經典。據胡平生先生研究，此書的成書年代「至遲不晚於西元前241年」[3]。其內容包括有關孝的基本理論、孝道和政治的關係、行孝的原則，突出了儒家倫理中的孝的觀念，並以孝勸忠。孝的內容，《孝經》中開宗明義地講道：「身體髮膚，受之父母，不敢毀傷，孝之始也。」對於父母施與的軀體、四肢、毛髮和皮膚，都要細心愛護，不得毀壞，這是實行孝道的最基本的要求。許多有名的孝士就是這麼做的。據《論語·泰伯》記載，曾參病了，召集門人，說道：看看我的手，看看我的腳。曾子自感將不久於人世，要學生們看看，是否手腳完好無傷，以完整的軀體還給大地，是對父母的孝。佛教徒出家則必須剃盡頭髮，這在儒生看來，連最基本的孝道都做不到。與此相聯的另一個問題就是：

　　夫福莫逾於繼嗣，不孝莫過於無後。沙門棄
　妻子、捐財貨，或終身不娶，何其違福孝之行
　也？

儒家講究的孝道，以保證子嗣的延續為最大的孝，所謂「不孝有三，無後為大」（《孟子·離婁上》）。作為長輩，也以看到自己子孫滿堂、香火旺盛為人生最大的福分；而佛教出家人不結婚，不生子，既不能給自己帶來福分，也是對長輩的最大的不孝。

　　韓愈也注重在這一方面批評佛教，他從夷夏論直接進入

3《孝經譯注》，中華書局1996年8月版，頁4。

倫理層面：

> 夫佛本夷狄之人，與中國言語不通，衣服殊
> 制，口不言先王之法言、身不服先王之法服，不
> 行君臣之義、父子之情。（《諫迎佛骨表》）

他指斥佛教與儒家倫理的衝突有三：一是語言不通，二是服飾制度與儒教的要求不符，三是不行儒家的倫理規範。語言不通，所以佛陀在創教時就不可能瞭解中國祖宗制定的規矩，因此他創立的佛教就不適應中國。儒家倫理的規則也涉及到對服飾的規定，《周易‧繫辭下》中講到，「黃帝、堯、舜，垂衣裳而天下治，蓋取諸乾坤」。古人穿短小的毛皮，黃帝、堯、舜用絲麻布帛縫製衣服，服飾的基本原則依照乾坤的含義，這就是尊卑、上下和貴賤，也就是社會的等級制度，這種等級，從服飾上一眼就可以明確區分，而佛教徒的服飾則與此殊制。三國吳赤烏十年（248年）康僧會從南方來到建鄴（今江蘇省南京市），就有官員以容止及服飾的差異報告孫權：「有胡人入境，自稱沙門，容服非恒，事應檢察。」（《梁高僧傳‧康僧會傳》）由此可以看出儒教對服飾的倫理作用的重視。韓愈特別寫了一篇《原道》，針對佛教的法統，而提出了儒家的道統，即從堯、舜、禹、湯、文、武、周公、孔、孟相繼而傳的仁義道德之道，孟子以下，此道統不傳，佛教卻興盛起來，而佛教的實質，就是要使君不像君，臣不像臣，父不像父，子不像子，「必棄而君臣，去而父子，禁而相生養之道，以求其所謂清淨寂滅者」（《原道》）。

對這一層面的批評，禪宗也給予了充分的考慮，惠能的

居士佛教設想和人間佛教設想，實際上都是試圖使佛教和儒家倫理相融合。

第三、從政治、經濟角度的批評

政治角度的批評是強調佛教在政治上對國家、政府的危害性，依照中國封建社會的特點，實際上是對皇室、皇帝的危害，因為，正如黃宗羲所說，「其所謂法者，一家之法，而非天下之法也」(《明夷待訪錄·原法》)。也就是說，君王是以其一家之法，代替整個天下之法。經濟角度的批評則強調佛教的發展在經濟方面對社會的不利影響。

韓愈在此的觀點是，從政治上看，佛教不足以促進社會的發展進步，他的理由是，在佛教傳入之前，君王在位時間都很長，君王的壽命也很長；而佛教入中國後，歷朝運祚不長，梁武帝更是以事佛而身亡國滅。

韓愈對佛教從經濟角度的批評，更有其獨特的看法。他說：「古之為民者四，今之為民者六。古之教者處其一，今之教者處其三。農之一家，而食粟之家六；工之一家，而用器之家六；賈之一家，而資焉之家六。奈之何民不窮且盜也？」(《原道》)古來把民依職業分為士工農商四類，韓愈認為現在有了六類，加上了道士與和尚；自古只有一種教化，即儒教，現在有了三教，即加上了佛教和道教。本來一戶農家種的糧食是供四家人吃，現在又加上了道士與和尚這兩種吃閒飯的。本來一家工匠造的器具是供四家人用，現在要供六家人用；商人只有一家，而需要進行商品交換的卻有六家。這裡不只是批評佛教，同時也批評了道教。依照韓愈的觀點，多出了道士和和尚，必然要使原來的士工農商人員相應減少，從事物質生產和交換的人減少，而消耗這種勞動成果的人卻增多起來。這種情形發展下去的結果，必然會導

致社會的不穩定。

在韓愈之前，都官員外郎彭偃在大曆十三年（778年）也提出反佛的經濟證據：

> 天生蒸民，必將有職，游行浮食，王制所禁。故有才者受爵祿，不肖者出租稅，此古之常道也。今天下僧道，不耕而食，不織而衣，廣作危言險語，以惑愚者。一僧衣食，歲計約三萬有餘，五丁所出，不能致此。舉一僧以計天下，其費可知。（《唐會要‧議釋教上》）

佛教發展過程中大量修建寺院，消耗物質和金錢，內史狄仁傑認為這損害的終究是廣大百姓的利益，他在唐久視元年（700年）上疏批評說：

> 今之伽藍，制逾宮闕。功不使鬼，必役於人；物不天來，終須地出。不損百姓，將何以求？生之有時，用之無度，編戶所奉，恒苦不充。（《唐會要‧像》）

許多大型寺院的格局，已超出了宮殿的規格，建造這樣的寺院，不依鬼神之功，必然要靠百姓之力，所需物資，天上不會掉下來，必然要從土地上出產，不損害百姓，這些人工和物資從哪裡來？而百姓所能提供的，已經遠遠不夠佛教所需了，已經力不能及了。這類問題，佛教總是受到經常性的批評，解決這類問題的方法之一，是重視居士佛教。

2、來自道家道教的批評

　　道家、道教倫理的一個共同的特徵是重今生，而佛教則講三世、講輪迴，這是佛道之間一個十分突出的區別。但道家、道教講的今生成就的真人、神仙，現實生活中，人們很難以經驗去證實。倒是佛教講的三世輪迴、因果報應，解釋能力更強，今生今世內不能證實的，可以用來世解釋，因此，在這一方面，佛教的說法更有吸引力。在批評佛教時，道家道教就不能從這一點入手，而是側重於本土文化的優越性，特別是道教，還側重於從經濟、政治和儒家倫理角度批評。

　　純粹來自道家的批評，從現有資料來看，與儒學和道教對佛教的批評相比，要少得多。道家流派以老子的道家為源，老子之後，有稷下道家、宋尹學派、莊子學派、管子學派。漢初的道家，則發展出黃老學派、以《淮南子》為代表的流派。早期道教則是在黃老道家思想基礎上，加上神化了的老子而形成的。參與批評佛教的道家流派，主要是黃老學派。道教出於自身發展的需要，以本土宗教自居，比附儒家的倫理觀念，對佛教的批評之用力不亞於儒教，出現了一些有名的反佛論點，比如夷夏論、三破論。有的時候，佛道之間的官司要打到皇帝面前，由皇上來定兩者是非。唐初，當過道士的太史令傅奕上書唐高祖，提出廢除佛教的十一條意見，主張以儒道二教立國，「布李老無為之風而民自化，執孔丘愛敬之禮而天下孝慈」(《唐上廢省佛僧表》)。清靈觀道士李仲卿寫有《十異九迷論》，區別佛道兩教的十大區別，以及佛教的九大錯誤(迷)，以顯道優佛劣之意。道士劉進喜寫有《顯正論》貶低佛教。兩人還托傅奕把二論奏

上。但道教的批評水平比起儒教來說又要稍遜一些，使用的許多資料是傳說，甚至是任意編造的偽證據，學理的色彩不大，有時甚至夾雜著潑婦式的謾罵，令人聯想到中國傳統哲學中的思辨精神是如此缺失。相比較而言，佛教對其倫理思想的論證說明是很有思辨性的。道教對佛教的倫理批評大致可以歸納為如下幾個方面：

第一、以夏批夷

這一批判的基本依據是夷夏論。南朝宋、齊之間的道士顧歡，就曾寫過一篇有名的《夷夏論》，表面上是講佛道等同，「道則佛也，佛則道也」，實際上是的貶佛崇道，顧歡十分具體地區分出華夏文化和佛教的不同：

> 端委縉紳，諸華之容；剪髮曠衣，群夷之服。擎跽磬折，侯甸之恭；狐蹲狗踞，荒流之肅。棺殯槨葬，中夏之制；火焚水沉，西戎之俗。全形守禮，繼善之教；毀貌易性，絕惡之學。（《南齊書》卷五十四）

這把夷夏之間道德生活各個方面的不同特點提出來進行比較，從衣服容止、喪葬禮制到對色身的處理方式，夷夏之別是如此明顯。但顧道士的言論有惡意攻擊的色彩，把佛教稽首佛足的禮拜儀式誣為狐蹲，將佛教右膝著地的跪拜姿勢貶為狗踞，學理的缺乏使論辯變成了潑婦罵街，這本身就是缺乏辯論道德，缺乏「交談倫理」的。依顧歡的邏輯，從華夏文化的道德標準來看，佛教的生活方式是非倫理的，不符合華夏道德原則的，既然如此，再讓佛教流行，何處去尋正義？何處去尋理想的道德生活？「捨華效夷，義將安取？」

（《南齊書》卷五十四）這在佛教界引起了軒然大波，佛教徒們紛紛撰文反擊，形成中國佛教史上著名的夷夏之爭。

　　儘管這種觀點受到佛教徒的一再反駁，但道士們仍十分喜好運用這一立論的批判。李仲卿《十異九迷論》之第九異就是講的夷夏論：「老君設教，敬讓威儀，自依中夏；釋迦制法，恭肅儀容，還遵外國。」（引自法琳《辨正論‧十喻篇》）其第四迷講了華夷之異：「華夷禮隔，尊卑著自典墳；邊正道乖，勝負存乎史冊。」（引自法琳《辨正論‧十喻篇》）道士們把這種夏優夷劣的觀點看成了不證自明的公理，這是一種嚴重的文化排斥心理。

　　第二、從忠孝觀角度的批評

　　佛教在這忠孝方面的表現方式是最容易受到抨擊的，儒家對佛教的批評集中於這一點，道教也是如此。《弘明集》中有一篇文章，題《正誣論》，作者未詳，究其內容，是佛教徒反駁（正）持道家立場者對佛教的批評（誣）。批評者以神化了的尹文子為價值標準，指斥佛教「禁其殺生，斷其婚姻，使無子孫。」（《正誣論》引）《正誣論》講到「尹文子即老子弟子」，這個尹文子實際上是指關尹子尹喜，相傳此人是戰國時的道家，曾任函谷關的關令，老子西遊時，他隨老子出關西去，後來道教還尊其為無上真人、文始先生。佛教的五戒講不淫欲，出家的佛教徒不得結婚生子，這一點也成了道家的指責內容，和儒家的觀點一致，其基本意義在於批評佛教不講儒家的孝道。五戒講不殺生，道家也不以為然。

　　道教的一個著名的觀點是三破論，道教方面在南齊時曾假託南朝劉宋士人張融之名而作《三破論》，主要觀點是，佛教入國而破國、入家而破家、入身而破身。這一觀點在道

教界影響深遠，唐代的傅奕在其上書中也批評佛教「入家破家，入國破國。」這顯然是從南北朝時的三破論而來的。

　　三破論的第一破是破國，即佛教對國家的損害，實際上是從社會倫理角度批評佛教在政治上、經濟上和世俗社會之間的衝突，從忠的角度看，也是講佛教於國無忠。《三破論》說佛教：「興造無費，苦克百姓，使國空民窮，不助國，生人減損。況人不蠶而衣、不田而食，國滅人絕，由此為失。日用損費，無纖毫之益，五災之害，不復過此。」（引自劉勰《滅惑論》，《弘明集》卷八）佛教的發展，寺院的大量興造，寺院之宏偉華麗，都耗費了大量的資金，這些資金增加國家的負擔，而且最終都要轉嫁到百姓身上；同時，佛教徒出家，不事嫁娶，一方面使一部人退出了世俗生活領域，另一方面也影響到新的人口的出生，這不但會使從事經濟活動，特別是農業生產的人員減少，甚至會影響國家的兵源。況且，佛教徒不直接從事生產，以接受供養為生，寄生的生活，是不是符合道德？這一類批評，傅奕也從另一角度提出了，即無佛年長，有佛祚短，這和韓愈的看法是一致的。

　　經濟層面的批評，傅奕更為詳盡：

　　　廣置伽藍，壯麗非一，勞役工匠，獨坐泥胡。撞華夏之洪鐘，集蕃僧之偶眾；動淳民之耳日，索營私之貨賄。女工羅綺，剪作淫祀之幡；巧匠金銀，散雕舍利之家；粳梁麵米，橫設僧尼之會；香油蠟燭，枉照胡神之堂。剝削民財，割截國貯。（《唐上廢省佛僧表》）

可以看出，這層原因中，還夾雜著夷夏之分的觀點。道家一

開始就提出了經濟層面的看法，《正誣論》反對佛教大造寺院：「道人聚斂百姓，大構塔寺，華飾奢侈，糜費而無益。」（《正誣論》引）動用大量民工興造裝飾華麗的寺院，奢侈浪費，對社會並無益處。

上文提到，儒家也對佛教進行了這一方面的批評。這種批評，禪宗是非常重視的，後來的禪宗特別強調勞動，特別是農業生產勞動的重要性，把勞動和禪宗倫理的修行方式結合起來，形成禪宗的勞動倫理和經濟倫理，突出了禪宗自食其力的自主特色。

三破論的第二破是入家而破家，即批評佛教「使父子殊事，兄弟異法，遺棄二親，孝道頓絕，憂娛各異，歌哭不同，骨肉生讎，服屬永棄，悖化犯順，無昊天之報，五逆不孝，不復過此」（引自《滅惑論》）。佛教徒的出家生活破壞了中國傳統的家庭生活模式，使幾世同堂的格局不再完整，對雙親不能行孝，不事贍養，對兄長不能行恭敬，骨肉分離。顧歡也指出佛教出家的修行方式這一最突出的缺陷，批評佛教「下棄妻孥，上廢宗祀」（《夷夏論》），於家室於宗族，全然不顧一個人應盡的責任和義務。傅奕指出「佛之經教，妄說罪福，軍民逃役，剃髮隱中，不事二親，專行十惡」（《唐上廢省佛僧表》）。這既講到了佛教徒的入國破國，也涉及到入家破家。這在道教方面看來，是踐踏了中國倫理傳統認為的做人的最重要的倫理準則。

三破論的第三破是入身而破身，即批評佛教徒的出家生活規則破壞了父母所授之色身的完整性，具體而言，佛教徒的破身表現有五：「一有毀傷之疾，二有髡頭之苦，三有不孝之逆，四有絕種之罪，五有亡體從誡，唯學不孝。」（引自《滅惑論》）前四條都不難理解，也都是前人常提及的，

第五條，《三破論》中有所解釋，依照佛教的規矩，先入佛門者為長，假若兒子先出家為沙彌，母親後入，那麼母親見了兒子就要向其下跪致禮，道教覺得這是非禮至極，實在難以令人接受。

類似入家破家、入身破身的批評，禪宗也是非常重視的，惠能特別提出了居士佛教的方案，就是針對這類批評而設想的教制改革思路，唐代之後居士佛教的發展也是考慮到了與世俗社會的倫理適應性。

第三、對更深層的佛教倫理問題的批評

同儒教一樣，道家道教也沒有系統地對佛教倫理的理論體系本身作出全面系統的分析批評，但涉及到了其中的一些重要問題，比如說，道德實踐問題，道德境界問題等。

在《理惑論》中，可以看到道家對佛教戒律的批評。戒律是倫理精神的集中體現，佛教最基本的戒律是五戒，五戒中講到不飲酒食肉，飲食以食穀類素食為主，道家反對這樣：「為道者或辟穀不食，或飲酒啖肉，亦云老氏之術也。然佛道以酒肉為上戒，而反食穀，何其乖異乎？」道家的修行方式，有一種方法是辟穀法，即不食五穀雜糧，但可服藥，並須做導引等工夫。對於飲酒食肉，道家則是贊成的，這種差異，實際上反映出佛教和道家之間道德實踐方法的不同。

關於道德境界，《夷夏論》說：「泥洹、仙化，各是一術，佛號正真，道稱正一，一歸無死，真會無生。」泥洹是涅槃的早期譯名，是佛教倫理的終極境界，在小乘佛教中，其直接的外在體現就是肉體的死亡，仙化則是道教倫理的最高境界，也就是說，佛教和道教的倫理境界之別在於生死之別，道教講長生，佛教在更多國人的理解中是講死亡的，而

中國人的倫理觀，是重生不重死，儒教忌諱談死，道教則講長生，佛教直接談論死亡，視生死一如，這在本土文化中難以認同。

3、法難

　　佛教和世俗社會在經濟、政治和倫理價值方面的衝突，最終導致中央政府對佛教的禁止，限制佛教的發展，甚至要剷除佛教，稱「滅佛」，佛教史上稱為「法難」，大的法難就有著名的「三武一宗」之難，即北魏太武帝滅佛、北周武帝滅佛、唐武宗滅佛和後周世宗滅佛。雖然每次禁佛或滅佛之後，佛教都有一個新的發展過程，但如果認真探討一下滅佛的原因，不難發現，佛教倫理，佛教的價值觀和世俗倫理價值的衝突，佛教的道德實踐的鬆懈，佛教綱紀的敗壞，是導致滅佛的極其重要的原因，甚至可以說是主因。從中國封建社會的特點來看，法難代表的是來自政府或皇室的態度，是對佛教的行政干預。

　　提出法難的理由，和儒教、道教批評佛教的理由是相同的，具體體現為：

　　第一、確立儒教倫理價值的權威

　　中國歷史上雖然說三教並存，相互之間既有爭執又有融合，但作為官方的意識形態，儒家長期以來具有無可動搖的地位，對佛教甚至對道教的檢驗標準，就是看其是否符合儒家倫理。因此，歷史上的法難總要強調儒家倫理的權威。

　　北魏太武帝本人雖然信奉道教，敬奉寇謙之為天師，但他基本的立論是儒家的，太平真君五年（444年），他曾下兩詔：其一講到，佛教「生致妖孽，非所以壹齊政化，布淳德於天下也」（《魏書·世祖紀》）；其二講到：「自頃以

來，軍國多事，未宣文教，非所以整齊風俗、示軌則於天下也。」(《魏書・世祖紀》)這都是講的強化儒家文教建設的重要性，佛教的盛行不利於儒家禮教規範的推行。北周武帝則說：

> 然其六經儒教之弘，政術禮義忠孝，於世有宜，故須存立。(《周祖平齊召僧敘廢立抗拒事》，《廣弘明集》卷十)

儒家的忠孝禮義，是大有益於世俗社會的，不可廢棄，不可不立。唐高祖一直很重視儒家禮教的推廣，他主張，只有儒家禮教，才能保證社會的秩序：「安上治民，莫善於禮，出忠入孝，自家刑國，揖讓俯仰，登降折旋，皆有節文。」(《令諸經舉明經詔》，《全唐文》卷三)他下令在國學立周公和孔子廟，表示興化崇儒。

第二、指責佛教與儒家倫理的衝突

這仍是從忠孝角度立論的，儒道兩家言之甚多，皇帝再論，當然更有權威性。唐高祖曾有一個《問出家損益詔》，他責問僧人：「棄父母之鬚髮，去君臣之服章，利在何間之中？益在何情之外？」(《廣弘明集》卷二十五)既不講父母之孝，又不講君臣之禮，這樣的違背儒家綱常名教的教法對社會究竟有什麼樣的利益？北周武帝則認為這樣不講忠孝的佛教是國法難容的，「父母恩重，沙門不敬，悖逆之甚，國法不容。」(《周祖平齊召僧敘廢立抗拒事》，《廣弘明集》卷十)。佛教徒還有一個規矩，即「沙門不敬王」，以僧人出家，是方外之人，不必行方內世俗之禮，因此，見了皇上也不必行禮致敬，南朝宋世祖孝武帝劉駿在大明六年（462

年）詔令僧人致敬，強迫執行，甚至動用酷刑致死，「既行
剋斷之虐，鞭顏皴面而斬之，人不勝其酷也。」（《歷代王臣
滯惑篇上‧宋世祖》，《廣弘明集》卷六）。唐武宗則認
為，教法之壞，無過於佛法，害人之甚，無過於佛法，就是
因為佛教不講儒教人倫，「遺君親於師資之際，違配偶於戒
律之間，壞法害人，無逾引道。」（《舊唐書‧武宗本
紀》）。由這一點可以理解，中國的佛教為什麼不能如西方
基督教那樣，成為唯一的國教。

第三、指責佛教對社會秩序的破壞

這一方面，既包含了君王們從經濟、政治角度對佛教指
出的責難，也歷數了佛教徒不守清規的罪狀。

南朝宋武帝提出沙汰佛教徒的理由是：

> 佛法訛替，沙門混雜，未足扶濟鴻教而專成
> 逋藪，加以奸心頻發，凶狀屢聞，敗道亂俗，人
> 神交忿。（《歷代王臣滯惑篇上》）

從這一詔令可以看出宋武帝是從佛法本身和佛教現狀來
尋找反佛的理由的。他一方面指斥佛教理論的虛妄性和欺騙
性，另一方面指責佛教寺院成了納藏逃亡者的地方，批評佛
教徒的良莠不齊，有的佛教徒不守綱紀。這兩者最後導致的
結果是「敗道亂俗」，破壞了傳統的儒教的倫理綱常之道，
擾亂了世俗的社會生活秩序。

北魏太武帝有詔曰：

> 昔後漢荒君，信惑邪偽，妄假睡夢，事胡妖
> 鬼，以亂天常，自古九州之中無此也。誇誕大

言，不本人情，……由是政教不行，禮義大壞，
鬼道熾盛，視王者之法，蔑如也。自此以來，代
經禍亂，天罰亟行，生民死盡，五服之內，鞠爲
丘墟，千里蕭條，不見人跡，皆由於此。（《魏
書·釋老志》）

詔中的觀點很明確，佛教是外來的宗教，妖鬼之教，不
合中國的「人情」，佛教在中國的盛行，只是亂了中國的王
法、政令、教化、禮義，要想「整齊風俗」，還是需要宣傳
儒家的「文教」，這把佛教與儒家的倫理價值觀念完全對立
了起來。

北周武帝還強調了廢佛的經濟原因，即廣造佛塔寺院對
資財的浪費：

崇建圖塔，壯麗修造，致福極多。此實無
情，何能恩惠？愚人嚮信，頃竭珍財，徒爲引
費，故須除蕩。（《周祖平齊召僧敘廢立抗拒
事》，《廣弘明集》卷十）

唐武宗也談到了這一點：「佛寺日崇，勞人力於土木之
功，奪人利於金寶之飾。」（《舊唐書·武宗本紀》）

唐高祖的《沙汰佛道詔》（見《全唐文》卷三）則歷數
了佛教的種種不良表現：

寺院成爲逃避徭役的場所，所以一些不良之徒紛紛私度
出家，「浮惰之人，苟避徭役，妄爲剃度，托號出家」。

寺院成爲招納違法人員的避難所，「招來隱匿，誘納奸
邪」。

　　寺院經濟的發展使得僧不像僧，經營活動代替了僧人應有的修行，僧人們忙於「出入閻里，周旋闤闠，驅策蓄產，聚積貨物，耕織為生，估販成業，事同編戶，跡等齊人」。寺院經濟還沒有發展起來的時候，僧人要靠諸方供養，經濟上有依賴性，但寺院經濟的過度發展，又和世俗經濟發生較為嚴重的衝突，因為寺院是不需要納稅服徭役的，如果整個國家的經濟像一塊蛋糕的話，現在又被寺院經濟切去了一大塊。對於這一點，唐武宗還是強調了僧人在經濟上的寄生性，「且一夫不田，有受其饑者；一婦不蠶，有受其寒者。今天下僧尼不可勝數，緣告待農而食，待蠶而衣」（《舊唐書‧武宗本紀》）。武宗時統計的全國僧尼數是二十六萬零五百人，要多少人為其供養衣食？

　　有的僧人不守清規戒律，既不守佛戒，也不遵儒規，「進違戒律之文，退無禮典之訓，乃至親行劫掠，躬自穿窬。」（《沙汰佛道詔》）

　　由於此類種種緣由，這些帝王向佛教下禁令。北魏太武帝的滅佛是很激烈的，他的廢佛詔就是殺氣騰騰的，他要求毀經殺僧，「諸有佛圖形象及胡經，盡皆擊破焚燒，沙門無少長，悉坑之」（《魏書‧釋老志》）。相比之下，北周武帝的滅佛要溫和些，沒有殺僧，全部退回家，經像則悉數毀滅。唐武宗滅佛後，對許多教派的打擊都是毀滅性的，唯有禪宗能夠重振復興。這一而再，再而三的滅佛，而禪宗能夠在大難後復興，都值得深思。

三、佛教界的回應

　　對於來自儒道兩教的批評，佛教方面，在佛教發展的不同階段上，體現出的態度並不是完全一致的，大致可以歸納

為三種，既有完全拒斥批評的看法，表現為針鋒相對的立場，也有會通的觀點，這種觀點，有的表現為盡力解釋佛教的思想，有的則表現為對儒道在批評基礎上的融合，這對佛教來講，是更為有遠見的思想。除此二者，也有佛教界人士根據這些批評而反思佛教的改革，但即使有少量改革的言論提出，整個佛教界還沒有能夠形成站在中國社會的立場上反思佛教內部教制教義革命的共識，直到禪宗的出現。

1、拒斥的觀點

這一類觀點，以排斥的心態，否定儒道兩教對佛教的批評，堅決捍衛佛教的價值觀，強調佛教和世俗文化的區別，因此，就有三教之爭。這類爭論，大致有兩種情形：或是集體行為，多人圍繞一個論題共同反批評；或是不間斷的個人的觀點，不斷有高僧提出反批評。前者以對夷夏問題和形神問題的爭論較為突出，後者則涉及到倫理的許多方面內容。

顧歡提出夷夏論後，佛教方面對這種僅以地域的不同而區分文化優劣的觀點給以迅速的反擊，一時間，寫出大量的文章，否定夷夏論，謝鎮之專門寫信給顧歡，現存的《折夷夏論》其實就是由謝鎮之的兩封信組成的，一封是《謝鎮之書與顧道士》，另一封是《重書與顧道士》。朱昭之有《難顧道士夷夏論》，朱廣之有《疑夷夏論咨顧道士》，慧通和尚有《駁顧道士夷夏論》，等等。

東晉成帝、康帝時期，車騎將軍庾冰、太尉桓玄等人批評佛教徒不敬皇帝，抗禮萬乘，對此，廬山慧遠提出了著名的《沙門不敬王者論》進行反批評，重申了佛教自身的倫理傳統。

慧遠主張，佛教徒和一般的人不同，稱為出家人，出家

和在家有別。在家人需要遵奉各種世俗的禮法，「是順化之民，情未變俗，跡同方內。」（《沙門不敬王者論・在家一》）順從教化，道德情感沒有超出禮法的要求，道德行為也是符合禮教的。出家人則是方外之賓，出家人所遵奉的佛教，視自我為實現道德理想的障礙，認為人們生生不息追求自我，就是因為順從了世俗的教化，因此，佛教倫理的實現方式是：求宗不順化，息患不存身。為了實現佛教的道德理想，就不能完全以世俗教化所要求的規則行事，為了去除實現道德理想的障礙，就不能追求自我的名利，不能貴生、厚生。如此看來，形式上是與世俗禮教的要求相乖反，「遁世以求其志，變俗以達其道。」（《沙門不敬王者論・出家二》）但究其實質，佛教並沒有違背忠孝之理，是以另一種方式實現忠孝。應該承認，慧遠講到了佛教更本質的層次，從根本上講，佛教是陰助王化的，這一點，在佛教界是始終堅持的，後來柳宗元在批評韓愈時也講到，韓愈對佛教是恣其外而遺其中，只看到佛教外在的方面，而把佛教和孔子相合的地方忽略掉了。但也正是這個外在遺親出家的形式，成為佛教和儒道衝突的一個焦點。

法琳也是拒斥批評最堅決的一個代表，他對道教的批評進行全面的回擊，實際上可以看作拒斥一派對整個儒道兩教批評佛教的回擊。他針對傅奕的《唐上廢省佛僧表》，寫有《破邪論》，針對李仲卿的《十異九迷論》，寫有《辯證論》，道教批評佛教不孝，法琳認為，這和佛教的理想有關，佛教「志求無上菩提，願出生死苦海。」（《破邪論》），有此非常之志，才有非常之行。至於佛教寺院之眾，法琳的解釋是，佛教傳入五百多年，寺舍是過去就有的，都是信徒們因悼念雙親、求將來福田報應等緣由而發心

起造，並不是由佛僧建造的。至於說佛教是夷教，佛是夷
人，法琳認為，中國傳統的英雄或聖人中，多有夷狄之人，
庖犧、女媧、夏禹、文王都屬此類。至於說帝王無佛則年
長，有佛則祚短，法琳舉出了相反的情形，有佛則年長，無
佛則祚短。佛教不破國、不破家，「教人舍惡行善，佛法最
先，益國利民，無能及者。汝言破家，破誰家？破國，破誰
國？」（《破邪論》）傅奕還提到有的僧人不守戒行，甚至參
加反亂，法琳認為，道士這類人更多，張魯、張角起義，披
道士服者有數十萬，況且佛教界有德行者眾，益國者多，你
為什麼不說？只會揚惡，專論人短，難道是君子的行為嗎？

　　三論宗的吉藏在建立其宗派體系時，首先做破邪的工
作，摧折外道，其中就有對「震旦眾師」的批評，著重批評
的是道家，他認為，道家的思想只講一世的人生，而不知有
三世，不懂即物而虛，不能即無為而遊萬有，存有得失之
心，不能我法兩空，因此，道教和佛教相比，「短羽之於鵬
翼，坎井之於天池，未足喻其懸矣。」（《三論玄義》卷上）

　　這種拒斥的觀點，在慧遠，純說理的成份較多，顯示出
佛學特有的理論素養，而在法琳這裡，這一特點則很少了，
倒是反映出較強的論辯技巧，採用的資料則多是傳說性的證
據。而到吉藏，則完全體現出佛教哲學特別擅長的理論思辨
的優勢。這類態度傳達的一個信息就是，拒絕融合，這對佛
教的發展並不一定有利，其實慧遠本人是堅持從中國文化的
立場上來建設中國佛教的，這從他和鳩摩羅什的通信中可以
明顯看出來，他又強調佛教應該保持自己的特色。由於人王
對佛教的態度不同，慧遠是受到尊重的，法琳則被唐太宗流
放，病死在流放途中。吉藏的三論宗實際上是一祖而衰，吉
藏之後，宗派衰落了，究其原因，也有和中國文化背景距離

較大的因素。

2、會通的觀點

　　會通的觀點，在東晉和南朝時期已經有人明確提出了。生活年代大致在西元320至380年之間精通佛教的名士孫綽就講到：「周孔即佛，佛即周孔，蓋內外之名耳。」「周孔救極弊，佛教明其本耳。」（《喻道論》）雖然講會通或融合，但佛教界堅持這樣一個立場，即方內與方外之別，或內外之別，這種區別，其基本的理論前提則是本末之別，佛為本，儒道為末，這是必須明確的。方內、方外之說來自《莊子・大宗師》：「孔子曰：『彼遊方之外者也，而丘遊方之內者也。』」佛教界採用這對範疇，是用以說明，儒教是世俗的，而佛教是出世的。孫綽試圖說明這樣的看法，儒教的功用是救世，而佛教的功用是救心，兩者都有其積極的作用，但佛教對於人的解脫所起的作用是決定性的。

　　南朝劉宋時的僧人慧琳，主張均善或均聖論，他作了一篇討論這一觀點的專文《白黑論》，假設白學先生（代表儒道方面）和黑學先生（代表佛教方面）相互辯論，從中體現調和三教的思想。他主張，儒道佛三教各有特色，都有其長處，並不矛盾，「但知六度與五教並行，信順與慈悲齊立耳。」（《白黑論》）。六度，佈施、持戒、忍辱、精進、禪定、智慧，是大乘佛教倫理的總綱；五教，父義、母慈、兄友、弟恭、子孝，或者說仁、義、禮、智、信五常，是儒家倫理的基本規範，兩者並不矛盾，道教的信順原則與佛教的慈憫情懷也無衝突，三教殊途而同歸。三教教主，也都是聖人，孔子、老子是中國聖人，佛陀是西域聖人。但是這種觀點在當時佛教處於上升勢態的蓬勃發展的局勢下，遭到佛教

界的猛烈抨擊，被視為佛教的「異端」，佛教信徒宗炳、顏延之等名人都著文反駁，而宋文帝卻非常欣賞《白黑論》，這種政教之間的不同態度對於宗教倫理的分析研究是有獨特意義的。

這裡還要提到慧遠。慧遠雖然反對正式出家的僧禮敬世俗之王，但從本質一講，他是對佛教的中國化有自己獨特看法的，也是佛教中國化進程中的重要人物。他的觀點是，「內外之道可合」（《沙門不敬王者論 · 體極不兼應》）佛法和名教是統一的，他主要的論證是：

> 道法之與名教，如來之與堯孔，發致雖殊，潛相影響，出外誠異，終期則同。（《沙門不敬王者論 · 體極不兼應》）

佛教和儒教，出發點不同，但可以相互影響，相互作用，根本的目標是相同的，殊途而同歸，這是後世整個中國佛教界調和三教的理論依據，禪宗的許多三教合一的觀點，都與此論有關。

會通的觀點在隋唐佛教諸流派中，具體體現在各自的佛學理論體系之中，這裡簡單談一下教門天臺和華嚴的會通觀，禪宗的會通觀在下文專門討論。

天臺智顗贊同傳統的觀點，以五戒和五常同，又以五行和五戒同，「深知五常、五行，義亦似五戒。」（《摩訶止觀》卷六上）具體地說，五常之仁同於不殺戒，義同於不盜戒，禮同於不淫戒，智同於不飲酒戒，信同於不妄語戒。不殺生防五行之木，不偷盜防金，不淫防水，不妄語防土，不飲酒防火。還以五經同於五戒，《禮》防飲酒，《樂》防淫，

《詩》防殺，《書》防盜，《易》防妄語。智顗特別強調儒
家的孝對於佛教的意義，「若堅持五戒，兼行仁義，孝順父
母，信敬慚愧，即是人業。」（《法華玄義》卷六下）。智顗
的三諦圓融說，空諦、假諦、中諦，雖三而一，雖一而三，
一念心起，即空，即假，即中，在一定意義上說，也是對世
俗觀念的融合。在這一點上，華嚴宗的四法界說也具有這種
意義，法藏認為，理法界是本體界，事法界是現象界，在這
一前提下，理事相互融合，而成理事無礙法界，並最終證明
事事無礙法界，這不但證明了世俗真理和佛教真理的融合，
還證明了每一世俗現象都是合理的。

3、改革的觀點

　　佛教的結構，從大的方面講，是由佛、法、僧三部分組
成的。佛是宗教崇拜的對象，是覺悟者，也是道德的完善
者；法是佛的思想的體現；僧是過出家生活的佛教僧侶。這
種構成體系，在中國佛教中受到嚴格的遵奉，但是，從中國
佛教所受到的批評來看，佛法和僧制是重點的批評對象，對
此，佛教界也有一些人，根據這些批評，而提出了改革佛教
的看法，其中的代表人物之一是北周僧人衛元嵩。

　　衛元嵩本人是僧人，但他卻上書周武帝，要求省寺減
僧，其基本觀點是，佛教的發展應該注重弘揚佛法的根本精
神，而不在於大造佛寺；中國佛教必須加以改革，實現世俗
化；採取經濟調節手段使佛教徒遵守僧德。他說：

> 唐虞無佛圖而國安，齊梁有寺舍而祚失者，
> 未合道也，但利民益國則會佛心耳。夫佛心者，
> 大慈為本，安樂含生，終不苦役黎民，虔恭泥

> 木，損傷有識，陰益無情。（《歷代王臣滯惑篇
> 下·周衛元嵩》，《廣弘明集》卷七）

衛元嵩的觀點是，發展中國佛教應該符合佛教的基本精神，
這種精神就是「大慈為本，安樂含生」，以慈愛之心，利樂
有情眾生，這樣的佛教，才是利國利民的，違背這一點，去
大興土木，勞役民眾，修寺立像，讓人們去虔誠地去恭敬泥
木塑像，這不是佛教之本，而是舍本求末。這是要求以倫理
化的佛教來為社會、為人生服務。接著，他提出了佛教世俗
化的觀點：

> 無選道俗，罔擇親疏，以城隍為寺塔，即周
> 主是如來，用郭邑作僧坊，和夫妻為聖眾，推令
> 德作三綱，遵者老為上座，選仁智充執事，求勇
> 略作法師，行十善以伏未寧，示無貪以斷偷劫。
> （《歷代王臣滯惑篇下·周衛元嵩》，《廣弘明集》
> 卷七）

這就是衛元嵩設計的理想的佛教藍圖，在他的佛教世界中，
沒有在家出家之別，也沒有法系的親疏遠近，沒有特別修行
修造的寺院，就以城隍為修行道場（城隍原是古代神話中守
護城池的神，後被接納入道教的神仙系統），不崇拜夷地的
佛，就以本朝的周皇為如來，沒有特別的僧舍，一般的民眾
住所就是僧房，因為，已經改革了僧人出家的制度，在家也
可以修道，成婚的夫妻也都是僧眾，都能修行成佛，至於僧
制，各種僧職均由世俗社會中的優秀人士擔任，選有德行者
為三綱（上座、寺主和維那），遵年長者為上座，以仁智兼

具者為執事，以有勇有謀者為法師，而維護社會的道德規範，就是佛教倫理規範，而佛教倫理也和世俗的倫理準則是一致的。這種看法，和後來的禪宗倫理的發展方向是非常相近的。

為保證倫理規範的實施，衛元嵩主張使用經濟手段，懲治無德者，獎勵有德者，造成人人講道德的社會風尚：

> 有德貧人免丁輸課，無行富僧，輸課免丁。輸課免丁，則諸僧必望停課，爭斷慳貪；貧人免丁，眾人必望免丁，競修忠孝。此則興佛法而安國家，實非滅三寶而危百姓也。（《歷代王臣滯惑篇下·周衛元嵩》，《廣弘明集》卷七）

對那些雖然貧窮但有道德的人，可以只收稅而免除勞役，這樣，窮人們都想免除勞役，就都講道德。對於那些缺乏道德修養的富僧，則不但要課他的稅，還要征他的勞役（「無行富僧，輸課免丁」中的「免丁」，可能為「征丁」之類），這樣一來，富僧們都不想遭受這樣的處罰，於是紛紛斷除自身不道德的品行。如此，就會在社會上形成趨善去惡的良好風尚。

這樣的改革方案，實際上是走佛教世俗化和道德化的路子。所謂世俗化，就是非宗教性，把佛教從彼岸世界拉回此岸世界，減少其宗教性的成份；所謂道德化，則是強化佛教的道德功能，最大限度地發揮道德在社會生活中的作用。進一步提出佛教改革的系統理論構想並付諸實施的，是禪宗的「革命」，這也是本書的重點內容。

四、佛教自身的倫理建構

其實佛教本身就是倫理型的宗教，這一點與儒家思想無異，只是儒家對於佛教在倫理的表現方面有不同的看法。除了批評的一面，儒道對佛教更有贊同的一面，政府和官員更有對佛教保護的一面，其基本的思考就是佛教和儒家一樣，同歸於治，對於社會、人生都有其積極作用。佛教倫理的建構，可以歸結為三方面的內容，一是形上性的，涉及到佛教倫理的一些根本性的理論問題；二是形而中的，或制度性的，涉及到佛教對於倫理制度化的探討，三是形而下的，具體化的，是佛教倫理對於具體的道德生活的規範。與儒家倫理相比，佛教倫理在論證方法上更具有哲學思辨的特點，因此更顯得精緻和系統。

1、佛教是倫理型的宗教

印度佛教從一開始創立，就和中國的儒學一樣，是倫理型的，不是純粹的哲學，不專門去討論抽象的形上問題，純粹的本原問題，認識論問題，方法論問題，如同歐洲有些哲學流派那樣，甚至也不是純粹的宗教，沒有確立唯一的神的無上權威，如同基督教那樣。釋迦牟尼只是從人的生存狀況出發，追求一種符合人的本性的生活，解除人們現實生活中的痛苦，實現人生的解脫，佛教的全部理念，可以歸結為一種解脫論，佛教討論的問題，都是圍繞解脫論展開的，認識論問題，涉及的是道德認識，方法論問題，涉及的是解脫的方法。

為什麼佛教發展出倫理的特色？或者說，為什麼講佛教是倫理型的？《中阿含經》中的《箭喻品》說明了這一點，比如有人身中毒箭，受極重苦，對於中箭者來說，當下最需

要解決的問題是除箭療傷，但是，有人卻認為，我不急著拔箭，而應首先瞭解受傷者的姓名、身材高矮肥瘦、膚色黑白、種姓等級、職業身份、居於何處等問題，又需要瞭解弓的性質，材質、顏色等類，還要研究弦的性質，箭杆的性質，箭尾羽毛的性質，箭鏃的性質，甚至還要研究造箭者是誰，姓名、身材高矮肥瘦、膚色黑白、種姓等級、職業身份、居於何處等。等到這些形上性的純哲學性的問題還沒有了解清楚，受傷者已經死矣！

從原始佛教以來，就堅持這樣的觀點，眾生都如同此受箭傷者，處於痛苦之中，人生是苦，三界如火宅，對於苦難中的眾生來說，最根本的是要尋找出解脫痛苦的方法，所有問題都以此為中心。由此，佛教之倫理層面的意義就被突出出來了，通過對社會、人生的分析，人生痛苦的原因，在於人自身的無明，對於佛教真理的無知。由無明而造業，由業而受報，輪迴生死苦海，解脫之道，最根本的，就是從根治自身的無明入手，而具體的認識和修行方法，則都是倫理學的內容，小乘佛教強調戒定慧三學、三十七道品的倫理原則，大乘佛教強調四攝、六度的倫理精神。和同樣具有倫理化特色的儒家學說的不同之處，表現之一是佛教倫理也通過哲學思辨來闡發，但佛教的哲學思辨不純粹是為了證明純哲學問題的，而是為了論證倫理問題的。

2、佛教倫理的基本內容

就佛教倫理的形上性的內容而言，其突出了心性論、價值論和存在論的內容。討論心性關係，這從倫理學的角度看，也是研討倫理學的出發點，倫理學的基本問題。心性論的問題涉及到染淨、善惡、眾生與佛關係論，關於染淨，佛

教的基本觀點是，心性本淨，客塵所染，眾生的本性是清淨
無污的，但受到各種煩惱的染污，煩惱是可以通過認識和修
行的方法去除的，有生有滅，具有暫時性，而心的清淨本性
是永恒的。染淨作為人的本性的存在狀態，又具有價值的含
義，因此，染淨也是和善惡問題相聯繫的，印度佛教倫理重
視染淨問題，但不是只講染淨而不言善惡；中國佛教倫理更
注重善惡問題，但也不是只講善惡而不言染淨，這一點區分
是必須明確的。清淨的心性在價值論上趣向於善，染則趣向
於惡，善惡問題的提出，也就設定了佛教倫理的基本問題，
確立佛教倫理體系的基礎，全部佛教倫理，也可以說是圍繞
為善去惡而開展的，「諸惡莫作，眾善奉行」成為佛教倫理
的核心論點。心性問題還涉及到眾生和佛的關係，佛教的基
本觀點是，一切眾生都有佛性。佛性，是覺悟之性，善的本
性，也是眾生成就道德理想的內在根據，這一原理的提出，
涉及到倫理價值的本原或建立的依據和終極歸趣問題，在這
一點上，印度佛教倫理和中國佛教倫理也是有區別的，前者
一般認為佛、佛性是一個可以在眾生心外獨立存在的一般性
的和抽象性的精神本體，而後者則更強調否認這一原理，只
承認佛性在眾生心中的存在對於眾生解脫的意義，強調佛性
的具體性和個性，禪宗特別提倡這種觀點。

　　價值論的內容，這裡主要是指佛教倫理對於人生所做的
價值判斷，一切皆苦，由此而從最基本的避苦趨樂層面發展
出佛教的倫理原則。原始佛教對一切皆苦的說明，提出了人
生的八苦，其中前七苦，生、老、病、死、怨憎會、愛別
離、求不得苦，舉出了人生之苦的最為常見的特徵。並不是
說人生只有這七苦，第八苦，五陰盛苦，則提出了痛苦的原
因之所在，是在於執著於五蘊假合的自我。以此為基礎，倫

理的討論就拓展開來。既然一切皆苦，自然要討論形成痛苦的原因，對於這種原因之滅除，以及具體的解除痛苦的方法，因此，就有了四聖諦，即苦諦、集諦、滅諦和道諦。對於集諦即痛苦的原因之探討，佛教發展出十二因緣說，人如何由無明而造業受報，輪迴生死，永不解脫。對於滅諦的即滅除痛苦原因的探討，佛教發展出解脫論，以涅槃作為道德理想之境。對於道諦即解除痛苦的方法之探討，佛教倫理提出了八正道，八種最基本的道德修行原則，即正見、正思惟、正語、正業、正命、正精進、正念、正定，涵蓋了戒定慧三學的基本內容。由此可知一切皆苦這一形上性的問題在佛教倫理中的意義。

存在論的內容，是指佛教的空觀，對於物理世界和精神世界之存在狀態的判斷。關於這一問題，佛教的觀點有一個演進的過程，小乘教的觀點可以概括為我空法有，著重討論人自身的存在性質，從人是身心假合的原則出發，主張我空。至於證明我空的方法，涉及到分析致空法，把人我分析為色（物質性的）與心（精神性的）兩種基本要素，色又分為地水火風四大要素，心則還可以細分為受想行識，當然還可以再分析下去，由此說明，我不可得。大乘佛教證明的我空，許多人執著為有，視為珍寶，愛我此身，而起貪瞋癡三毒，三種最為根本的惡的欲念，由三毒引發人的意識活動和外在的實踐行為，造身口意三業，業成而難逃其因果律的制約。從我空的意義上看，要超越這種生死輪迴，必須認識到我空對於道德生活的意義。大乘空宗或大乘破相教不只講人我空，還強調法空，只有對物理世界和精神世界都不生執著心，才能達到人生的解脫。大乘有宗或大乘法相教則主張法空識有，精神性的識有八種，其中第八阿賴耶識是世界的根

本，變現世界，從八識對物理世界的這種作用而言，而講唯識無境，境空識有，不識唯識之理的人不懂得物理世界是由八識變現的原理，執著外境為有，如同做夢，如同患重病。夢中見物，執為實有，其實是空；病中見物，執之為有，實是幻覺，以此執著為基礎，而造業受報，對於道德生活而言，根本性的問題是要認識到境空識有之理。由此可見佛教的空觀這一形上性的問題對於佛教倫理的意義。

佛教倫理之形而中的方面，其實是佛教倫理的制度層面，具體表現為佛教戒律，戒律是佛教倫理的制度化，是用制度的形式使佛教的倫理原則形式化、規範化、公開化，把自律的道德轉化為他律的道德，突出了道德教化中強制性的一面，這可以稱之為佛教的制度倫理。

佛教戒律的內容是圍繞著諸惡莫作、眾善奉行的原則建立的。戒的本來意義是「慣行」，是指人們應該反復修持的行為規範，其功能在於防非止惡。律的本來意義是調伏、善治、滅，其調伏治滅的對象也是惡。戒律起源於印度佛教中規範僧團生活的需要，佛教有大小乘的不同分派，戒律也有大小的不同。小乘律有五部，即曇無德部（意譯為法藏部）的《四分律》、薩婆多部（意譯為說一切有部）的《十誦律》、彌沙塞部（意譯為化地部）的《五分律》、迦葉遺部（意譯飲光部）的解脫戒經和摩訶僧祇部（意譯大眾部）的《摩訶僧祇律》。小乘律中制定的五戒、八戒、十戒、具足戒等都是小乘戒。大乘律是大乘菩薩所持之律。小乘戒分為兩大部分，止持戒和作持戒，止持戒講諸惡莫作，其功能在於防非制惡，作持戒講眾善奉行，其功能在於勸善。大乘佛教的律，稱為菩薩律藏，在中國佛教較為流行的有《梵網經》、《菩薩戒本》、《菩薩瓔珞本業經》等。菩薩戒分為

三部分，攝律儀戒、攝善法戒和攝眾生戒。以《梵網經》為
例，十重戒是攝律儀戒，四十八輕戒中的前三十種輕戒，為
攝善法戒，後十八種輕戒，為攝眾生戒。以攝律儀戒防非止
惡，是諸惡莫作戒；以攝善法戒勸修善業，是眾善奉行戒；
以攝眾生戒利益眾生，為饒益人情戒。

　　戒律的制定，有利於對僧眾道德生活的監督，因此也可
以將此理解為佛教的道德監督制度，它將佛性面前人人平等
的一般倫理原則具體化為戒律面前人人平等的道德生活原
則，把道德的自律和他律有機地結合起來。同時，佛教戒律
還體現出對於道德生活的層次性要求，即對於不同修行層次
上的僧眾，戒律為之規定了相應的道德要求，終極的道德理
想是相同的，但達到這種理想之前，佛教承認可以有不同的
階段性，不論達到何種規定的階段，都是有道德的人。這些
經驗，對於吾人今天的道德建設，有諸多的啟發意義。

　　佛教倫理形而下的部分，其實就是對僧眾日常道德生活
的具體規範，以眾生的道德本心為基礎，以戒律的具體規定
為指導，僧眾把一般的道德理念化為具體的道德行為，把戒
律的道德規範體現為具體的道德生活，行住坐臥，都有儀
軌，由此也可體現出佛教倫理之世俗性和超越性的統一，世
俗性指佛教倫理的非宗教特色，超越性則指其宗教化特色。
佛教倫理的具體規範，既有其世俗性的方面，也有其超越性
的方面。言其世俗性，是指佛教倫理也有和世俗的道德原則
相近或相同的方面；說其超越性，則言其有不同於、高於世
俗倫理的方面，但當佛教倫理體現其世俗性特點時，同時是
把世俗倫理上升為超越性的宗教倫理；當佛教倫理體現出超
越性的特點時，又是把這種超越性融化於世俗性之中。從其
世俗性的層面，可以看出佛教的人間性或入世性，所以人間

佛教的原則不是自惠能始，更非自太虛始，而是自佛陀始；
從其超越性的層面，可以看出佛教的出世性，特別體現出佛
教倫理與世俗倫理相比，其道德生活有著更為嚴格的要求，
因此，佛教僧人理應是道德之典範。

第二章

禪宗的倫理思考

禪宗的倫理思考

　　對於儒道的批評，中國佛教，尤其是禪宗，作出了不同的回應。在談到佛教中國化的時候，應該承認，禪宗的中國化是最為徹底的。之所以如此，其重要的原因，就是因為禪宗充分注意到佛教在中國必須關心的問題，必須避免的問題，從而走上倫理化的道路，惠能在這個過程中是最為突出的，他全面融合了儒學和道家思想，代表佛教首先完成了三教合一的文化融合，再由百丈懷海通過制定清規的形式在制度上確立起來，最終完成這一工作。

一、禪宗對批評的回應

　　禪宗對於佛教在歷史上所受的批評，同樣有著認真的反省，這種反省體現在禪宗倫理的具體理論之中，從經濟、政治、倫理層面都反映出來，比如說，禪宗注意到對於佛教的經濟依賴性的批評，而強調經濟上的自力自立，自給自足，特別把勞動原則作為叢林清規，禪宗強調的居士佛教則有著多方面的意義，在文化層面，禪宗對儒家倫理也有具體的接近。對待批評的基本原則，是強調三教合一，融儒道於佛教。而具體的回應方式，主要有兩種，即實踐式的和理論式的。前者以惠能為代表，後者以宗密為代表。惠能從實踐的角度完成了以禪宗為基礎的三教合一體系，在儒釋道三教中首先完成了這一工作；而宗密則從理論上回答了對佛教的種種批評，並對三教之優劣作出了判釋。契嵩作有《原教》，也對這些批評作了回答，又作《非韓》，反駁韓愈對於佛教的批評。宗密的反批評是從佛教倫理的根本問題著手的，而

契嵩則更多地重於具體觀點的辨析。在宋元禪宗中，融合成為佛教發展的主要方針，其中重要的內容之一是三教合一，而三教合一所集中討論的，往往是儒佛的融合。

1、惠能合三教於禪宗

惠能建立的禪宗南派，或南宗，代表著佛教中國化的最終完成（從總體上可以這麼說，具體而言，則應以《百丈清規》的制訂為最終標誌）。在整個隋唐佛教之中，天臺、華嚴、淨土等宗都是中國化的宗派，但相比而言，禪宗是最為中國化的，之所以這樣說，是因為惠能繼承了禪宗史上特別是自道信以來的佛教中國化之傳統，處處以中國本土文化為本位，以此立場建構思想體系。總而括之，對儒學的心性思想、倫理思想，對老子的無為思想、莊子的逍遙精神，對儒道墨的自力觀念，都有所吸收。準確地說，惠能依據中國文化的背景，創造性地把印度佛學和中國文化有機地結合為一體。惠能的禪宗倫理，也有著這種中國化的特徵。

心性問題，既是佛教哲學的討論對象，也是佛教倫理的內容，惠能對心性問題的重視，把印度佛教中的心性論和中國儒學中的心性論結合起來了，把佛學中討論的佛性轉化為人性，在人性的意義上講佛性，又發揮佛教中一切眾生都有佛性，一切眾生都能成佛的傳統觀點，回應儒學的「人皆可以為堯舜」（孟子語）的觀點，並創造性地關注具體的人，討論具體的而非抽象的人心、人性，討論流動著的而非靜止的人心，討論當下的現實生活中的而非一般的理想境界中的人心。這本身就是一種價值導向，一種倫理觀念，即體現為對具體的普通人的關心，體現出平民文化的意識，關注百姓。在心性問題上，對於自心本性的認識，惠能的認識方面

是內省式的，這一點和儒學、道家的認識方式相一致，對本心的認識，依賴自己的力量，而不依靠任何外力的幫助，這種自力性所反映出的主體性精神，和儒學、莊學、墨子之學都有相通之處，也和中國的小農經濟代表的文化環境相一致，所不同的是，惠能在此創造性地提出了全面系統的頓悟的認識論，主張人們可以突然間覺悟自己的道德本體。

惠能的修行觀，是以無修著稱，此種無修之修，也可以稱其為頓修。不需要用一個漸進的修行過程去理解道德本心。這種修行觀，既是惠能對於中國佛教傳統的繼承和創造性發揮，也應該看到和道家思想中無為之為的聯繫，它所體現的，是一種自由的生活，這種自由，也是莊子的逍遙，一種精神境界，也是道德境界。

惠能禪學還在更廣泛的層次上回應傳統文化，對於歷史上知行關係的討論，提出定慧等說，對於歷史上言意關係（道德本體和實現道德本體的方法與手段的關係）的討論，提出禪不離文字說，既不是片面地說不立文字，也不是大立文字，在立與不立之間處其中。對於形神（靈肉）關係的討論，主張以神為重的形神統一論，對於有無關係的討論，實際上繼承了僧肇以來的即有而無，即色而空的觀點。

通過對傳統文化的廣泛回應，體現出惠能禪學的三教合一特徵，也回答了對佛教的倫理批評，這種批評有一條就是指責佛教為夷而非夏，不適合於夏文化的國度，現在惠能之禪宗，完全就是夏化了，還看得出其夷的特色？對倫理批評的間接回答，還突出地體現為其入世的或者說是即入世而出世、不離入世而出世的宗教特徵。

這一個觀點，主要就是惠能的居士佛教方案。現行的《壇經》，其主體部分是惠能在大梵寺的說法，聽眾中有道

俗一萬餘人（此數是大致之數），特別有官員三十多人和儒生三十多人，惠能針對在家人士，特別推薦居士佛教，「若欲修行，在家亦得，不由在寺。在寺不修，如西方心惡之人，在家若修行，如東方人修善，但願自家修清淨，即是西方。」（敦煌本《壇經》第36節）修佛習禪，主要是一個信仰問題，只要心中有信仰，那麼在家出家只是個形式問題，採取何種形式，並不重要，而在家修行，也能得解脫。出家卻不真修實證，不如在家修行之人。在對佛教的倫理批評中，就有批評佛教不講孝道，佛教大建寺塔，奢侈浪費。居士佛教對此類問題都能得到解決，不需要專門的寺院，自家就是寺院，持守居士五戒，而五戒，以佛教的普遍看法，是和儒家的五常相同的。居士在家，內可以盡孝，不妨礙養親續嗣，外可以遵守世法，於國盡忠。當然除了居士，出家的僧人同樣可以盡孝盡忠，惠能以自己的忠孝之行證明了這一點，以實際行動回應了出家人與儒家忠孝有違的批評。

惠能還提出入世的宗教觀，在入世和出世的關係上，以中道方法處理，不離入世而出世，表現的形式是出世的，內在的實質是入世的，他說：「法元在世間，於世出世間，勿離世間上，外求出世間。」（敦煌本《壇經》第36節）此種人間佛教的構想，立足於在世間而非出世間實現解脫，在此岸的現實的人生中實現解脫，而非在彼岸的理想世界成就解脫。

2、宗密對本土文化的批評和融合

與惠能的實踐體系相比，荷澤系的圭峰宗密對佛教所受的批評在理論上作出了回應，並通過分析比較，分出了三教的高下之別，是禪宗對批評的最明確而又全面的正面性直接

回答。他的回答是體現了佛教在哲學思辨方面的優勢,在批評的基礎上,又加以融合,融入其三教合一體系的最淺層的層次。他的倫理觀,也反映出佛教對於社會倫理的關注。

在宗密的思想體系中,儒道兩教被視作「迷執」之教,他認為,儒道兩教把人歸結為大道、自然、元氣、天命的道本論、自然論、元氣論和天命論都沒有真正「原人」,即沒有真正瞭解人的本原,人的內在的本質。

道本論把大道作為人以及整個世界的本質。道具有常、遍兩種特性,常即永恒性,不變性,遍即普遍性,從常和遍的特性看,道本論有以下矛盾。

一是理論和實踐之間的矛盾,即道體之「常」和儒道在修行實踐中否定其「常」的矛盾。儒道把道的性質理解為常,宗密認為,如果道體是常,由其所決定的現象也應該是具有常的特性,既然如此,依道體存在的人的生死賢愚、吉凶禍福等現象,也都應該是永恒不變的,而實際的情形是,聖人、道人們卻在努力改變某些現象,設立教化,「教其愚,令其不愚。」(《圓覺經大疏鈔》卷九之上)特別是道士,還要服丹延年,「服丹制其死,令不死。」(《圓覺經大疏鈔》卷九之上)這在邏輯上與永恒的道相矛盾,人生的善惡境遇,都應該是由道決定的,都應該永恒不變,惡的現象一旦產生,就不會消除,善的現象一旦形成,就不會增加,據此,根本就無須教化。人的生死,也是由道決定的,欲延年益壽,也是違背道之本性的。因此,儒道的教化、服丹是「逆道化之大賊」(《圓覺經大疏鈔》卷九之上)。

二是道本論和社會生活之間的矛盾,即道本論在解釋人的社會生活現狀時面臨的實際困難。道家的道本論,以尊、貴來描述道體,宗密認為,現實生活中並非如此,「道育虎

狼，胎殀紂，夭顏冉，禍夷齊，何名尊乎？」（《原人論》）
大道化育出兇惡的虎狼之類，又化育出比虎狼還殘暴的昏暴
之君，同時，卻又使賢德者如顏回、大才者如冉求短命而
亡，大忠若伯夷、叔齊餓死首陽山，如此懲善揚惡的道，如
何又能稱為尊貴？這裡也可以看出宗密的價值追求。

　　三是道本論的內在理論矛盾。道家又把道的特性理解為
遍，即普遍性，而這種常、遍之道從邏輯上稍加分析，即可
看出其非，「若以自然常、遍之道為因，能生萬物，此是邪
因。」（《圓覺經大疏》卷中之一）理由是：

　　「若法能生，必非常故。」（《圓覺經大疏》卷中之一）
如果萬法是從道體中產生的，那麼這個能生的道體也像被生
者一樣，在時間上就有一個開端，這就不是「常」了，而根
據佛教的理論，能生者，必是沒有「常」的特性的，比如四
大，四大能生，然「四大亦無常」（《圓覺經大疏鈔》卷七之
上）。

　　「諸非常者，必不遍故。」（《圓覺經大疏》卷中之一）
既然「常」的特性不能成立，那麼「遍」的特性自然也不能
成立，大道不能普遍存在於一切事物之中。

　　「諸不遍者，非真實故。」（《圓覺經大疏》卷中之一）
道的「常」、「遍」二性都不能成立，大道作為人的本質，
就是一個不真實的存在，人不能歸結為道。

　　除去這二種矛盾，宗密還從道的生成特性，提示其內在
的理論困難：一是一因何能生多異果？「本末既是無異，一
因何能生別異多果？」（《圓覺經大疏》卷中之一）特別是在
人的社會生活領域，同一個道體為什麼產生人之愚智貴賤、
貧富苦樂等多方面的不同結果？二是道既能生物，應該一時
頓生、遍生，而不應該依賴不同的條件而生，「若能生者，

應頓、遍生，若待時及緣方能生者，則自違。」(《圓覺經大疏》卷中之一)而儒道的生成論恰恰是講究條件的。

自然論作為人的本質，也存在著諸多的矛盾，主要體現為兩點：

一是理論和現實之間的矛盾，即自然論和自然界、社會、人生領域之現實存在狀況的矛盾。自然論講萬法自然生成，不需要條件或因緣，那麼，第一，一切不存在條件關係的任何事物之間，都應該可以相互生化，「石應生草，草或生人，人生畜等。」(《原人論》)事實卻並非如此。第二，萬物應該是時時處處能生化，不受時空條件的限制，「一切時處應常生」(《圓覺經大疏》卷中之一)但實際上萬物都是待時而生的，都有時令。

二是自然論和社會實踐之間的矛盾。自然論不講條件，但儒道兩教在其社會生活實踐中卻又大講條件，依丹藥而致神仙，依賢良而致太平，依教習而致仁義，這都與自然論相違。進一步而言，善惡都是自然而成的話，也應該是人的力量難以改變的，但聖人卻又要進善棄惡，尊賢賤愚，錄美棄醜，好富疾貧，這些價值選擇，不也是違背「自然」這一本原的本性嗎？再說，由「自然」所決定的社會現實，是它帶來了善少惡多、貴少賤多、富少貧多、美少醜多的實際現狀，這樣的理論有什麼積極意義呢？現代學者常批語佛教缺乏社會倫理，自古以來對佛教的批評實際上也指責佛教不講社會倫理，但從宗密的此番討論，可以看出，佛教倫理，禪宗倫理，也是非常關注社會倫理的。

元氣論以元氣來說明人和世界的本質，宗密認為，這一理論至少有三方面的缺陷：

一是不知人生的前世之存在。元氣論主張，人的認識能

力是在元氣的基礎上產生的，而依照佛教的看法，人的認識
能力是從其前世承傳下來的，因而也是先天性的，因而，儒
道根本不懂得前世的存在。如果說不存在前世，那麼還有一
些問題要解決：第一，嬰兒的認識能力從何產生的，為什麼
嬰兒一生下來就能「愛惡驕恣」（《原人論》）？這正是一種
本有的宿習，即先天的認知能力；第二，人又為何要學習？
既然認識能力從元氣產生，那麼人不需要通過學習，自然就
能從元氣中產生知識，「五德、六藝悉能隨念而解。」（《原
人論》）。事實上，這些知識，不經學習就不能具備，所以
聖人要重教化，但這在方法上卻是和元氣本體相違背的；儒
道也許會用「感物」即對事物的反映來說明認識的產生，宗
密認為，這仍然無法解釋嬰兒認識能力的產生問題，再說，
如果人通過感物能產生認識，那麼為什麼木石不能這樣呢？
你可以回答，木石「無知」，但元氣也無知，為什麼就會產
生有知之人？

　　二是不知人生的後世之存在。儒教以為，人之生是氣聚
而生，人之死是氣散而死，這不能解釋靈魂的存在問題，
「誰為鬼神而靈知不斷乎？」（《圓覺經大疏》卷中之三）而
在佛教理論中，鬼神的存在正是證明後世存在的依據。從元
氣論得出沒有後世的結論，但民間流傳的許多傳說，則又證
明儒道只承認現世是一種不完備的理論體系。實際上儒家又
是非常重視祭祀的，既無後世，為什麼又要祭祀，而祭祀的
基礎，就是承認鬼神的存在，承認鬼神的存在，也就是承認
人有後世，這卻和元氣論的原則相違背了。

　　三是元氣作為人和世界的本原，缺乏「性」的成份，這
個「性」，指知，即智慧、認識能力等特性，佛教講的本
體，都是有這種特徵的，不論是真性、圓成實性，都是如

此。沒有知的元氣，如何能夠產生出有知之人？

天命論是以天的意志和命運的力量說明人和世界的本質，「貧富貴賤，賢愚善惡，吉凶禍福，皆由天命。」（《原人論》）宗密認為，天命論有如下的難題需要回答：

一是天命為何不公？社會的現實是貧多富少，賤多貴少，乃至禍多福少，天之賦命為何如此不公？生活中又常有無行而貴，守行而賤，無德而富，有德而貧的現象，為什麼有道德的人和無道德的人在物質生活方面會完全相反？天的賞罰為何如此不公？

二是生命的生存過程為何那麼殘酷？儒家講生生是為大德，但事實是，生生的狀況根本不存在，動物之間是弱肉強食，人類之間有戰爭，如此殘酷的事實都是天命所造成，那麼天命不是大德者，而是大賊了。

三是聖人為何責人不責天、贊人不贊天？大凡對於惡的現象，聖人都是批評人而不批評天，依天命論，惡是天命所為，責惡應責天命才對，對於善的現象，聖人卻又只讚美人卻不讚美天，依天命論，善亦是天命所為，贊善應贊天命才對，宗密認為，這說明聖人也在違背天命。

宗密的這些批評，雖然充滿了邏輯上的許多詭辯，但確實可以看出，佛教的邏輯思維能力確實有其超出儒道之處，同時也可以看出，佛教倫理、禪宗倫理對於人生、社會的關懷。

依宗密的意思，只有如此粗淺理論體系的儒道兩教，自己把一些根本的問題都沒能說清楚，就沒有資格評說佛教，更不能容忍其批評佛教。但從佛教的立場看，儒道兩教雖然是迷執之教，卻也有其存在的意義，有其適應的領域，也和佛教有可融通的地方，宗密批評儒道的原則，也是「破執不

破教，破解不破行。」(《圓覺經大疏鈔》卷七之上）不否認其教化的作用，只批評其不符合佛教的見解。「但破謬執萬物生因，不責勸行五常道德。」(《圓覺經大疏》卷中之一）只批評其本體論上的錯誤觀點，不否定其道德規範。「策萬行，懲惡勸善，同歸於治，則三教皆可遵行。」(《原人論》)因此，宗密在哲學層面或道德本體層面批評了儒道，又在具體的倫理規範層面融合了儒道，有四條主要意見：

一是教主的設教本懷的相同，「孔、老、釋迦，皆是至聖，隨時應物，設教殊途，內外相資，共利群庶。」(《原人論》)儒道是外教，佛教是內教，三者內外互為補充，都對人的道德教化有積極的意義。

二是佛教的五戒與儒家的五常完全一致。不殺生、不偷盜、不淫欲、不妄語、不飲酒，和儒家的仁、義、禮、智、信五常的道德要求完全相同。

三是佛四德和乾四德完全相同。宗密把佛四德解釋為常、樂、我、淨，也是道德理想境界之涅槃四德，乾四德指元、亨、利、貞。兩者的相同，一方面體現為佛和乾，都是各自思想體系中的最高層次的概念，具有本體的意義；佛四德和乾四德所要達到的價值目標是一致的，雖然表述的概念不同，「元、亨、利、貞，乾之德也，始於一氣；常、樂、我、淨，佛之德也，本乎一心。專一氣而致柔，修一心而成道。」(《圓覺經大疏・本序》)成道是成就佛教的道德理想境地，致柔則是老子的說法，代表的也是回到人的本真狀態，即嬰兒狀態，赤子之心狀態，這也是道德的完美狀態。

四是在孝的觀念上一致性。儒佛都講孝，只是佛教的孝要比儒教的孝更為完善。

宗密的觀點，既有批評，也有融合，代表著佛教界對傳

統文化的最為全面、深入和具有理論性的回應。

3、契嵩的回應

　　宗密代表著禪宗界對佛教所受批評的根本性回答，從本體的層面釐清三教關係，而雲門系明教契嵩（1007-1072）禪師又針對一些具體的觀點，提出了自己的看法，有些觀點是歷史上多次重複過的，但他特別針對韓愈對佛教的批評而非之，因為韓愈的批評是最有代表性者之一。

　　對於儒佛關係，契嵩曾作過一篇很有名的文章，《原教》，這是採用了唐代以來的「原」學的方法。韓愈作有《原性》、《原人》、《原道》等，宗密作有《原人論》，契嵩再來原「教」，探討什麼是教化的本質，最根本的教化應該是什麼？其中最根本的觀點是「以五戒、十善，通儒之五常。」（《輔教篇中・廣原教》）以這一觀點否定儒道對佛教的貶毀，同時說明儒佛融合之理，「聖人為教不同，而同於為善。」（《輔教篇上・原教》）。儒佛都講誠，都講齋戒，都講推德，都講忠，「同誠其心，同齋戒其身，同推德於人，以福吾親，以資吾君之康天下也。」（《輔教篇上・原教》）。對於批評者常用的觀點，即削髮不娶之議，契嵩認為，出家人自己雖然不娶，但以其德而幫助父母，雖然削髮毀形，但以其道而幫助親人。這種觀點雖然早在《理惑論》中就有了，但此時重申此義，仍不失其護教的意義。

　　對於韓愈的批評，契嵩作有《非韓》加以反駁。他對韓愈的思想從根本上去分析，認為可以用「拘且淺」來評價，這和胡適在《中國哲學史大綱》中用唐代第二流的學者來評價韓愈等人是相似的。契嵩特別指出韓愈在其《原道》中所講的「仁與義為定名，道與德為虛位」一說，「思之不

精」，道德既以仁義為內容，如何是虛？道德既然是虛，如何又能求其「原」？或可看出儒學和佛學在思維水平方面的差距。韓愈稱佛教徒以及道教徒道德人格低下，不受人尊重，「入者主之，出者奴之，入者附之，出者污之。」（《原道》）契嵩反駁說，佛教徒和道教徒難道會使人們惡賤到這種地步嗎？實際情形是，出家人出出入入，「人敬之而不敢欺。」（《非韓上》第一）為什麼會如此受尊重？因為他們道德高尚，人品高潔，以誠心入道，清淨慈惠，達到高遠境界者，則成為殊勝的聖賢，達到稍近的境界者，也是個上等的善人。

4、三教合一思想的廣泛流行

在宋明禪宗發展中，禪一直在堅持融合，這些融合包括三教融合、禪教融合、禪淨融合，甚至是禪密融合。三教融合是處理佛教和儒道的關係，其中也包含著政教關係的內容，隨著歷史發展的延續，這種融合卻有著越來越強烈的趨勢，這也說明，禪宗是以其全部的歷史來和儒道兩教對話溝通，其中的重要內容，就是在道德觀上的溝通，以期取得儒道兩教，特別是儒教的理解，足見其意之誠。而禪門中有的融合論者甚至以儒學的立場來會通儒佛，這也從一個方面體現了禪本身在後來的衰落。

禪門中關於三教合一，有一則最著名的故事，有一幅最著名的圖，有一段最著名的話，以下分別述之。

最著名的故事，當和傅大士（傅翕）有關。傅翕（497-569）當然不是宋代以後的禪僧，是梁代尊宿，放在這裡談不一定合適，但他的故事有其代表性意義，故要一敘：「士一日披衲頂冠跣履朝見，帝問：是僧耶？士以手指

冠。帝曰：是道耶？士以手指跂履。帝曰：是俗耶？士以手指衲衣。」（《傅大士》，《指月錄》卷二）這一故事不見於《景德錄》，也許是託名故事，反映出明代禪界的三教融合觀。

最著名的圖，是三教圖。此圖一般有兩種內容的版本，一是把孔子、老子和釋迦牟尼三聖之像畫於一幅圖中，另一是把佛印了元、蘇軾（東坡）和黃庭堅（魯直）分別代表佛儒道畫於一幅圖中，此或稱《三酸圖》，內容是蘇軾、黃庭堅到金山寺同訪佛印禪師，並出去同品桃花醋，三人同嘗一種醋，卻各自滋味不同。

最著名的話，是明末四大高僧之一的憨山德清（1546-1623）的一段話：

> 爲學有三要：所謂不知《春秋》，不能涉世；不精《老》、《莊》，不能忘世；不參禪，不能出世。此三者，經世、出世之學備矣，缺一則偏，缺二則隘，三者無一而稱人者，則誚之而已。（《說・雜說・學要》，《憨山老人夢遊集》卷三十九）

宋代推動三教合一思想的，首先是明教契嵩，他寫有《中庸解》，詳盡研究儒家的倫理規範，以中庸爲儒家倫理體系中的最基本範疇，「夫中庸者，蓋禮之極而仁義之原也。」（《中庸解第一》）禮、樂、刑、政、仁、義、智、信八種倫理政治型規範，都以中庸爲基礎。人如果失去中，人性就會不受約束而直接與外物相接觸，由此而出現情，喜、怒、哀、懼、愛、惡等七情由此而生，各種欲望隨之出現，

禮樂刑政仁義智信的作用，就是情和欲的發生。禮的作用，是分清上下內外，使得喜悅者不敢隨便表示其親，忿怒者不敢隨便表示其疏；樂的作用，是通過雅正平和之音，對人之情施以熏陶，使得喜悅和欲望，都不致於變成淫佚；刑的作用，是以懲罰手段，使得發怒者不致於由此而成惡；政的作用，是通過其賞善罰惡的功能，使得哀痛者可以得到申訴，恐懼者可以得到鼓勵；仁的作用，是教導人們能夠寬厚容物；義的作用，教人做事都能適宜，不過分；智的作用，使人能夠懂得疏通變化；信的作用，使人誠實無欺。這樣，中庸的要求，是使人的情感的表現，不致於超越道德規範的節制，人的行為表現，不致於失去教化的內容，是所謂「情之發，不逾其節，行之修，不失其教。」(《中庸解第一》)儒佛兩教，一治世法，一治出世法，都是聖人之教，「儒者，聖人之治世者也；佛者，聖人之治出世者也。」(《輔教編上·原教》)

契嵩還持傳統的儒為入世，佛為出世說，但明代禪僧永覺元賢(1578-1657)則更進一步，強調佛教也是入世的，儒教正是出世的，「人皆知釋迦是出世底聖人，而不知正入世底聖人，不入世，不能出世也；人皆知孔子是入世底聖人，而不知正出世底聖人，不出世，不能入世也。」(《永覺和尚廣言》卷之上)這將入世和出世統一了起來，以此證明儒佛的調和。

元賢提出儒釋同源說，明末四大高僧之一紫柏真可(1543-1603)也持此說，並進一步說明，此源即是心，三教不同的地方，是名稱，相同的地方，是心。名是虛，心是實，「心也者，所以能儒、能佛、能老者也。」(《紫柏尊者全集》卷九)也就是說，三教在本質(心)上是相通的，只

要掌握這個心，任你是佛，是儒，是道，都能契入真理。所以，**學儒要真得孔子之心；學佛，要真得釋迦之心；學道，要真得老子之心。**真到了這一步，就不會以儒非佛非道，以道非佛非儒，以佛非儒非道。

二、禪宗倫理的建構

佛教是倫理型的宗教，禪宗尤其是倫理型的宗教。禪宗有其自身的體系性結構，而對禪宗倫理的具體內容的探討，則要有一個歷史的眼光，也就是說，禪宗倫理有其一般的原理，但各個時期又有不同的體現。這種歷史的探討首先可以追溯到早期的禪學，在早期禪學的各種禪修法門中，體現出道德修養的內容，習佛習禪，也意味著修習道德。自達摩開始的中國禪宗，則更明顯地凸顯出倫理的特色，從達摩到弘忍，各有特色，而惠能的南禪則建立了禪宗倫理的基本體系和具體規範，後惠能時代的禪宗倫理在此基礎上有所發展，更具個性，特別是百丈清規的制定，確立了禪宗倫理的制度化原則。

1、倫理型的禪宗

禪宗當然可以從多方面去理解，可以從哲學、美學、文化心理學、生活方式等角度去理解，但必須明確的是，禪宗首先是一種宗教，而輔助其宗教作用的，又首先是道德學說，因此，在宗教的形式下，禪宗最為突出的一個內容，是其倫理思想，禪宗也是倫理型的宗教。

禪是什麼？依叢林中標準的看法，禪不可說，非語言文字能盡，但退一步而言，在相對的意義上講，禪還是有可以言說的成份，比如，可以把禪理解為「定慧之通稱」（宗密

之語），是修行體系和理論體系的統一，從倫理學的角度看，其修行體系涉及道德修行方法，其理論體系涉及具體的道德學說，禪宗倫理的最基本的內容，就由這兩部分構成。用中國傳統的儒家倫理的概念來比較，相當於儒家倫理的行和知的內容。只是禪宗講定和慧，不是將此看作並列的兩個方面，不是說如車之兩輪，缺一不可，而是如惠能所言之定慧等，定中含定慧，慧中含定慧，是定和慧的高度融合，這是禪宗倫理的本質意義和核心內容。以此為基礎，又融入戒的內容，比如惠能的無相戒，百丈的叢林清規。相對於傳統的戒定慧三學，禪宗講戒禪的統一，也可以說是戒定慧的融合之學。擴而言之，又融攝佈施、忍辱、精進的內容，而構成禪宗倫理的六度綱目，以此為原則，人們根據不同的「境遇」而實現禪宗倫理相應的具體德目，使禪宗倫理體現出更為廣泛的適應性。由此可知，禪宗倫理的內容，是從核心層向具體層發散的，是一般原則和具體原則的統一，也是原則性和靈活性的統一。

　　作為一種學科體系，禪宗倫理又有其內在的邏輯結構，至少有如下方面的內容。第一，對於倫理學基本問題的探討，這就是善惡問題。第二，對於道德關係的探討，其中包含心性問題，具體討論的道德關係有：人和佛的關係，人和自然的關係，人和社會的關係或人和人的關係，人自身存在的精神與肉體的關係。人與佛的關係是宗教倫理中最為基本的道德關係，宗教倫理的一般原理表述為人和神或上帝的關係，宗教倫理通常是在這一關係的決定作用下闡述其他的道德關係原則。一般認為道德關注的是人與人的關係，而佛教倫理對於人和自然的關係也有探討，人類社會的發展證明，這種看法是非常超前的，當代倫理學必須討論人與自然的關

係，已成為常識，並發展出相應的倫理學分支。第三，道德制度論，禪宗制定的各種戒律，禪宗遵循的戒律，集中體現出禪宗倫理的具體內容，特別是勞動倫理的提出，具有特殊的意義，對戒律的強調也反映禪宗對於倫理制度化的重視。第四，道德修行論，禪宗倫理涉及的各種修行方法。第五，道德認識論，禪宗倫理對於如何認識道德本體的觀點。第六，道德生活論，日常的具體化的道德行為的體現方式，是道德修行和道德認識的具體化。禪宗強調禪是生活，平常心是道，因此並不刻意追求某種形式化的規範性的修行生活，而是結合每人的日常生活行禪修，對於道德認識，也主張在具體的對象上體認道德本體。第七，道德教育論，禪宗倫理對於如何讓受眾接受道德教化，如何有針對性地施行道德教育，有著豐富的經驗，有著不同的教育理論，獨具一格，研究中國教育史，如果不研究禪宗的教育方法，是一重大缺陷。第八，道德境界論，是禪宗對於理想的道德境界的設想。佛當然是覺悟者，是道德楷模，歷史上的高僧大德，當然也是道德境界的體現者，但禪宗倫理要求的，不只是成佛作祖，更是超佛越祖，實際上強調的是成就具體的現實的人生，成佛在於成人。這些問題，可以歸納入形而上（善惡問題、道德關係論）、形而中（道德制度論）、形而下（道德認識和道德修行論）以及三者融合之整體（即道德生活論，道德教育和道德境界也可以涵括其中）的不同結構。

　　禪宗當然也是一種哲學，但禪宗也不是為哲學而討論哲學，禪宗的目的，不是在於專門探討哲學中形上的、知識論的、邏輯的問題，而是通過這些問題證明人生的解脫之道。因此，佛教和禪宗中的三世六道輪迴說、因緣說、空觀等理論，都成為論證禪宗倫理的基礎理論，這也使得禪宗倫理具

有極強的哲學思辨色彩，特別是禪宗哲學中遮詮，即否定性方法的運用，使得禪宗倫理更帶有「玄遠」的特色。

2、禪觀的倫理意義

自菩提達摩傳禪，達摩至弘忍以禪立宗，惠能立禪宗南派之前，禪作為一種修行方式，一直在中國佛教中傳播，或者說，中國佛教一直在傳播印度佛教中的禪觀，只是這種禪從道信開始，中國化的特色更為明顯，到惠能的禪，則完全可以稱為中國禪了。禪在中國的存在和發展，體現為譯經、師承、修習等形式。譯禪經的工作，自安世高開始，在東晉十六國時期，羅什成為禪典翻譯代表。對禪法的師承，慧觀和慧遠都是最早期的重視者，習禪的方式，以慧遠的群修和僧群的獨修為典型。禪法流行的區域，東晉南北朝時期，則有長安、淮北、江東和廬山等地。北朝和隋代，大致有五類典型的禪法：一以僧稠為代表，為北朝禪法之「顯學」，影響最大；二以達摩為代表，在民間展開；三是天臺宗的禪法；四是神異類禪法；五是頭陀禪。體現出禪觀的多元性。中國的禪法，在多元的基礎上，由小乘禪向大乘禪發展，由定慧分修向兼修發展，由漸次修行向圓頓之禪發展。惠能的禪觀正是在這種背景下生長，承達摩以來禪脈，從教下禪向教外別傳之禪發展，從定慧雙修向定慧等一發展，從融漸之禪向唯頓無漸之禪發展。

這裡想要說明的是，在禪的歷史發展過程中，特別是禪宗之外的各種禪觀所修習的禪法之中，也可以從倫理的角度對之作一番探究。禪觀，也是也是禪的道德修習方法。陳隋之際的禪法，以僧稠和天臺為盛，此處以此兩種禪法說明禪觀中的倫理內涵。

　　僧稠的禪法，是四念處法，依《涅槃經》而修四念處。在修四念處法之前，須修五種禪觀，即五停心觀或五門禪，五種清除世俗欲望而使心清淨的方法：不淨觀、慈悲觀、因緣觀、界分別觀、數息觀。這些禪觀都具有相應的倫理意義，基本精神是消除由於人們的我執而產生的各種惡。

　　人心中的三毒，三種最大的惡，是貪、瞋、癡，五門禪對此有專門對治之法。對治貪欲多者特別是淫欲熾盛者用不淨觀，「淫欲多人，習不淨觀。」（《坐禪三昧經》卷上）通過觀自身他身的不淨而對色身生厭惡之情，滅卻淫欲，觀身從腳至頂，從外至內，充滿污穢，無一淨處。多淫欲者有七種貪愛，或愛色，或愛端正，或愛儀容，或愛音聲，或愛細滑，或愛眾生，或前六都愛。對此不同的貪愛，不淨觀中都有具體針對性的觀法。淫欲為貪欲中最惡之欲，萬惡之首，被列為首要的對治之欲。對治瞋恚，用慈悲觀或慈心觀，「若瞋恚偏多，當學三種慈心法門。」（《坐禪三昧經》卷上）觀想通過與樂拔苦而帶來的喜悅。瞋恚是基於有我而產生的仇視和傷害他的人心理，消除瞋恚的方法，就是要以無我心為基礎，施慈愛心，不但給自己所喜好的人以快樂，慈及親愛，也給自己的憎恨者以快樂，慈及怨憎，從這種慈心施與中體會快樂。特別是慈及怨憎的修行方法，反映出禪宗倫理中以德報怨的道德胸襟。對治愚癡，用因緣觀，「若愚癡偏多，當學三種思惟法門。」（《坐禪三昧經》卷上）所謂的思惟法門，就是指因緣觀，觀想十二緣起，體悟由於無明、愚癡所造成的生死流轉之理，從而消除無明。對治我見，用界分別觀，我見是對我和我所的執著，凡有煩惱者，必有我見，我見又是其他一切錯誤見解的原因。界分別觀或無我觀是通過觀想十八界中諸法都是由地水火風空識之六大和合而

體會諸法無我之理,比如觀身,身是地耶?是水耶?是火耶?是風耶,是空耶?是識耶?六大無主,身亦無我。數息觀對治散亂之心,具體地說,是對治心的尋和伺兩種狀態,尋是對事法的較為粗略的思考,「心之粗性名尋」(《俱舍論》卷四)伺是較為細密的心理活動,「心之細性名伺」(《俱舍論》卷四)都體現為對事法的執著心。通過數呼吸之出入,使心定於一境,是一種調息法門。

四念處為身念處、受念處、心念處、法念處。身念處是觀色身的不淨,「觀見種種不淨,充滿我此身中。」(《中阿含經‧念處經》)對治的是以人生為淨的「淨顛倒」,消除我執。受念處(《中阿含經》中稱覺念處)觀人生是苦,對治以人生為樂的「樂顛倒」。心念處是觀心的無常生滅,對治以人心為永恒的「常顛倒」。法念處是觀諸法空幻無我,對治以為諸法有我的「我顛倒」。以此四念處,表明世俗世界的無常、痛苦、無我、不淨,展現理想的道德世界之常樂我淨。

天臺的禪法,是圓頓之禪,但正如圭峰宗密所言,達摩未到,諸家所解禪法,都是四禪八定,天臺禪法的「趣入門戶次第,亦只是前之諸禪行相。」(《禪源諸集都序》卷一)也就是說,天臺禪法的入門次第,也不出四禪八定式的禪法。四禪八定乃是修行的漸次深入過程,惑識的不斷滅除過程,各種功德的不斷證得過程,也是思想的不斷淨化、道德的不斷提升過程。天臺宗的小止觀法門實際上就是這樣的入圓頓禪法的方便次第,從中可以明顯看出其道德層面的意義。

小止觀法分為十門,即具緣、訶欲、棄蓋、調和、方便、正修、善根發、覺魔、治病、證果。

具緣是指修習止觀先要具備的五種外部的條件，即持戒清淨、衣食具足、居閑靜處、息諸緣務、近善知識。首先強調的是要持戒，而戒正是道德規範的制度化。又強調親近善知識，善知識是得道的高僧，也是禪倫理的化身。

訶欲是去除五欲，五種肉體欲望，對心外五塵所生之貪欲心，即色欲（對男女形貌的貪愛）、聲欲（對音樂之聲及男女歌詠贊誦之聲的貪愛）、香欲（對男女體香及其他香味的貪愛）、味欲（對各種食物美味的貪愛）、觸欲（對男女體膚之觸覺的貪愛），其基本價值導向是寡欲乃至禁欲。

棄蓋是棄絕五種染污心，五種不良的心理活動，這些心理活動能夠蓋覆滅自心真性或道德本性，是為蓋。棄貪欲之蓋（棄除心內之意根所生之欲）、棄瞋恚蓋（瞋恚是失佛法之根本，墮惡道之因緣，法樂之冤家，善心之大賊，所以須除）、棄睡眠蓋（內心昏暗為睡，五情暗蔽，委臥睡熟為眠，睡眠如死，無所覺知，能破涅槃解脫，所以須除）、棄掉悔蓋（掉為掉舉，內心躁動不安，悔是追悔，對已作之事心懷憂惱，掉悔都能障礙涅槃，所以須除）、棄疑蓋（特指除三種疑，即疑自身、疑師、疑法）。

調和是調整和適，調和五事，即調飲食、睡眠、身、息、心。

方便是進入禪修應該具有的精神準備，有五方便，即欲（志向或誓願，志于離惡向善）、精進（堅持禁誡，專精不廢）、念（經常思量，思量禪定對於除惡向善的作用）、巧慧（能夠具有區分世俗之快樂和禪定之快樂的輕重得失）、一心分明（明確區分善惡，並一心修行，向善除惡）。

正修是具體的修行方法。

善根發是指通過正修止觀法門而能夠開發自心的道德善

性，對外能持佈施、持戒、孝順父母尊長、供養三寶及有德學者，對內能開發各種內善根，如屬五門禪之息道善根、不淨觀善根、慈心善根、因緣觀善根，念佛善根。

覺魔即覺知魔事，能敏銳地覺察各種魔障，包括內心之煩惱魔，即道德層面的各種惡，從而能夠及時遣除之。

治病是指修習止觀能夠治療肉體因地水火風不調和而生的病痛。

證果為成就正果，也是道德上達到的相應的境界。

3、早期禪宗對倫理的關注

早期禪宗，從達摩到弘忍，在倫理觀上有一個發展的過程，逐漸向中國禪宗倫理特有的規範過渡，基本的發展軌跡是從理行並重到戒禪並重再到農禪並重，從個人的倫理生活向僧團的倫理規範，特別是向社會倫理發展，由此也顯現出禪宗的生命倫理、社會倫理特色。

第一、達摩禪的倫理特色：二入四行

禪宗初祖菩提達摩理行並重的倫理觀，這是強調道德意識和道德行為的結合，既強調理入，也注重行入，以此為趣入道德境界的根本方法。理入，是在對道德本體的認識基礎上，所形成的穩定的道德意識，以理入，確立修行的目標，形成堅定的信仰，產生道德自覺。行入，是在理入基礎上的道德踐履，用具體的行為去成就道德理想。重理輕行，缺乏真參實證，即使你能夠對禪的倫理原則從理論上表述得非常清楚，但對你本身並不能產生實際的道德利益，不能真正證成正果。有行無理，缺乏對道德本體的深切認識，缺乏在這種認識基礎上所形成的正確的道德理念的支援，你的修行，很容易產生盲目性。因此，達摩已經指出了認識和實踐的結

合對於道德建設的重要性。

達摩對於理入的討論，實際上涉及到道德本體及其存在狀態，修行的根本方法問題。

> 理入者，謂藉教悟宗，深信含生同一眞性，但爲客塵妄想所覆，不能顯了，若也舍妄歸眞，凝住壁觀，無自無他，凡聖等一，堅住不移，更不隨於文教，此即與理冥符，無有分別，寂然無爲，名之理入。（《菩提達摩略辨大乘入道四行》，《景德傳燈錄》卷三十）

「含生同一真性」，也就是一切眾生都有佛性，都有至善的道德本性，都能夠成就道德理想。真性或佛性，就是人的道德本性。這種本性的存在狀態，是被人的妄念，或者說是惡，所覆蓋，因此在修行上，就要通過特定的方法來去除妄念，這種根本的方法，就叫壁觀。壁觀的外在形式，是坐禪，內在的要求，是使自以趨淨離染，趨善離惡。具體的修行方法，達摩提出四種，稱「四行」：報冤行、隨緣行、無所求行和稱法行。

報冤行顯現的基本倫理原則，是如何正確對待人生的苦難：

> 修道人若受苦時，當自念言：我從往昔無數劫中棄本從末，流浪諸有，多起冤憎，違害無限，今雖無犯，是我宿殃惡業果熟，非天非人所能見與，甘心忍受，都無冤訴。……此心生時，與理相應，體冤進道，故說言報冤行。（同上）

這反映的是佛教倫理中忍辱的品格，而其理論基礎是因果報應論和業感緣起論，人的業力為因，產生相應的果報，這要求人們應該為自己的行為負責，因為這既對自身現世的生命負責，也是對來世生命的負責；人們應該獨自承受行為的結果，既要承受前世行為的結果，也要承受現世行為的結果。當這種結果來到是，如果是惡的結果，不應該對自身之外的原因有所怨言，自作應自受。

隨緣行顯現的基本倫理原則，是如何正確對待人生的歡樂：

> 眾生無我，並緣業所轉，苦樂齊受，若得勝報、榮譽等事，是我過去宿因所感，今方得之，緣盡還無，何喜之有？得失從緣，心無增減，喜風不動，冥順於道，是故說言隨緣行也。（《菩提達摩略辨大乘入道四行》，《景德傳燈錄》卷三十）

這反映了佛教倫理中特有的平和的心境狀態。不動心，這裡的基礎理論也是業感緣起論。業，既是導致自己痛苦的原因，也是導致自己快樂的原因，當人生的歡樂來到時，只表示人以前所做的善業因緣，而且當這種業力的作用消失後，歡樂也將隨之而去。所以，人生應該正確對待榮譽，不去刻意追求榮譽，得失隨緣。

無所求行顯現的基本倫理原則，是如何正確對待自己，對待所處的世界：

> 世人長迷，處處貪著，名之為求，智者悟
> 真，理將俗反，安心無為，形隨運轉，萬有斯
> 空，無所願樂，功德黑暗，常相隨逐，三界久
> 居，猶如火宅，有身皆苦，誰得而安？了達此
> 處，故捨諸有，息想無求。經云：有求皆苦，無
> 求乃樂。判知無求真為道行，故言無所求行也。
> （《菩提達摩略辨大乘入道四行》，《景德傳燈錄》
> 卷三十）

這裡體現出的是一種無私無我的道德境界。達摩以我法皆空
的立場支持這一觀點，去除對於自我的種種執著，試想以一
種無我之心對待自我，還有什麼樣的道德境界不能達到？人
生的根本三種煩惱之惡為貪、瞋、癡，而貪欲又是三毒之
首，惡中之惡。達摩在此專門討論如何對治人生之貪欲，他
實際上是要求人們能在人生觀上和世界觀上建立起對於人和
世界之本質的根本立場，即空的立場。世人常以人我是實
有，人的感覺是實在的，欲望的需要和滿足是實在的，人所
面對的世界也是真實存在的，是我滿足欲望的寶貴場所，不
願意出離這個世界。而從空的立場看，人只是一個空幻的假
有，如果執之為實有，一切痛苦由此而生；世界也是空，如
《法華經》所稱之「火宅」，人必須脫離此火宅，才能得到
解脫，但人們卻生於其中，以此為樂，身心受火燒而不知其
苦。達摩要求，人們應該認清自我的本質，認清世界的本
質，不為我求，不增我苦，一切個人的名譽、地位、財富之
類世人視作人生成功標誌的對象，都不貪著，都無所求。在
無所求中，實現對道德本體之「理」的親證。這從本質上
講，也是一種生命倫理觀，即如何尊重生命？如何使生命的

存在更有意義？如何不使生命受到無謂的干擾？如何保證生命之高尚的道德質量？

稱法行顯現的基本倫理原則，是如何依真理而修行，依倫理的最高原則而修行：

> 性淨之理，目之爲法。此理眾相斯空，無染無著，無此無彼。經云：法無眾生，離眾生垢故；法無有我，離我垢故。智者若能信解此理，應當稱法而行，法體無慳，於身命財行檀舍施，心無吝惜，達解三空，不倚不著，但爲去垢，稱化眾生，而不取相，此爲自行；復能利他，亦能莊嚴菩提之道。檀施既爾，餘五亦然，爲除妄想，修行六度，而無所行，是爲稱法行。（《菩提達摩略辨大乘入道四行》）

稱法行，要求依理而行，依據道德認識而指導修行，修六度法門，既佈施、持戒、忍辱、精進、智慧、禪定。達摩以佈施為例討論了六度行的基本原則：自覺、覺他。一般理解的佈施，有財施和法施兩種，前者是施捨財物，後者是傳播自己對於佛教的正信的理解，以法化人。對於前者，達摩要求以自己的生命和財物時刻施捨，毫不吝惜。有時，為了維護社會的正義和公平，需要人們付出鮮血和生命的代價，這就不僅要求人們有堅定不移的道德信念，更要有實現這種信念的堅強的勇氣。達摩實際上把這個問題揭示出來了。個人成就了道德理想，還應該推行於他人，行慈悲之心，以深切的同情體察他人的痛苦，以寬厚的關懷，與樂拔苦，幫助他得到解脫。

　　我們可以把這些理解為達摩的倫理規範：真性、舍妄歸真、壁觀、報冤、隨緣、無所求、稱法、六度以及支持這些倫理規範的哲學層面的也帶有倫理特徵的概念：因果、業報、空。

　　第二、慧可和僧璨禪的倫理特色：理事兼融和寂照妙用。

　　二祖慧可的禪法，依《續高僧傳》的記述，為「理事兼融，苦樂無滯。而解非方便，慧出神心。」（《慧可傳》，《續高僧傳》卷十六）理事兼融，是一個佛教哲學的理念，從倫理的層面看，理，是道德本體，事，是道德本體的體現，既要有對道德本體的體認，又要在具體的道德行為中體現此理，本質上是和達摩理行二入相似。苦樂無滯，則相當於達摩的報冤行和隨緣行，慧出神心，也是講，心是道德的本體，一切道德規範和智慧都自心出，此心就是佛心，「觀身與佛不差別」（《慧可傳》，《續高僧傳》卷十六）眾生從本質上講，心中都包含有完善的道德律。

　　僧璨的禪法，依《舒州刺史獨孤及賜諡碑》[1]所記，為「以寂照妙用攝群品，流注生滅，觀四維上下，不見法，不見身，不見心，乃至心離名字，身等空界，法同夢幻，無得無證，然後謂之解脫。」這種描述使僧璨的禪法更多地帶有分燈禪的特色。這裡體現的觀點，僧璨是以般若空觀為其基本禪法依據的，實際上禪宗對般若的重視是從四祖道信開始的。從倫理的角度看，僧璨著重談到了道德修行問題，即無修之修。一切皆空，人的一切欲望，一切執著的對象都是空，在無修中，達到無我的境地。這和被後人視為是僧璨所

1　轉引自吳立民主編《禪宗宗派源流》，中國社會科學出版社 1998 年 8 月版，頁
　45。

作的《信心銘》中表達的觀點是一致的。《信心銘》中還特別提出,「不識玄旨,徒勞念靜」,以之後對單純的修行提出批評,主張對於道德本體(玄旨)之認識的重要性,實際上也是達摩二入並重的思路。

我們可以把這些理解為慧可和僧璨的倫理規範:理事、苦樂、無得,以及支持其倫理觀的空的概念。

第三、道信禪法的倫理特色:戒禪一致的開創與勞動倫理的奠基。

根據印順的研究,道信(580－651)的禪法是「戒與禪合一」的。[2] 戒本身是倫理規範的集成,以防非止惡為目的,戒對於倫理的意義,是為倫理建立起他律的規範,強調道德建設中的制度性和道德生活的強制性,這對於禪宗倫理來說是開創性的,在惠能,在懷海,都對此問題非常重視。禪的方面,道信持一行三昧,是為念佛禪。關於這一點,印順歸納為「念佛與成佛合一」。[3] 念佛是一種修行方法,念佛的最終目的是成佛,念佛是對道德規範的修持,成佛是理想道德境界的實現。在道德修行方法上,道信講究不同的針對性,不同根性的眾生,採用不同的方法,可以說也是開創了禪宗就病與藥的道德教育方法之先河。道信的道德生活,《傳法寶記》描述為兩點,一是坐禪,二是作務。「努力勤坐,坐為根本,能作三五年,得一口食塞飢瘡,即閉門坐,莫讀經,莫共人語。」「作」,就是作務,生產勞動,以生產勞動保證自己的衣食之源,而不是乞食,而不依賴他人佈施供養,這就是自力,禪宗倫理中的自力概念,反映在經濟生活上,就是經濟自立,自給自足,這本身也是回應歷史上

---

2 《中國禪宗史》上海書店 1992 年版,頁 53。

對於佛教之經濟批評。

因此可以歸納出道信如下的禪宗基本倫理規範：戒、一行三昧、作務。

第四、東山法門倫理特色：勞動倫理的深化。

東山法門是道信、弘忍（602－674）的禪法，這裡特指弘忍的禪法，弘忍禪法有兩點特色：一是農禪並重，二是重《金剛經》。農禪並重，體現為不只規定勞動，更把勞動作為禪修的一個組成部分，勞動本身就是修行。《楞伽師資記》所載《楞伽人法志》中說，弘忍把禪修貫穿於日常生活的一切過程，「四儀皆是道場，三業咸為佛事。」四儀是行住坐臥，三業是身口意，農業勞動自然包含其中，也就是說，日常生活的一切方面，都應該是道德生活，都是道德修行的組成部分。禪是生活的觀點，實際上在此就開始出現。此書中又說，弘忍「役力以申供養，法侶資其足焉。」很明顯，農業勞動對於保證僧團的經濟自給，是多麼重要。弘忍強調了僧團的自養自立。這本身也是禪宗對於社會倫理的思考，其特點在於減輕社會對於僧團生活的經濟負擔。而禪宗倫理本身的道德生活規範，對於社會生活中的道德導向，也有啟發意義。對於《金剛經》的重視，為禪宗倫理提供了空的方法論。

因此可以突出弘忍的兩個基本倫理規範：役力（作務）、空。

4、北宗禪的倫理特色

北宗禪，這裡特指神秀（？－706）的禪法，神秀的禪法的基本特色，可以突出兩點，一是更注重修持，在其禪宗倫理的基本理論上，著重探討了道德本心的狀態，即如來藏

狀態，以及道德踐履的方式，二是戒禪合一。就前一種特
色，神秀有這樣的討論：

> 自心起用有兩種差別，云何爲二？一者淨
> 心，二者染心。其淨心者即是無漏眞如之心，其
> 染心者即是有漏無明之心。此二種心，自然本來
> 具有，雖假緣和合，互不相生。淨心恒樂善因，
> 染心常思惡業。若眞如自覺，覺不受所染，則稱
> 之爲聖，遂能遠離諸苦，證涅槃樂。若隨染造
> 惡，受其纏覆，則名之爲凡，於是沈淪三界，受
> 種種苦，何以故？由彼染心障超故。（《觀心論》）

真如是眾生道德本體，其性質爲清淨，其價值導向爲善，具
有先天性，得清淨心者爲聖，但真如常爲煩惱纏，煩惱爲
染，其價值導向爲惡，纏於煩惱者，爲凡。

覺悟的方式，成就道德理想的方式，一般理解的是漸
修，禪宗南宗一派都指責這一點，淨修的方法，爲看心看
淨，用智慧觀照心的清淨，磨拂煩惱之塵，但神秀也是講頓
悟的，「超凡證聖，目擊非遙，悟在須臾，何煩皓首？」
（《觀心論》）「一念淨心，頓超佛地。」（《大乘無生方便
門》）。

關於戒禪合一，神秀把禪宗倫理中的佛性，當作戒的理
論基礎，「菩薩戒是持心戒，以佛性為戒。」（《大乘無生方
便門》）在理論上把佛性和戒統一起來了，這種統一的基礎
其實集中體現在倫理方面，佛性是人的至善本性，戒本身反
映的，就是善惡問題。

可以歸納神秀禪宗倫理的基本規範下：真如、染心、淨

心、惡、善、凡、聖、迷、悟、看心、看淨、自覺、頓超，
等等。

5、惠能禪學的倫理特色

　　惠能對於禪宗倫理來說，是一個體系的建立者，對於禪
宗倫理所涉及到的基本問題，惠能都有不同程度的關注。上
文在討論惠能對佛教所受批評的回應及其三教合一的佛教發
展觀時，實際上已經涉及到惠能的倫理觀，這裡不妨再作一
回顧。依照定慧等的表述方法，可以概括為戒與禪等，眾生
與佛等，定慧等，世出世等。

　　戒與禪等，這是承繼道信以來的傳統，注重戒律在道德
生活中的規範作用。惠能的戒，稱無相戒，其內容為：皈依
三身佛，四弘誓，無相懺，皈依三寶。敦煌本《壇經》中多
次引用《菩薩戒經》「我本元自性清淨」的觀點，在《梵網
經》卷下，有「是一切眾生戒本源自性清淨」一句，正是
《壇經》中所引，而抄「戒」為「我」，也許是誤抄，而在
倫理的意義上，戒和我是有相通性的，戒是道德規範之集
合，我是道德之本體，兩者都指向善。此句引言也反映出惠
能對於菩薩戒的重視。

　　眾生與佛等，這是從道德本性上指示人和佛的平等，人
和人的平等。平等的理念，在中國文化中有多角度的理解，
有政治的、經濟的、心理的、法律的，也有道德的，惠能的
禪宗，是從道德角度論平等，這也是孟子以來的傳統。惠能
提出「眾生即是佛」（敦煌本《壇經》第35節）的觀點，
佛，和儒道的聖人一樣，是完美道德的體現者，這種觀點的
內在意義，是人人都可以成為有完美道德的人，在道德本性
和道德理想面前，人人都是平等的。

　　定慧等，這是對達摩二入思想的發展，二入是強調道德認識和道德行為的兼重，不可缺一，而定慧等則將兩者完全統一起來，這不僅僅是一個修行的問題。惠能想告訴人們，一個高僧，必是有道德的人，必是言行統一的人，這種統一，在道德認識中，實際上體現其道德行為，不是有德無行，在道德行為中，又反映出其道德觀念，不是有行而缺德。

　　世出世等，這反映了惠能對社會倫理的關注，在世俗倫理和宗教倫理之間，宗教倫理不是對世俗倫理的外在式的超越，即和世俗倫理完全不同的，毫無聯繫的，而是直接存在於世俗的倫理生活之中，或者說，直接就賦予世俗倫理以超越性的意義，在這方面，惠能通過具體的禪學理念體現出他特殊的倫理思考：對現世間和出世間的關係，惠能強調即現世而出世，不離現世而實現出世；在生死和涅槃之間，生死代表世俗生活的世界，涅槃代表理想境界，惠能強調即生死而涅槃，不離死而成就涅槃；在無明和智慧之間，無明代表眾生的生存狀態，智慧代表眾生的內在本性，惠能強調沒有一個純粹的智慧境界的存在，即無明而智慧，不離無明而論智慧，智慧如果不是為了消除眾生的無明，此種智慧，只是一種精巧高雅的把玩品而已；在煩惱和菩提之間，即煩惱而菩提，不離煩惱而成就菩提；最為重要的，是惠能提出了居士佛教的看法，鼓勵在家修行，這對於那些針對佛教的政治性、經濟性的批評來說，是最為實際的措施。

　　因此在惠能的禪宗倫理中，除了一些基本的倫理命題，還可以歸納出許多重要的倫理範疇：人、世人、心、自心、本心、性、自性、本性、佛性、人性、清淨、菩提、般若、知、智慧、迷、念、煩惱、生死、悟、頓悟、無念、見性、

思量、無相戒、自由、解脫、功德等等。

6、後惠能時代的禪宗倫理

這裡借用一個近年來學術界比較時髦的用語——「後」，來概述惠能之後禪宗倫理的發展大勢，即宋明禪宗的倫理特徵，這一時期，既體現出多元和個性化的特色，也在此多元和個性之中體現出禪宗倫理的一般特徵。

從總體上看，後惠能時代的禪宗倫理大致體現出如下的特點：

一、倫理制度的建立。這一時期，對於倫理建設來說最為突出的事件是百丈懷海之《禪門規式》的確立，這對於禪宗和禪宗倫理本身至少有三點是應該強調的，第一，標誌著禪宗中國化的制度層面的完成，因此也表示禪宗中國化的最終完成。第二，標誌著禪宗倫理的制度化和規範化，強調了倫理的他律特點。第三，突出了禪宗自力更生式的經濟生活，自食其力，改變傳統佛教的乞食制度，體現出禪宗的經濟倫理特色。

二、強調佛和人的等同。對於佛教的境界，佛教的一般看法是追求佛境界，但是在這一時期的禪宗倫理中，抽象的佛境界被否定了，而將其理解為人的境界，佛就是人，離開現實的人生，沒有佛，佛是覺悟了的人，無依之人，無求之人。這延續了惠能以人性論佛性的傳統。

三、超佛越祖的精神。對於惠能以來的眾生與佛的關係，或人與佛的關係的觀點，為了強化佛就是人的精神，這一時期的禪門宗師強烈反對傳統的佛祖崇拜，出現了呵佛罵祖的風潮，棒喝交加的作略（教育方法）。這都是在說明心外無佛，要求學人回省自心，歸家穩坐。

四、道德和生活的結合。把禪宗的道德理想和日常生活狀態結合起來，突出了禪宗倫理修行觀中的無修之修，提出了平常心是道這樣經典性的觀點。喝茶、挑水、擔柴、農作，都是道德生活的組成部分，離開此類的生活，不存在純粹的道德修行，弱化了人們必須在重大事件中體現道德水平的傳統的道德建設觀，置人們於細微的日常事件中考察其道德修養程度。

五、更廣泛地融合儒家道德，特別是融合儒家道德中的孝的觀念和忠的觀念，從宋代開始，這一思想成為佛教發展的共識。

三、批評的延續

禪宗對於歷史上的批評作出了各種回應，也對中國文化產生了很大的影響，特別對士大夫的精神生活產生了很大影響，但並沒有消除儒教的批評，尤其是倫理層面的批評。這也說明，禪宗倫理和儒教倫理之間，存在著某種不可調和性，存在著難以融合的現實困難。從表象上看，是儒教對於禪宗倫理某些表現方式的難以認同，實際上體現為兩者宗教觀和世界觀的差異，體現著深刻分歧的一面。這種批評體現的時代背景，也正是儒學的上升時期，融合佛道而完成第二次復興的新儒學時期，佛教的相對衰落時期。

1、朱熹的批評

雖然朱熹也很喜好禪學，相傳他早年趕考時，都帶著大慧宗杲的語錄，但這並不影響他對於禪宗的批評。他對於禪宗批評的最核心之處，是沿襲傳統的觀點，從倫理角度指出禪宗與儒家的衝突，並在理論上區別儒佛之間實與虛之別，

並特別指出禪的不立文字對於義理之學的否定。「禪學最為
害道，莊老與義利絕滅猶未盡，佛則人倫已壞，至禪，則又
從頭將許多義理掃滅無餘。以此言之，禪最為害之深者。」
（《朱子語類・釋氏》）此可謂朱子辟佛辟禪之中心。

佛教如何破壞人倫？朱熹的觀點仍不出無父無君等論，
「莫親於父子，卻棄了父子，莫重於君臣，卻絕了君臣，以
至民生彝倫之間不可闕者，它一皆去之。」（《朱子語類・釋
氏》）人生所必須遵守的一切倫理準則，朱熹認為，佛教都
給予否定了，這是大罪，「佛老之學，不待深辨而明，只是
廢三綱五常，這一事已是極大罪名。」（《朱子語類・釋氏》）
而許多人，特別是有社會地位者，也樂於供養、信奉佛教，
陷入佛教倫理泥潭而不知，「有國、家者割田以贍之，擇地
以居之，以相從陷於無父無君之城而不自覺。」（《朱子語
類・釋氏》）佛教滅了世間的人倫，卻要將其帶入出世的生
活中去，這說明儒家人倫是去之不得的，「如佛老雖是滅人
倫，然自是逃不得，如無父子，卻拜其師，以其弟子為子，
長者為師兄，少者為師弟。但是只護得個假底。」（《朱子語
類・釋氏》）這也從一個側面看出了佛教倫理對於儒家倫理
的吸收。

就理論層面分析，朱子認為，佛教倫理和儒家倫理之
別，最根本的在於，佛教講一個空無，而儒家說一個實有，
「儒釋言性異處，只是釋言空，儒言實；釋言無，儒言有。」
（《朱子語類・釋氏》）佛教以性為空無，以心外的事法為空
幻不實，「若釋氏則以天地為幻妄，以四大為假合，則是全
無也。」（《朱子語類・釋氏》）「它都不管天地四方，只是理
會一個心。」（《朱子語類・釋氏》）佛教也以理為空，「要
之，佛氏偏處只是虛其理，理是實理，他卻虛了。故於大本

不立也。」(《朱子語類·釋氏》)理,是事物本體之理,也是倫理之禮。朱熹認為,佛教把理或禮虛了,自然就空了人倫。

可以看出,這還是針對禪宗的出家修行提出的批評,雖然惠能提出過居士佛教的方案,但佛教的三寶之僧寶,並不指居士,不論是佛教自身,還是政府的宗教政策方面,都要求佛教保持出家的僧團,這卻為儒家的批評留下口實,加上對於空的理解之分歧,在世界觀上的分歧,儒釋之調和,實際上是非常困難的。

2、王陽明的佛教觀

王陽明(1472-1529)在哲學或方法論的層面上融合了禪宗的心學,在宗教層面上,他卻有著自己的佛教發展觀,這體現在他的一個未呈上的疏文中。明正德十年(1515年)八月,陽明撰疏反對武宗的佞佛,疏中說:「陛下果能以好佛之心而好聖人,以求釋迦之誠而求諸堯舜之道,則不必涉數萬里之遙;而西方極樂,只在目前,則不必糜數萬之費,斃數萬之命,歷數年之久,而一塵不動,彈指之間,可以立躋聖地。」(《王陽明全集·別錄一·諫迎佛疏》)這正和惠能的唯心淨土、即東方而西方的人間佛教思想相同,同惠能的頓悟論相同,同惠能的修道而不修福論相同。這實際上對政府的一些宗教政策提出了批評,依照這種宗教政策,佛教必然要講出家,要花錢修寺院,而這樣的佛教又必然要引起一些人的批評。王陽明這種看法,表面上是諫皇帝,實質上也是對於明代佛教發展模式的側面批評。

3、王夫之的批評

明末清初的王夫之（1619-1692）雖然對唯識宗的哲學思辨方法極為欣賞，但對於佛教的世界觀和人生觀，還是持全面批判態度的，這再次說明佛教和儒教之間的緊張和對立。

王夫之對佛教的批評之中，就包含了傳統型的倫理層面的批評。他強調禮作為社會倫理的最高規範，「尊尊、賢賢之教，皆天理自然，達之而禮無不中矣。」（《張子正蒙注‧動物篇》）禮來自于天的權威，是天賦的，而佛教卻是要空掉這些禮，「浮圖髡髮，安忍無親？」（《尚書引義‧舜典四》）「裂天彝而毀人倫。」（《周易外傳‧無妄》）這本質上和東漢時代最早對佛教的批評無異，但近兩千年後，儒教仍然重申此理，說明了儒教在價值取向上的不可動搖性。王夫之這層批評的著重點，是強調這樣的觀點，即一種思想，應該為推動社會的進步而提供資源，而不是宣揚虛幻的價值觀，佛教卻不能為社會的進步提供幫助，「以人生為夢幻，則富有日新之理，皆可置之不思不議矣。君可非吾君矣，父可非吾父矣。」（《張子正蒙注‧大心篇》）再次提出一般所認為的佛教在社會倫理層面的缺陷。

在具體的倫理觀點上，王夫之也是和禪宗有分歧的。對於心性，王夫之認為，禪宗講的心，只是人心，而不是道心，人心的作用，只是覺了能知，只具備一般的認識功能；禪宗講的性，也只是一般的作用之性，而不是體現命的天理之性。而王夫之的心，特指道心，性，特指天理之性，都是倫理意義上的。

禪宗中有一種觀點是講泛性的，佛性普遍存在，不只是存在於人，還存在於人之外的其他生命類型之中，存在於事物之中。王夫之認為，人、禽獸、草木，存在著區別，「使

命而同矣,則天之命草木也,胡不命之為禽獸?其命也禽
獸,胡不命之為人哉?使人而同矣,則犬之性猶牛之性,猶
人之性矣。」(《讀四書大全說・壹心篇》)在惠能的禪宗倫
理中,應該注意到,他是十分注重在人的意義上言人性的,
在大珠慧海、荷澤神會的禪學中也是如此,但這種觀點並沒
有得到後期禪宗的全面堅持。

禪宗的佛性論,是先天的,人人都生來具足的。王夫之
也批評這一點,主張人性日生日成,是後天形成的,不斷改
變著的,既然稱為人性,只能指君子之性,而不指小人之
性,按照佛性論,「不擇知、愚、賢、不肖,而皆使見性。」
(《思問錄・內篇》)是低賤之道。王夫之在這裡不但和佛教
區別開來,也和孟子有了分歧。

第二章 善惡問題

善惡問題

在禪宗倫理的體系結構中，基礎理論或「形而上」的部分有兩個方面的內容構成，一是善惡觀，二是以心性論為核心的道德關係論。本章討論第一方面的內容，這實際上就是討論禪宗倫理的基本問題。倫理學有其基本問題，全部理論在此基本問題基礎上建立起來，對於倫理學的基本問題，學術界有各種不同的看法，比如說，有道德和利益的關係問題說，道德和社會歷史條件的關係問題說，整體和部分關係問題說，人的存在發展與個人對他人、社會的義務關係說，善惡問題說。對於佛教倫理，對於禪宗倫理而言，其基本問題，是善惡問題，善，同時也表示是有道德的，惡，同時也表示不道德的。道德觀，最集中地體現為善惡觀，道德生活，也就是為善去惡的認識和實踐過程，道德評價，也就是善惡評價。禪宗標榜超越善惡，但其基本的倫理價值取向仍是諸惡莫作，眾善奉行。在善惡問題上，禪宗將其和人性或佛性問題相連，和人心的染淨問題相連，顯示出獨特的意義。這裡實際上涉及四個方面的問題，一是體，二是用，三是道德認識，四是道德踐覆。從人性之體的角度看，性無善無惡；從人性之用的角度看，性能含、能生善惡；從道德認識的角度看，要分清什麼是善，什麼是惡；從道德修行的角度看，應該為善去惡。對於這種問題，王陽明倒是理解得非常準確，他說：「無善無惡是心之體，有善有惡是意之動，知善知惡是良知，為善去惡是格物。」（《傳習錄》下）此為王門四句教，對於理解禪宗倫理的善惡觀非常有啟發意義。

一、善惡觀：禪宗倫理的基本問題

在善惡理論上，禪宗倫理與佛教倫理的一般原則是一致的，都是以善惡作為其倫理體系的基本問題，都追求為善去惡，對善的分析，都涉及到最根本的善和具體的善。禪宗倫理的善惡觀實際上許多內容是來自佛教傳統的觀點或教家的觀點，但也有自身的獨特性的表述，特別對區別善惡之標準，禪家有多種解釋，而更為獨特的觀點是不思善、不思惡之說，這其實已涉及到修行論了。

1、善與惡：佛教的一般看法

佛教倫理的宗旨，是離惡向善，「諸惡莫作，眾善奉行，自淨其意，是諸佛教。」（《法句經・述佛品》）「不放逸者，修諸善法，離諸不善法。」（《俱舍論》卷四）也就是說，佛教的根本宗旨，是通過行善去惡來成就圓滿的道德理想，而這一過程所體現的，就是一個善與惡的對抗問題，如何除惡趨善問題。那麼，什麼是善，什麼是惡？

佛教把思想觀念、語言、行為的價值分為三種：善、惡和無記三性。一般地說，契合佛教教理，給自身和他人帶來實際利益的思想、語言和行為是善，反之違理背法，損害自身和他人利益的思想、語言和行為，都為惡。小乘佛教強調不損害他人利益為善，反之為惡；大乘佛教在這一標準基礎上，還強調發揚慈悲心，利他為善，反之為惡。依《成唯識論》的解釋，善惡應該這樣理解：

　　能為此世、他世順益，故名為善。人、天樂果雖於此世能為順益，非於他世，故不名善。能為此世，他世違順，故名不善。惡趣苦果雖於此

　　世能為違損，非於他世，故非不善。（《成唯識論》
　　卷五）

這是以是否順益於（有利於）此世（現世）和他世（來世）
並且最終順益於來世的樂果為標準。人、天果報，一般認為
是善的，但只順益於現世，不順益來世，也不能稱為善。地
獄、餓鬼、畜生等惡道，一般認為是惡，但只是違損現世，
並不表示也違損來世，因而也不能稱為惡。窺基因此而解釋
說：「要令此、他二世順益，方名為善。」（《成唯識論述記》
卷五末）。

　　對於善，佛教有著不同的區分，比如說，有二種善之
分，即有漏善和無漏善，前者為世間之善，後者為出世間之
善。世間善是尚未斷滅煩惱之善，是眾生在生起無漏（沒有
煩惱）智慧之前所修行的善業，稱為白法，具體內容有五
戒、十善以及忠信孝悌等其他一切世間善法。無漏善是斷除
煩惱之善，「無漏有為、無為亦爾。此世、他世，違越生
死，有得有證，及由涅槃獲二世益，非生惡趣等，故並名為
善。」（《成唯識論述記》卷五末）這種善，也稱為淨法。

　　又有四種善之分，即勝義善、自性善、相應善、等起
善，「勝義善解脫，自性慚愧根，相應彼相應，等起色業
等。」（《俱舍論》卷十三）勝義善是真解脫的境界，涅槃境
界，終極的善境；自性善是眾生本性中所本有的善性，無
貪、瞋、癡，也無慚無愧；相應善是與眾生自性相應的善心
和善心所；等起善是「身語業不相應行。」（《俱舍論》卷十
三）指自性善及相應善所引起和身語二業之善。由此可知佛
教倫理之性善觀，由善性之開發，終成善果。

　　又有六種善之分。這是天臺宗的看法，一是人天之善，

即人天因果教層次的善，此類層次的善，不外乎五戒、十善之法。此種善，「人天報盡，還墮三途，已復是惡。」(《摩訶止觀》卷二下)果報之力用盡後，還將墮入三惡途，不是至善，從這種意義上講，實際上還屬於惡。二是二乘善，也即小乘教層次的善，二乘即聲聞、緣覺乘，「二乘出苦，名之為善。」(《摩訶止觀》卷二下)此種善雖然離三界之苦，不過二乘「但能自度。」(《摩訶止觀》卷二下)不能度他，從這個意義上講，還是惡。三是小乘之菩薩善，此類善的特徵是「慈悲兼濟」(《摩訶止觀》卷二下)但由於自身並沒有斷除煩惱，如同毒器盛食，食亦殺人，因而是惡。四是三乘(通教)之善，其特徵是同斷煩惱，但「不見別理」(《摩訶止觀》卷二下)即不見別教中的道理，因而也是惡。五是別教之善，已見別教中道之理，因而稱為善，但還帶方便，不是圓見，因而是惡。六是圓法之善，為最圓滿的善。但即使這一層次的善，也要做具體分析，從順、背、達、著角度分析，順實相之理是善，背之為惡，達實相之理為善，執著此理為惡。六善之分體現了天臺宗的判教觀，就其倫理的意義而言，體現出道德的層次性思想，善的層次性思想。

惡，也有不同的種類，比如有三種惡之分(與此相對而言的是三種善)，三惡即三毒，貪、瞋、癡，「貪欲是惡，除貪是善；瞋恚、愚癡是惡，除恚、癡是善。」(《大智度論》卷三十七)依身語意三業之標準，有十惡(與十善相反)之分，身三語四意三(下文有詳述)。就身語意三業之惡而言，稱為三惡行，「惡身語意業，說名三惡行。」(《俱舍論》卷十六)之所以稱此為惡行，乃是它們「能感非愛果故，是聰慧者所訶厭故，此行即惡，故名惡行。」(《俱舍論》卷十六)能引起與仁愛無關的果報，這種果報是有道德有學問的

人所拒絕和厭惡的。

　　無記的概念是佛教特有的，它表示非善非惡，「不可記
為善不善性，故名無記。」（《俱舍論》卷二）「於善、不善
益損義中，不可記別，故名無記。」（《成唯識論》卷五）這
不是用中道來討論善惡，而是有一類事物的價值取向，不能
記為善或惡，既不具有善的特性，也不具有惡的特性。無記
又可分為無覆無記和有覆無記兩種，前者為不覆障聖道的非
善非惡之法，八識中的阿賴耶識即屬此法，「染淨因果俱不
成立，故此唯是無覆無記。」（《成唯識論》卷三）後者為能
夠障礙聖道的污染法，「障礙聖道，隱覆自心，說明有覆，
非善不善，故名無記。」（《成唯識論》卷五）只是其作用非
常小，而不至於引起結果。八識中的末那識就屬此類，「末
那心所何性所攝，有覆無記所攝非餘。」（《成唯識論》卷五）
佛教又有七無記說，無覆無記分為六種，加有覆無記，為七
種。六種無覆無記分別是異熟無記（由過去善惡之因引起的
不會障礙聖道的果報）、威儀無記（行住坐臥四威儀，四種
應該遵守的規則，行有行相，坐有坐相）、工巧無記（行
為、語言方面的特長或技能）、通果無記（佛教的神通，特
指天眼通和天耳通）、自性無記（前四種之外的一切無記性
中的有為法）、無為無記（非因緣造作而生起的無記法）。

　　無記的另一種含義，是對問題不作肯定或否定的回答，
釋迦牟尼指出過十四種無記，即世間常、世間無常、世間亦
常亦無常、世間非常亦非非常、世間有邊、世間無邊、世間
亦有邊亦無邊、世間非有邊非無邊、如來死後有、如來死後
無、如來死後亦有亦非有、如來死後非有非非有、命身一、
命身異。這實際上是表示佛教對於有無斷常等純哲學性的問
題不討論，因為這種討論對於修行沒有好處。所以，十四無

記更主要的是說明，佛教應該是道德型的宗教。

小乘佛教把一切法分為五位（五大類：色法、心法、心所有法、心不相應行法、無為法）七十五法（七十五種），瑜伽行派和法相宗則分為五位百法，其中的區別標準，實際上也涉及到善惡之別。由此也可以看到佛教倫理對於善、惡、無記之法的深入而又具體的研究，這實際上也是對精神現象和物理現象的分析，作為一種思想資源，非常珍貴。以五位百法為例，在心所有法（心產生的作用或現象）中，屬於善的方面，就有信、慚、愧、無貪、無瞋、無癡、勤、輕安、不放逸、行捨、不害；屬於根本煩惱（惡的一種表現）的方面，就有貪、瞋、癡、我慢、疑、惡見；屬於隨煩惱（從煩惱中派生出的惡）的方面，就有忿、恨、復、惱、嫉、慳、誑、諂、害、憍、無慚、無愧、掉舉、惛沈、不信、懈怠、放逸、失念、散亂、不正知。有些心理活動本身，並不帶有道德的屬性，稱遍行，有觸、受、思、想、作意。無為法中，有些是善法，有些是無記法（無為無記，如虛空無為和非擇滅無為）。

佛教的戒律則是專門對善惡進行區分的，規範去惡從善之詳盡的目的。戒作為「慣行」，是應該經常修持的行為規範，以防非止惡為其功能，以善為價值取向；具有調伏、善治、滅意義的律，是以惡為治滅對象的。戒律其實就是佛教倫理所規定的行為規範的總和，如果要作嚴格的區別，可以這樣說，在兩者的初始意義中，戒本身不包含對於違戒者的懲罰性措施，憑修行者自覺遵守；而律則是與懲罰措施相結合的。但在後來的理解中，不再有這樣的區別，戒律也合稱了。小乘佛教有五律，即《四分律》（法藏部律）、《十誦律》（說一切有部律）、《五分律》（化地部律）、《解脫律》

（飲光部律）、《摩訶僧祇律》（大眾部律），中國佛教流行
《四分律》。小乘戒有五戒、八戒、十戒、具足戒。小乘戒
分為兩大部分，止持戒和作持戒，以止持戒防非制惡，諸惡
莫作，五戒、八戒、十戒、具足戒都屬此戒；以作持戒勸
善，眾善奉行，二十犍度屬於此戒。大乘佛教的律，稱為菩
薩律藏，在中國佛教較為流行的有《梵網經》、《菩薩戒
本》、《菩薩瓔珞本業經》等。菩薩戒分為三部分，攝律儀
戒、攝善法戒和攝眾生戒，以《梵網經》為例，十重戒是攝
律儀戒，四十八輕戒中的前三十種輕戒，為攝善法戒，後十
八種輕戒，為攝眾生戒，以攝律儀戒防非止惡，是諸惡莫作
戒；以攝善法戒勸修善業，是眾善奉行戒；以攝眾生戒利益
眾生，為饒益人情戒。

2、禪宗的善惡觀

　　禪宗倫理當然也是十分注重善惡問題，其全部的倫理原
則都是以善惡觀為基礎展開的，關於禪宗倫理對善惡的討
論，大致可以作兩個層次的分析，一是區分善惡的標準，二
是具體的善惡之分。但是，禪宗人幾乎沒有對善惡下過十分
明確的定義，只是提出了區分的標準，因為善作為禪宗倫理
的最高原則，是無法定義的，這也符合禪宗的第一義不可說
的原則。現代西方直覺主義的倫理學也強調這一點。
　　對於區分善惡的標準，禪宗中有這樣的看法：
　　認識是否符合佛知見是區分善惡的標準。這是惠能的區
分標準，他說，「世人心邪，愚迷造惡，自開眾生知見；世
人心正，起智惠觀照，自開佛知見。」（敦煌本《壇經》第
42節）佛知見是善，眾生知見是惡。知見，此處當智慧
解。人的認識，只要是符合佛的智慧的，就是善，否則為

惡。當然,這種佛知見,是本來具足於人的本心之中的。

心之是否有染漏為區分善惡的標準。這是大珠慧海的區別標準。他說:「不善者是染漏心,善法者是無染漏心。」(《大珠慧海語錄》卷上)這是慧海使用的組合詞,染心和漏心,是謂染漏心,染心,或染污心,因無明而形成的不覺之心。依照《大乘起信論》的觀點,染心有三細六粗諸種表現:三細是無明業相(心由不覺而動)、能見相(見指認識活動,心動導致認識活動的出現)、境界相(由於見而產生各種虛妄境界);六粗是智相(心對境界有了愛或愛的分別)、相續相(有分別而有苦樂感受)、執取相(執著於感受)、計名字相(對此執著又分別以不同的名相)、造業相(由對名相的執著,造作種種業)、業系苦相(造業而受報,人不能逃脫業報,因而是苦)。漏心,是泄漏之心,如器物有缺損,所盛之物泄漏出來,以此喻煩惱之心,因為心有種種煩惱,人們通過六根流出或泄漏各種過患。

業之是否利他為區分善惡的標準。這是明本(1263-1323)禪師的區分標準,有人說,鞭笞怒罵為惡,能忍受這種惡而不施報復為善;持刀殺人為惡,能順受其害而不記存於心為善;淫蕩暴亂、貪多務得為惡,安靜舒默、齋戒誦持為善。明本認為,這些都只是善惡的表面現象,而不是善惡的內在原理,什麼是善惡之理?利人為善,利己為惡,「善惡之理無他,凡起心動念,所期之事,無大小,無優劣,但欲利人,皆善也;惟欲利己,皆惡也。」(《天目中峰和尚廣錄山·房夜話》)不以業之外在形式而以業之利他與否之內容為區分標準,以此為標準,只要是利他的事,即使在形式上是怒罵擯斥的,也是善,如果是利己的事,即使是安徐承靜,也是惡。這種善惡觀說明,禪宗倫理的境界,具

有極高的追求。

對於具體的善與惡，禪宗中有許多論述，從最基本的善惡區分到更為詳盡的道德規範，禪宗中都有敘述。

最基本的善惡區分。神秀從戒定慧的角度討論修行的基本原則，「諸惡莫作名為戒，諸善奉行名為惠，自淨其意名為定。」（敦煌本《壇經》第41節）這是從總體上闡述禪宗倫理的為善去惡原則，惠能則提出了十善與十惡作為基本的善惡之分，也就是規定了人生最為基本的道德準則。惠能對韋璩說，「使君但行十善，何須更願往生？不斷十惡之心，何佛即來迎請？」（敦煌本《壇經》第35節）道德修行，最基本，也是最為重要的，就是行十種善，去十種惡，十善，是不殺生、不偷盜、不邪淫、不妄語、不兩舌、不惡口、不綺語、不貪欲、不瞋恚和不邪見，前三為身業之善，中四為口業之善，後三為意業之善。與此相對的為十惡，即殺生、偷盜、邪淫、妄語、兩舌、惡口、綺語、貪欲、瞋恚和邪見。大珠慧海討論了二十五有，即為十惡、十善和五陰，其中的五陰，構成人的五種要素，色、受、相、行、識。這二十五有，都是後有身，即眾生於六道受生，之所以如此，在於「眾生現世心迷，如結諸業，後即隨業受生。」（《大珠慧海語錄》卷上）這種善惡之身，是眾生身，不是佛法身。

善惡的進一步區分。禪宗在方法論上吸取了唯識學的內容，禪宗講的心，就是唯識學講的心意識，惠能自己也講：「自性含萬法，名為含藏識，思量即轉識，生六識，出六門，見六塵。」（敦煌本《壇經》第45節）這種心法關係論，全是唯識學中的方法，禪宗也十分欣賞唯識論中的轉識成智方法，《人天眼目》的《宗門雜錄》中，對此有較為集中的反映。依據唯識學的原理，八識心王都是有其相應的心

所的，共五十一心所，其中有許多心所的內容是帶有善惡特徵的，實際上也是唯識學派對於善惡的詳盡分析，這稱為八識相應心所。第八阿賴耶識與遍行心所五種相應，即觸、受、思、想、作意，這是無記性的（無覆無記），也就是說，與阿賴耶識相應的心理活動是無善無惡的。第七末那識與五種遍行心所，與別境心所中的慧，與根本煩惱心所中的貪、瞋、癡、我見、我慢、惡見，與隨煩惱中的掉舉、惛沉、不信、懈怠、放逸、失念、散亂、不正知相應，也就是說，與末那識相應的心理活動是有善有惡的；而末那識本身是無記的（有覆無記）。第六識是意識，和五十一種心所全部相應。前五識，與五種遍行心所，與五種別境心所，與十一種善心所，即信、慚、愧、無貪、無瞋、無癡、勤、輕安、不放逸、行捨、不害，與根本煩惱心所中的貪、瞋、癡，與隨煩惱心所中的無慚、無愧、掉舉、惛沈、不信、懈怠、放逸、失念、散亂、不正知相應（見《成唯識論》卷五、卷六等）。

禪宗雖然沒有照搬這一套善惡分類表，但實際涉及到了與此相似的也很詳盡的善惡區別細則。惠能做了這樣的區分，指出了什麼是具體的善和具體的惡。關於善，他舉出慈悲、喜捨、能淨、平直等；關於惡，他舉出人我、邪、煩惱、毒、塵勞、虛妄、三毒、愚癡等。惠能說：「慈悲即是觀音，喜捨名為勢至，能淨是釋迦，平直是彌勒，人我是須彌，邪心是大海，煩惱是波浪，毒心是惡龍，塵勞是魚鱉，虛妄即是神鬼，三毒即是地獄，愚癡即是畜生，十善是天堂。」（敦煌本《壇經》第35節）這當然並不是很嚴格依照形式邏輯原則進行的歸納，比如三毒本身就包括了愚癡，但這並不妨礙對禪宗善惡觀的分析。

慈悲喜捨為四無量心，這表明善是與同情、愛和快樂相
聯繫的。慈指愛念眾生，常求安穩快樂之事以利益眾生；悲
指愍念眾生，對眾生所受各種之苦深為同情；喜為使眾生從
種種快樂中得歡喜，樂和喜的區別，「身樂名樂，心樂名
喜；五識相應樂名樂，意識相應樂名喜；五塵中生樂名樂，
法塵中生樂名喜。」（《大智度論》卷二十）；捨是「捨三種
心，但念眾生不憎不愛。」（《大智度論》卷二十）三種心即
慈、悲、喜心。行慈心使眾生產生快樂，但並不能使眾生得
樂；行悲心想使眾生離苦，但執著於此不能使眾生離苦；行
喜心使眾生得大喜，應該讓眾生發心成佛，行六度，所以又
講一個捨，捨此三心。佛教俗語中有「慈悲為懷」之說，突
出了慈悲在佛教倫理中的地位，又講大慈大悲，「大慈與一
切眾生樂，大悲拔一切眾生苦；大慈以喜樂因緣與眾生，大
悲以離苦因緣與眾生。」（《大智度論》卷二十七）大悲心是
發菩提心的根本，慈悲合稱，表明佛教倫理使眾生離苦得樂
的救世情懷。中國佛教中，以觀音菩薩為最具慈悲心的代
表，《法華經・觀世音菩薩法門品》專門描述觀世音菩薩救
苦救難的神通力，眾生如果受火難、水難、羅剎難、刀杖
難、惡鬼難、枷鎖難、怨賊難，只要口稱觀世音菩薩名號，
觀世音菩薩就會來救助，眾生就能脫離此類苦難；眾生如果
受淫欲之苦，受瞋恚、愚癡之苦，常念觀世音菩薩名號，就
得解脫此類痛苦；女人若想生男生女，禮拜、供養觀世音菩
薩，就能如願。這裡當然也體現了惠能的道德修行方法，一
念善即是天堂，一念惡即是地獄。惠能又以喜捨代表大勢至
菩薩的境界，大勢至又稱無邊光，「以智慧光普照一切，令
離三途，得無上力。」（《觀無量壽佛經》）觀世音和大勢至
是阿彌陀佛的脅侍，與阿彌陀佛同為西方三聖。惠能在此表

達的意義，也有道德修行的含義，一念善，自性即西方。能
淨是「釋迦牟尼」的意譯，釋迦表示「能」，牟尼表示
「仁」、「忍」等義，合而為能忍或能仁。平直是平靜之心
和直心之合稱，惠能比較推崇這一概念，曾說「自法性有功
德，平直是德。」（敦煌本《壇經》第34節）以平直的道德
心代表彌勒的境界，彌勒是未來佛，惠能在此還表示了這樣
的意思，一念善，眾生即佛。惠能對種種惡的探討，也在於
說明，一念惡，自性即地獄。

在惠能的對法中，語言法相對之有漏與無漏對、清與濁
對、凡與聖對，自性起用對之邪與正對、癡與惠對、愚與智
對、亂與定對、戒與非對、直與曲對、險與平對、煩惱與菩
提對、慈與害對、喜與嗔對、捨與慳對等，都是涉及具體的
善惡問題。在宗寶本《壇經》中，又增加了一些善的道德規
範，即恩、義、讓、忍，「恩則孝養父母，義則上下相憐，
讓則尊卑和睦，忍則眾惡無喧。」（《壇經・疑問品》）

百丈懷海講無十句（無十種心，實際上講了無十一種
心），無「濁心、貪心、愛心、染心、嗔心、報心、住心、
依心、著心、取心、戀心。」（《古尊宿語錄》卷二）體現的
是無善無惡的修行觀，但也涉及到了對善惡的具體區分。

契嵩對惡還區分出有形與無形，以有形為小惡而無形為
大惡；把善區分為有名與無名，以有名為次善而無名為至
善，體現出善惡的層次性思想。「有名之善，教而後仁者
也；無名之善，非教而仁者。有形之惡，殺人者也；不形之
惡，讒人者也。」（《鐔津文集・論原・善惡》）。

北宗的禪師也對善惡作了具體的詳盡區分，從《大乘北
宗論》中，我們可以看到這樣的善心和惡心之別。善心：佈
施心、持戒心、忍辱心、精進心、禪定心、智慧心、天堂

心、慈悲心、清淨心、歡喜心、饒益心、廣大心、空無心、正直心、真正心、大乘心、菩薩心、菩提心、解脫心、涅槃心。惡心：慳貪心、觸犯心、殺害心、懈怠心、散亂心、愚癡心、地獄心、毒害心、穢觸心、瞋恨心、劫奪心、狹身心、見取心、邪曲心、顛倒心、聲聞心、凡夫心、煩惱心、生死心。

這種善惡之別，實際上把禪宗倫理的整個理論建構都包含進去了。

善惡的主體，是人，是人的自心，所以善惡的選擇，完全在於人自身，也就是說，人是道德行為的主體，人具有道德選擇的自由，當然，人應該為自己的選擇負責，並承擔這種選擇的結果，佛教倫理是通過業報之力來讓人承擔這種結果的，從這個角度看，業報之說，有其獨特的倫理意義。懷海說，「有罪無罪，事在當人。若貪染一切有無等法，有取捨心在，透三句不過，此人定言有罪；若透三句外，心如虛空，亦莫作虛空想，此人定言無罪。」（《古尊宿語錄》卷一）他還認為，造了罪，而說不見有罪，不行，無有是處，沒有造罪，而說有罪，也不行，也無有是處，在這個根本問題上，一定要如實。惠能認為，善惡行為的發生，在於人心的思量，「思量一切惡事，即行於惡；思量一切善事，便修於善行。」（敦煌本《壇經》第20節）人完全是道德行為的主體，完全應該對自己的行為負責。

在對人的評價方面，可以用善惡作為評價的標準，因為不同境界的修行者對待善惡有不同的認識。懷海說，眾生是觸惡住惡，聲聞是觸善住善，不住善惡二邊，是辟支佛；既不依住善惡兩邊，亦不作不依住知解，是菩薩；既不依住，亦不作無依住知解，是為佛（見《古尊宿語錄》卷二）。這

也體現了道德選擇、道德生活和道德境界的層次性。

3、與此相關的因果報應論

　　善惡理論在佛教倫理體系中，還有許多支撐理論，其中重要者之一就是業報論和因果論。善惡作為業，只是一種原因，根據因果論的原則，此種原因必然會引起相應的結果，這種結果正是善惡的直接顯現，使人們能夠直觀地感受到善惡的作用，從而激發起趨善離惡之心，履行為善去惡之業。

　　印度佛教對因果報應論已有系統的理論建構，因果律指出了事物在原因和結果之間的必然性聯繫，「已作不失，未作不得。」(《瑜伽師地論》卷三十八)。因是原因，佛教對原因有許多分析，比如有六因說，原因區分為能作因、俱有因、同類因、相應因、遍行因、異熟因，其中，異熟因是能引起果報的原因。人自身的行為是因，必然導致相應的果報。業，是造作，活動，指人的心理活動、語言和身體的行為，稱身、口（語）、意三業。業和果報結合，表示一種必然性，代表必然要實現的結果，稱為業力。業都具有價值特徵，即分為善、惡和無記業，但是欲界眾生，對人生實際發生作用的是善業和惡業。業的類型，又分為兩種，引業和滿業。引業（或稱總報業）是決定一生總的報應方向，並且牽引你必然得到這種果報的業力，這種業，決定你的一生生活的實際情形，即進入畜生界、人界或天界等。滿業（或稱別業）是決定人在總報之下具體的具有差別性的生存狀況的業力，比如，同樣受人界的總報，由於滿業的不同，人與人之間就會有貧富貴賤吉凶壽夭等種種區別。所以宗密解釋說，「雖因引業受得此身，復由滿業，故貴賤貧富，壽夭病健，盛衰苦樂。」(《原人論》)人們的引業可以是相同的，但滿

業並不相同。

　　因果報應論結合三世說，又有了更為廣闊的解釋空間，三世表示人生在時間方面的延續，為過去世、現在世和未來世，眾生的生命在此三世中輪迴。廬山慧遠就是結合此三世說提出了著名的三報論，即現報、生報和後報。現報，指此生善惡之業，於此生受報；生報是此生的善惡之業，到來生受報；後報是此生善惡之業，經過二生、三生乃至百生千生才能受報。這樣，從人們今生果報的角度看，對於人們現實生活的境遇，就可以用其前生的善惡之業來解釋，而不必從其現實的善惡之業來考察。圭峰宗密說，「前生敬慢為因，今感貴賤之果，乃至仁壽夭殺、施富慳貧，種種別報，不可具述。」(《原人論》)這是講一般的報應原理，善有善報，惡有惡報。「是以此身，或有無惡自禍，無善自福，不仁而壽，不殺而夭等者，皆是前生滿業已定，故今世不同所作。」(《原人論》)有些人在現實生活中的業因報果似乎不是善惡對應的，宗密認為這就要從其前世的業因看。這種三世因果報應理論的功能不只是為了解釋現世的生活，也是為了指導人們現世的生活，因為現世的善業，是為其後世的善報作準備的，仍然不出為善去惡的原則。

　　報應理論中兩個最為明顯的差別果報是地獄和天堂，天堂為極善的果報，地獄為極惡的果報。惠能也講到這一點，所謂「三毒即是地獄，……十善是天堂。」(敦煌本《壇經》第35節)就是想說明，行三毒(貪瞋癡)心，墮入地獄；行十善業，升入天堂。之所以要討論這個問題，因為禪宗門下，人們同樣很關心這一點，「佛性既在眾生心中，若死去入地獄之時，其佛性為復入不入？」(《神會禪師語錄》第45節)只是禪宗講的地獄和天堂，不一定是實有其體，而

多指心的不同價值狀態，「隨心所造一切惡業，即有地獄；若心無染，自性空故，即無地獄。」（《大珠慧海語錄》卷上）

4、如何理解禪宗對善惡的超越

禪門中許多觀點都集中在超越善惡的問題上，或表述為不思善惡，或表述為不立善惡，或表述為不染善惡。惠能說，「邪見是世間，正見出世間，邪正悉打卻，菩提性宛然。」（敦煌本《壇經》第36節）宗寶本《壇經》則說，「不思善，不思惡，正與麼時，那個是明上座本來面目？」（《壇經·行由品》）又說，「汝欲知心要，但一切善惡都莫思量，自然得入清淨心體，湛然常寂，妙用恒沙。」（《壇經·護法品》）無念法也是「不念有無，不念善惡」等等（《神會禪師語錄》第14節）有僧問慧海「性中有惡否？」慧海說，「此中善亦不立」言下之意，何況惡乎？善惡均不立（見《大珠慧海語錄》卷下）。馬祖道一則說：「於善惡事上不滯。」（《古尊宿語錄》卷一）

禪宗既承認有善惡，又講超越善惡，這兩種觀點，前者是對於眾生善惡之心的現象描述，後者講的是認識和修行方法；前者是討論心的具體存在狀態，是心之用，後者是討論心的終極存在特性，是對心之體的回歸，具有形上的性質，而這種無善無惡的形上性境界，也可以理解為一種善，是最高形式的善。

二、人性與善惡

佛教一般講的佛性，禪宗常常表述為人性，而人性正是世俗倫理特別是儒家倫理經常討論的問題，儒家倫理的核心概念就是人性，再由人性引發出善惡問題，圍繞善惡，組織

其倫理學體系。禪宗對人性的重視，從某種程度上講，帶有儒學化的特徵，但是對人性的性質的規定，禪宗與儒學不同，儒學認為性是有，是實；禪宗強調性是空，是無，因此禪宗把人性描述為無善無惡。在人性與善惡關係問題上，可以借助王門四句教去理解。

1、佛性與人性

世俗倫理學中常討論人性問題，從人性角度涉入倫理問題，與此相應的人性問題，佛教倫理中體現為佛性，而禪宗倫理中則又從佛性回到人性，既講佛性，更講人性，常在人性的意義上談論佛性，即使講佛性，實際也是指人性。

佛性，是佛的本性，而「佛」的意義，是如來義，覺義，因此，一般地理解，佛性是覺性，成就如來之性。佛也是指佛陀，因此佛性最原初的意義，也是指佛陀的本性，也是眾生覺悟成佛的可能性或內在條件。小乘佛教把證得阿羅漢果為最高境界，實際上只承認存在一個佛，就是釋迦牟尼，因此在眾生的佛性問題上，就比較保守，世親對此有過分析，比如，說一切有部等部認為，眾生沒有「性得佛性」，即本性中本來具足的佛性，只有「修得佛性」，即通過後天修行而成就的佛性。眾生是否具有這種「修得佛性」的情形還分為三類：一是定無佛性，像一闡提人這樣斷除善根者屬此類；二是不定有無，修即有，不修即無，指釋迦牟尼最初十大弟子之一的賢善一類的上根器者；三是定有佛性，指聲聞、緣覺、菩薩三乘人（見《佛性論》卷一）。大乘佛教持一切眾生皆有佛性論，但在對佛性的認識上多有不同看法。世親曾列出三種：「一，住自性性；二，引出性；三，至得性。」（《佛性論》卷二）住自性性也稱自性住佛

性，是眾生先天具有的佛性；引出性或引出佛性是眾生通過修行而引發出來的佛性；至得性或至得佛性是眾生達到佛境界時其本有佛性得到的圓滿體現。中國佛教《大乘起信論》中講的本覺、始覺和究竟覺，實際上也是對這三佛性的相應的覺悟。天臺宗的智顗提出過三因佛性，即正因佛性、了因佛性和緣因佛性。正因佛性是眾生先天具有的佛性之理，了因佛性是了悟本有佛性所得的智慧，緣因佛性是產生智慧之緣的善行。

禪宗倫理從人性角度論佛性，佛性就是人性，這裡的一個理論前提，是把佛理解為人，佛就是人，其實印度佛教也有一些這樣的提法，比如，《大智度論》說「佛是人」（《大智度論》卷三十七）但佛又不是一般的人，而是覺悟了的人，具體而言，是「一切智人」，「一切見人」，「一切知見無礙人」，「大慈悲人」，等等（見《大智度論》卷二十四）。人的概念，也就是佛教中常用的眾生的概念，眾生，也就是人。禪宗中，更重視用人的概念。惠能說：「法無頓漸，人有利鈍。」（敦煌本《壇經》第16節）「無住者，為人本性。」（敦煌本《壇經》第17節）他經常用「世人」的概念指人，世人即世俗生活中的人，「菩提般若之知，世人本自有之。」（敦煌本《壇經》第12節）「世人性本自淨。」（敦煌本《壇經》第20節）百丈懷海直接稱為人，眾生即佛的觀點，也就可以表達為即人即佛說，「佛只是人，人只是佛。」（《古尊宿語錄》卷一）黃檗希運說：「祖師西來，直指一切人全體是佛。」（《古尊宿語錄》卷二）契嵩則說「佛與人一而已」（《鐔津文集·輔教編中·廣原教》）叢林中多有這樣的提法：絕學閑道人、無為真人、自由人等等，成佛，自然也就是成人；修行的問題，也就是如何做人的問

題。黃檗希運參馬祖道一時，馬祖擔心地說：「汝他後開兩
片皮，將何為人？」(《古尊宿語錄》卷二) 不說如何做佛，
而說做人。這也說明，佛學、禪學，就是人學。

　　正因為佛就是人，佛性因而也可以理解為人性，對佛性
從人性角度討論，則更是禪宗倫理的特色了。惠能常言人
性，「若言看淨，人性本淨。」(敦煌本《壇經》第18節)
「三世諸佛，十二部經，亦在人性中，本自具有。」(敦煌本
《壇經》第31節) 契嵩在其《中庸解》中則集中討論了人性
問題。有人提出孔子的唯上智與下愚不移說，而主張人性有
上下，而上下之性不可改變。契嵩認為，孔子的話，是講人
的才能，「才而明者，其為上矣；才而昧者，其為下矣，豈
曰其性有上下哉？」(《鐔津文集‧中庸解第四》)

2、人性的善惡

　　世俗倫理學對人性的討論，重要的問題是人性之善惡，
而在佛教倫理和禪宗倫理中，其實也是圍繞這一問題展開
的，只是討論的內容從形式上看稍有差別，禪宗倫理對此問
題的討論，更精細些，涉及的理論更豐富。掌握了佛教哲學
的體用原理，可知人性之體非善非惡，體現出般若學上的空
的特徵，人性之用含善含惡，能善能惡。掌握了禪宗哲學和
禪宗倫理的不同，可知體用問題常是哲學的論題；而價值問
題、道德認識和修行問題常是倫理學討論的問題。從哲學的
層面看，人性非善非惡；從倫理的層面看，人性的價值導向
是善，道德認識的目的是要區分善惡，道德修行的目的是要
為善去惡。

　　在中國傳統的倫理思想中，儒學對人性的討論集中於善
惡問題，形成各種不同的觀點。基本的觀點是性善和性惡兩

類，性善論以孟子的觀點為代表，孟子以道德本性為人的本性，這種道德本性是人人都有的「心之所同然」(《孟子・告子上》) 這就是惻隱、羞惡、辭讓和是非四種「善端」，因而人性是善的，惡是善的丟失，不是人性的本然。告子和荀子以人的生理本能為性，荀子認為這種本能是「不可學，不可事」(《荀子・性惡》) 的天然本性，荀子因此而言性惡，善是通過教化而有的，非人性之本然。雖然還有一些其他的觀點，性三品，性無善無惡，性有善有惡，但孟子的性善論是儒學人性善惡論的主流。宋儒的人性論，又把這種善性發展為天理之性，另用氣質之性表示人性之惡。

禪宗對佛性或人性之性質的解釋，側重於其無善無惡的性空特徵，體現其超越性。牛頭宗僧天臺雲居智禪師說：

> 清淨之性，本來湛然，無有動搖，不屬有
> 無、淨穢、長短、取捨，體自翛然。(《五燈會元》
> 卷二)

善與惡、淨與穢等特性，都是一種分別，是兩邊，而具有終極意義的佛性或人性，是正好越兩邊的，自然不能以兩邊論。牛頭宗受三論宗的影響，自然突出一個空，惠能南宗其實也沒有超越這種禪界流行的看法，因為般若空觀是禪宗的一個理論基礎。宗密也是這樣理解，這是從「體」的角度論佛性：

> 真性無相無為，體非一切，謂非凡非聖，非
> 因非果，非善非惡等。(《禪源諸詮集都序》卷二)

性有體有用，從佛性或人性之體的意義上看，是超越善惡的，但人性還有相用的一面，惠能說：

> 性含萬法是大，萬法盡是自性見[現]，一切
> 人及非人，惡之與善，惡法善法，盡皆不舍，不
> 可染著，由如虛空。（敦煌本《壇經》第25節）

惠能這段話涉及到兩個不同的方面：從哲學之作用的層面看，性含萬法，萬法都由人性顯現，不論是善法還是惡法，都不出人性的作用。從本體的層面上講，不論善法還是惡法，都不會損害本體的性質，本體之性，既不會被善法染，也不會被惡法染。而這種不染善惡的境界，同時也是道德修行的最高境界。

在道德認識和修行的層面上，禪宗又講對善法的追求，大珠慧海講不生惡法，不滅善法，就是這層意思，這種觀點可以歸納為「不善不生，善法不滅。」他說：「無染無漏，即是不善不生，得無染無漏時，即是清淨圓明；湛然常寂，畢竟不遷，是名善法不滅也。」（《大珠慧海語錄》卷上）這裡實際上還是和對人性的本體分析相聯繫的。人性之體的特徵是清淨圓明，湛然常寂。而清淨圓明正是對惡抑制，惡不能生長以污染人性之體，沒有說善是對本體的汙染，湛然常寂的狀態也正是善的永恒境界。因此，對善惡的哲學分析和倫理分析並不是完全割裂的兩個方面，慧海實際上已經揭示，人性本體之無善無惡之境界，其實也就是道德的至善之境，突出了人性的倫理意義。

正因為這種理解，憨山德清直接就認為佛性是人的善根，「佛性善根，如草種在地，但有土處，莫不有之。」

（《憨山老人夢遊全集》卷二）這種善根人人具足，依此可以
成就善果，「人人皆有善根種子，若遇大善知識開導，如時
雨降，則勃然生芽，抽條長幹，開花結實，鮮不成就。」
（《憨山老人夢遊全集》卷二）佛性善根，德清又理解為良
心，這更是儒學化的說法，「夫忠孝之實，大道之本，人心
之良也。」（《憨山老人夢遊全集》卷四）「實」和「本」都
是指性，性之內容，也就是忠孝大道，忠孝之性，就是「人
心之良」，是人性的善的價值取向，或者可以稱之為良心。
這種觀點也是禪界普遍認同儒教倫理的結果。子湖利蹤
（800-880）曾說：「仁者，本性具足，本身周備，直教無
纖塵法礙你眼光始得。」（《古尊宿語錄》卷十二）人性的道
德內容，也包括仁。

因此從中國文化的背景看，從佛教中國化的過程看，禪
宗倫理從人性角度論佛性，突出佛性或人性的善的意義，體
現著和儒家性善論的相融合，也是禪宗的開放性的文化心態
的體現。

3、作為道德本原的人性

佛性或人性在禪宗倫理學體系中，實際上就具有道德本
原的意義，處在道德本原的地位。本原在哲學層面的意義，
亞里士多德早就解釋過：「一樣東西，萬物都是由它構成
的，都首先從它產生、最後又化為它的（實體始終不變，只
是變換它的形態），那就是萬物的元素、萬物的本原了。」
本原是指萬物的根源或元素，萬物是有生滅的，從本原中產
生，又最終歸結於本原。又稱可為「始基」，又可稱為「第
一性」。泰勒斯以水為萬物的本原，就是說，萬物從水中產

1（《西方哲學原著選讀》上卷，頁15，商務印書館1981年版）

生,又復歸於水。赫拉克利特以火為本原,萬物就是一團活火在一定的分寸上燃燒和熄滅。道德本原,就是道德生活的出發點和理想的歸趣,一切倫理原則、道德規範都從中產生,又是人們的道德理想體現。佛性是道德的本原,佛所具有的道德規範就是人們的行為規範,人們追求的道德理想,就是成就佛果,覺悟佛性。既是人道德生活的起點,又是終點。當然,禪宗倫理並不認為回歸佛性就是終點,還強調超佛越祖,回到自性。在這個意義上,成佛就是成人,人性既是道德生活的出發點,又是回歸點。所以禪宗要講一個無所得,因為已經覺悟到的,本來是自性中先天具有的,已悟,並沒有增得一分,未悟,並沒有失去一分。但其中有著迷與悟的本質之別。

契嵩對於人性的道德本原意義有過明確揭示,他說:「德也者,總仁義忠孝之謂也;性也者,原道德思慮之謂也。」(《鐔津文集·論原·性德》)道德本是道家倫理中的概念,道是倫理原則的總匯;德有「得」義,是對道的認識和掌握,化為自覺的意識,並體現在具體生活中。契嵩認為,在道、德之上,還有更高的決定者,這就是人性,人性是道德之原,這個「原」,可以理解為根源、最終根據或本原,也就是說,道德生活的最終原則,都根源於人性中。在對《中庸》的詮解中,契嵩把中庸視為這個本原,「中庸者,蓋禮之極,而仁義之原也。禮、樂、刑、政、仁、義、智、信,其八者,一於中庸者也,人失於中,性接於物,而喜、怒、哀、懼、愛、惡生焉,嗜欲發焉。」(《鐔津文集·中庸解第一》)人性保持中,就不會使八種基本的道德準則失去作用;人性失去中,就生出諸情欲。這是採用了儒家的說法,其實,從儒佛融合的角度看,儒之中庸的本原,就是

禪之人性的本原。

佛性或人性之作為本原，已經明確，但是如何認識自性，如何依自性而修，這涉及到許多具體的技術性問題。有的人是可以自悟自心佛性，有的人不能自悟，要靠他人指示，但指示之後，有人還不生信，所以又要強調立信；又有人雖信，但不能發心修行，所以又要強調立志。由於不同的根器條件，有的人是通過頓悟頓修而實現圓滿覺悟，有的人則通過漸的方式，或漸修頓悟，或漸修漸悟。因此，整個禪宗倫理就圍繞人性之善惡問題展開。

4、由此道德本原體現的道德自覺和自律

由人們自心本有的道德本性，或人性之道德本原問題，自然又會引出倫理學中的道德自覺問題。道德自覺可以有兩種意義：第一，也是最根本的意義，表示道德主體的自我意識，是道德主體自身的認識和覺悟，主體對道德本原的認識和覺悟，用禪宗倫理本身的術語來講，是「自悟」。也許這裡還可以引入道德選擇的概念，道德選擇在一定意義上就反映出這種道德自覺。自覺既是一種道德認識，也是一種道德選擇行為，而這種自覺的道德選擇又是在主體明確其價值的善惡判斷和後果的前提下進行的。第二，是在一般的語意上使用這一概念的，表示道德認識的主動性，自己認識到「應該」如此並願意如此。與自覺相聯繫，這種道德又體現為自律的道德。所謂自律，首先是指道德主體的自我約束、自我限制、自我調節等道德行為，這種自覺的內在依據則是道德本原的決定作用，這種本原是道德自律的內在尺度，自律就是以此尺度而律。其次，依照康德的觀點，自律是表示主體依道德法則而非自然法則為行為的依據，道德法則是表示人

們「應該」如何，這種應該，稱為「定言命令」，這種應該，是一種內在的必然性，依此內在的必然性，道德生活必須遵循自律性法則。這也可以用來解釋禪宗倫理，這種內在的必然性，就是禪宗的人性或佛性法則，人性或佛性，就是人自身的「絕對命令」。

禪宗倫理中，這種道德自覺和自律，體現為道德主體性的精神，即人成就理想道德的決定性本質以及在此本質基礎上的道德訓練。人的決定性本質是佛性或人性，依此為基礎，主體的自信、自主、自由都屬於主體性原則的內容，由自信而確立道德信仰，自主的內容，則包括道德認識和道德修行中的自悟、自度、自修等自力解脫的內容，自由則成為一種道德境界。因此，圍繞道德本體，禪宗倫理的許多理論又在此基礎上建立起來。

三、心性染淨與善惡

禪宗對心性的分析，基本理論是採納了如來藏的學說，這一理論以淨和染的關係，既說明了眾生本來是佛，也終將成佛，同時又揭示了眾生現在為什麼沒有成佛的原因。從倫理的角度看，淨和染，實際指示的是善和惡，因此可以說，如來藏所論的染淨關係，是從另一個角度討論倫理學的基本問題。必須提出的是，在心性論上，傳統佛教很少直接運用情的概念，而多用煩惱、染污、客塵，而傳統的中國儒學則將情視為心性論要涉及的重要內容。禪宗中有些禪僧，比如契嵩，也討論性情關係，這從佛教中國化的視角看，也是向儒學心性論的一種接近。

1、心的層次分析

　　禪宗中，由於禪僧的不同文化背景，思維方式並不完全一樣，中國傳統文化中的思維方式有整體性和模糊性的特徵，精細的分析並不很擅長，同一個人，會在不同的意義上使用同一個概念；不同的人，也會在不同的意義上爭論同一個概念，而後一種情形，顯得人們缺乏「交談倫理」。到目前為止，仍有這種思維習慣的影響，都在言說人文精神，但各人又都對人文精神有不同意義的理解。有些禪僧也帶有這樣的傳統影響，比如惠能，似乎是在約定俗成的意義上使用心性等概念，但實際的情形，其心或許是指性，其性或許是指心。而唯識宗把精神分出心、意、識三個層次，對照此三類區分，惠能言心言性，又常常是在言唯識之「識」。對禪宗倫理而言，對道德本原認定，自然不能視意為道德本原，不能視識為道德本原，甚至也不能完全以心為道德本原，準確地說，應該是以心之性體為本原。

　　宗密的貢獻之一，是對心區別出不同的層次，使人一目了然，他說：

　　　　泛言心者，略有四種，梵語各別，翻譯亦殊。一、紇利陀耶，此云肉團心。此是身中五藏心也。二、緣慮心，此是八識，俱能緣慮自分境故。此八各有心所善惡之殊，諸經之中，目諸心所，總名心也，謂善心惡心等。三、質多耶，此云集起心，唯第八識，積集種子生起現行故。四、乾栗陀耶，此云堅實心，亦云貞實心，此是真心也。然第八識別無自體，但是真心，以不覺故，與諸妄想有和合、不和合義。和合義者，能含染淨，目為藏識；不和合者，體常不變，目為

真如，都是如來藏。（《禪源諸詮集都序》卷一）

宗密在這裡將心依次區分為四個層次，即肉團心、緣慮心
（八識）、集起心（阿賴耶識）和真心。肉團心是指作為生
理器官的心臟，是那一團血肉，方寸之心。緣慮心總名為
心，其實包括八識，即眼、耳、鼻、舌、身、意、末那識和
阿賴耶識。這八識都可以稱為心，實際又可區分為心、意、
識三個層次：阿賴耶識為心，末那識為意，六識自然可以稱
為識。心有集起之義，意的意義是思量，由思量而起我執，
識的意義是了別、區別。這八種識都有相應而起的對象，稱
為心所。八識心所法中，有善也有惡，這在上文已經提及。
人們在這個意義上講善心或惡心。集起心就是第八識之阿賴
耶識，唯識宗認為此心能積集種子，種子生現行，現行又熏
種子，如此互動。真心是宗密認為的最高層次的心，被視為
阿賴耶識的決定之體性。

　　對於真心，也有體用之別，在這一點上，宗密的荷澤禪
和洪州禪區別開來。宗密說，心只是名（名稱、概念），心
的本質在於知，如果有人問：迷之即垢，悟之即淨，縱之即
凡，修之即聖，並能產生世間、出世間一切法的那種存在是
什麼？一般人會回答，是心，心就是能凡能聖，能染能淨，
能善能惡，卻不知這些只是心的外在作用（隨緣用），如果
進一步問：什麼是心？這涉及到心的本質，知就是心，知是
心體。這個知字，「指其體也，此言最的，餘字不如。」
（《禪源諸詮集都序》卷三）宗密還舉了個例子，這就像問什
麼是水的問題，如果問：澄之即清，混之即濁，堰之即止，
決之即流，並能灌溉萬物，洗滌萬穢的東西是什麼？一般人
會回答，這是水。如果進一步問：什麼是水？這就是追求水

的本質了，那麼應該回答，濕就是水。這種區別，宗密還稱
為自性用和隨緣用之別：自性用指知，隨緣用是知隨緣而起
的作用能力。他認為，洪州宗是把心的隨緣用當作心的本質
了，「今洪州指示能語言等，但是隨緣用，闕自性用。」
（《禪門師資承襲圖》第三）。

　　宗密把知當作真心的本性，當然是其荷澤宗的立場，有
其自己的解釋，但從宗密的這一分析中至少可以得出一個方
法論的啟示，即對於真心，還可以作體用分析：真心之體，
從倫理的角度看，可以理解為性、佛性、人性；真心之用，
可以理解為心。在這裡，心性關係，實際上體現為體用關
係；性是體，心是用。明確這一點，有利於進一步理解禪宗
的善惡觀。

2、染與淨

　　染與淨，也是佛教倫理包括禪宗倫理中的重要概念，它
所要表示的其實正是心之體（性）和作（心）的不同存在狀
態，基本觀點是：性淨心染，或者說，性淨心有染淨。

　　關於心性的淨與染，有一句十分著名的話：心性本淨，
客塵所染。心性概念，在此當然可以作一般理解的，著重點
在性上，表示不變的心體以及這種心體不能顯現的原因。這
句十分流行的話，是從諸如下列之類的提法中概括出來的：

　　　　心性本淨，客塵隨煩惱之所雜染。（《異部宗
　　輪論》）
　　　　心性自淨，佛為客煩惱所染。（《十八部論》）
　　　　心者自性清淨，客塵所污。（《部執異論》）
　　　　心性清淨，為客塵染。（《舍利弗阿毗曇論》

卷二十七）

眾生心性本淨，客塵所污。（《隨相論》）

向說佛法身，自性清淨體，爲諸煩惱垢，客
塵所染污。（《寶性論》卷一）

這些表述的基本意義是，人心、眾生心的本質是清淨
的，只是由於煩惱的污染，使心的淨性不能顯現。如果結合
佛性論來討論這一問題，就形成這樣的解釋，眾生本有清淨
佛性，只爲煩惱污染覆蓋，清淨佛性不能顯現。前一種說法
是部派佛教的觀點，後一種說法是大乘佛教對心性本淨、客
塵所染之說賦予的新內容之一。

什麼是清淨？什麼是客塵？佛教倫理又有具體的解釋。

對心的清淨之解釋，較爲著名的是《寶性論》中的兩種
清淨說，「一者自性清淨，二者離垢清淨」（《寶性論》卷四）
自性清淨，指眾生心體，本來清淨無污，本來解脫。離垢清
淨指清淨心體遠離一切煩惱塵垢之染。清淨具體體現在三業
中，是三業清淨，心清淨、語清淨和身清淨。

客塵，指煩惱。依漢語的意義，言其客，指煩惱存在的
暫時性，煩惱雖然污染心性，但煩惱是有生滅的，並不是永
恒的存在，煩惱雖然也可以是心與生俱有的，但不是心的固
有屬性。塵，指煩惱猶如微小塵埃，無處不在。其實佛經中
也有相似的意義，《楞嚴經》中說：「以搖動者名之爲塵，
以不住者名之爲客。」（《楞嚴經》卷一）所謂不住，就像客
人住店，或食或宿，事畢還得趕路，不像主人那樣可以久
住。不住名客，住名主人。所謂搖動，如果陽光照入室內，
可以發現空中塵埃飛動，而虛空寂然不動，這種變動不居的
種種現象，就是塵。

大乘佛教對這種心性理論的發展之一，就是如來藏思想。

所謂如來藏，就是指眾生之佛性，之所以稱為藏，也含有佛性藏於煩惱之中的意思，眾生煩惱心中，藏有如來佛性，如來法身。《佛性論》專門有《如來藏》品解釋其義，有三義，「一、所攝藏，二、隱覆藏，三、能攝藏。」（《佛性論》卷二）世間一切眾生都被如來智慧所攝藏，為所攝藏，從這一意義上說，一切眾生都是如來藏；如來之性，因被煩惱所覆，眾生不能見，即使因煩惱覆蓋而不見，如來藏性不會改變，此是隱覆義；如來一切功德都為眾生煩惱所藏。這種理論，說明了眾生成佛的可能性和內在依據，以及眾生為什麼還沒有成佛的原因，圓滿地解釋了眾生應該是什麼，必定會是什麼和現在是什麼的問題，構成佛性論的核心理論。在中國佛教中，集中體現這種如來藏思想的經論是《大乘起信論》，諸多教門、宗門流派，均受其影響，禪宗也不例外，其心性論正是經以此為基礎的。

禪宗之心性論中的性，乃是佛性或人性，而不只是一般哲學層面的本性。惠能一再表述其如來藏思想，其他禪宗祖師也強調這一點，由此可見禪宗對於染淨問題的基本觀點。惠能如下的表述十分曉白：

佛性常清淨，何處有塵埃？……明鏡本清淨，何處染塵埃？（敦煌本《壇經》第8節）

人性本淨，為妄念故，蓋覆真如。（敦煌本《壇經》第18節）

自性常清淨，日月常明；只為雲覆蓋，上明下暗，不能了見日月星辰。忽遇惠風吹散，卷盡

雲霧，萬像森羅，一時皆現。世人性淨，猶如清
天，惠如日，智如月，智惠常明。於外著境，妄
念浮雲蓋覆，自性不能明。」（敦煌本《壇經》第
20節）

　　大珠慧海對清淨心作了解釋，以畢竟淨為淨。什麼是畢
竟淨？「無淨，無無淨，是畢竟淨。」（《大珠慧海語錄》卷
上）一切處無心，是淨，得淨之時，不作淨想，即名無淨
也；得無淨時，亦不得作無淨想，是無無淨。
　　正是這種染與淨的關係，眾生之佛性，既可以說是有，
也可以說是無。以此理解，荷澤神會對《涅槃經》的本有今
無偈作出解釋。這種偈是：

　　　本有今無，本無今有，三世有法，無有是
　　處。（《大般涅槃經》卷十）

神會認為，此偈表示的含義，「本有今無」，本有，指本有
佛性，今無，今無佛性。因為煩惱的覆蓋，眾生佛性不能顯
現，在這個意義上說，眾生今無佛性。「本無今有」，指本
無煩惱，今日具有煩惱，即使是存在時間長如「恒沙劫」的
煩惱，也是今有的。但《涅槃經》對此另有具體說明，《梵
行品》說：

　　　言本有者，我昔本有無量煩惱，以煩惱故，
　　現在無有大般涅槃；言本無者，本無般若波羅
　　蜜，以無般若波羅蜜故，現在具有諸煩惱結。
　　（《大般涅槃經》卷十七）

神會認為這是對眾生的色身即血肉之軀而言的，「為對五陰色身故，所以說煩惱為本。」（《神會神師語錄》第 1 節）眾生因有煩惱，而有色身之報。

這裡實際上還涉及到這樣的問題：既然眾生心中俱有佛性和煩惱，那麼為什麼佛性為人生之本而煩惱不為本？神會專門對此解釋。第一，佛性是「常」而煩惱非「常」。佛性具有「常」性即永恒性，而煩惱不具有這樣的性質，比如金與含金之礦石，通過冶煉，金則愈煉愈精，礦石則成為灰土。金好比是佛性，礦石猶如煩惱。第二，佛性是明而煩惱是暗，明可以照暗，暗不可照明。

3、染淨與善惡

染與淨更多地體現為佛教哲學的概念，但並不是和倫理意義完全無關的，善與惡則主要是倫理學上的概念。從倫理的角度看，染淨反映的就是善惡，經中有此論，《破相論》在表達了「心性本淨，客塵所污」的觀點時，對染（污）淨與善惡關係立即作了說明：「淨即是三善根。眾生無始生死已來有客塵，即是煩惱，煩惱即是隨眠等煩惱，即是三不善根。」淨就是三善根，即無貪、無瞋、無癡；而染則是三不善根，即是貪、瞋、癡。不是很明確嗎？

禪宗中也有相似的看法，比如神秀說：

> 淨心恒樂善因，染心常思惡業。若真如自覺，覺不受所染，則稱之為聖，遂能遠離諸苦，證涅槃樂。若隨染造惡，受其纏覆，則名之為凡，於是沈淪三界，受種種苦，何以故？由彼染心障真如故。（《觀心論》）

在具體的悟修之中，清淨心總是要從事善業，染污心常常思量惡業。清淨心其實也就是覺悟之心，自覺之心，能夠自主地分別善惡，擇善除惡；而染污心則與此相反，既無正確的道德判斷力，自然也無正確的道德選擇能力，實際的傾向是墮於惡。聖凡之別也就在此，因此，聖和凡，佛和眾生，也是代表不同的道德境界。

上文所引大珠慧海對善惡的定義，「不善者是染漏心，善法者是無染漏心。」（《大珠慧海語錄》卷上）也說明了淨、染與善、惡之間的等同性。

清淨心如何做到道德自覺，自覺地除惡向善的呢？惠能提供了看法：

> 前念後念及今念，念念不被遇迷染，從前惡行一時（除），自性若除即是懺悔（悔字疑衍）；前念後念及今念，念念不被愚癡染，除卻從前諂誑心，永斷名為自性懺；前念後念及今念，念念不被疽疾染，除卻從前嫉妒心，自性若除即是懺。（敦煌本《壇經》第22節）

人的每一念，意識流動中的每一剎那，當下的每一個想法，都要自覺地區別善惡，不被惡染。這就叫「自性懺」。

中國傳統的倫理思想一般講善惡關係，而極少講染淨關係；印度佛教既講染淨，也講善惡；禪宗倫理則更偏重於善惡的討論。

從淨染、善惡的等同關係，也許可以將心性本淨、客塵所染的哲學式表述轉換為「心性本善，客惡所染」的倫理式表述，雖然這聽起來很不順耳，看起來極不順眼，讀起來甚

不順口，但其表示的意義應該是可以接受的。

4、人心的善惡

人性、佛性是清淨無污的，而人心則有染有淨，有善有惡。如來藏的觀點，本身就說明了佛性與污染共存，善與惡共存，煩惱與菩提共存，這是人心的特點。而且在現實生活中，人以更多地表現為染心、惡心，正因為如此，才有眾多的未覺悟者。

惠能首先從心法關係上講心對萬法的含容性，心含萬法：

> 心量廣大，猶如虛空，……虛空能含日月星辰，大地山河，一切草木，惡人善人，惡法善法，天堂地獄，盡在空中。（敦煌本《壇經》第24節）

比大地廣闊的是海洋，比海洋廣闊的是天空，比天空更為廣闊的是人心，人心有無限的包容量，所以說心量廣大。這裡不要理解為哲學的一種宇宙生成論觀點和本體論的觀點，只是表示心有含攝萬法的功能，各種事物，包括具有價值性的事物，都含於心中。

晦堂祖心（1025－1100）曾經批評過一種觀點，這種觀點也是講人心包含善惡的，有善有惡的：

> 人生天地之間，性有善惡之混，善惡既混，則生分別；分別既生，則有憎愛；既有憎愛，則有取捨；既有取捨，則有去來；既有去來，便有

> 生死：其皆蓋是人之常性。（《黃龍晦堂心和尚語
> 錄》）

此處講性，當理解為心，性有善惡混，似乎和中國傳統儒家人性論中揚雄的性善惡混說相當，揚雄講：「人之性也善惡混，修其善則為善人，修其惡則為惡人。」（《法言・修身》）但從佛教的佛性論講，佛性是不存在善惡混的，唯淨無染的，染的是心中的煩惱，或者直接就可以說是心，心有善有惡。

心含善惡，只是一般的概括，如果具體的說，善惡又有不同的體現，比如表現為智和愚，由於智和愚的不同觀念，人們又有智者和愚者之分，惠能說：

> 一切經書，因人說有，緣在人中有愚有智：
> 愚為小人，智為大人。（敦煌本《壇經》第30節）

人心雖然說含善含惡，但對世間眾生具體之心，具體精神狀況之實際體現的估價，禪師們的描述並不樂觀。惠能說：「世人心中常愚」（敦煌本《壇經》第25節）這可以說代表了禪界對世人之心的根本看法。這種愚心，源自虛妄，人心就是常處在虛妄中，「心元是妄，妄如幻故。」（敦煌本《壇經》第18節）這種虛妄，源自種種邪見，種種邪見，源自煩惱，所以惠能說，眾生總是受邪見煩惱所纏，「邪見障重，煩惱根深，猶如大雲，蓋覆於日，不得風吹，日無能現。」（敦煌本《壇經》第29節）「自色身中，邪見煩惱，愚癡迷妄。」（敦煌本《壇經》第21節）馬祖道一也表達了同樣的看法，他說，「凡夫妄想，諂曲邪偽，我慢貢

高,合為一體。」(《古尊宿語錄》卷一)諂曲是為了欺瞞他
人而故作姿態,曲意奉迎。我慢是因我執或以自我為中心而
形成的傲慢之心,對他人的不尊重之心,「我慢者,謂居傲
恃所執我,令心高舉。」(《成唯識論》卷四)又稱貢高我
慢,屬於增上慢。眾生之所以稱為凡夫,就是實在生活在這
些錯誤的觀念和行為中。這樣的眾生,臨濟義玄稱為「造業
眾生」,雲門文偃稱為「惡業眾生」,「惡業眾生,總在這
裡,覓什麼乾屎橛咬?」(《古尊宿語錄》卷十五)

5、性與情

善惡問題,儒家倫理中還結合情來解釋,而佛教的傳統
中很少將性情結合起來討論此問題,因此可以說,性情理論
更是儒學的倫理範疇;禪宗中有的高僧也偏好討論性情關
係,實際上也體現出對儒學倫理的接近。

儒學中對心,從心、性、情三方面考慮,這三者的關
係,張載稱為「心統性情」,性和情構成完整意義上的心;
性和情的關係,朱熹解釋為「性本情用」。在受佛教影響之
前,儒學本身對性情的論述,孟子和荀子的觀點可以說是性
情一致論。孟子主張性善情善論,四端,即惻隱、羞惡、恭
敬、辭讓之心,實際上就是善的情。荀子的觀點,是性惡情
惡論,情惡,《荀子・性惡》中稱為「情不美」具體的體現
就是爭奪和暴亂。董仲舒的觀點,性有善惡而情唯惡,人性
中的善惡如仁、貪,仁是善,貪是惡,情之惡則就是性之
惡。儒學中的性情說後來當然也受到佛教的影響,李翱的復
性論就是最為明顯的例證:「人之所以為聖人者,性也;人
之所以惑其性者,情也。喜怒哀懼愛惡欲七者,皆情之所為
也。情既昏,性斯匿矣。」(《復性書》上)要復性之明,必

須熄滅妄情。

　　佛教的傳統中，雖然也有對情的討論，但並不是其心性論的中心概念。佛教中有七情六欲的區分，又有情欲的概念，指色界眾生對男女情愛而起的貪欲。契嵩則在心性論的分析中直接討論性情關係，他說，非教而仁為無名之至善，教而後仁是有名之次善。教和非教的不同，只是情和性的區別，「教者，情也；非教者，性也。」(《鐔津文集・論原・善惡》) 情是可以改變的，而性是不變的。契嵩在此的意思，是持性善情可善可惡論。契嵩還主張，性貴乎靜，而情患乎煩，這種從動靜角度的討論，也是儒學式的。由此可見，在善惡問題上，禪宗和儒學，有著思想和方法上的互相交流。

第四章　道德關係論

道德關係論

　　道德關係是社會關係的一種特殊的反映，世俗倫理的道德關係主要涉及人與人的關係，人和社會的關係。宗教倫理中，還要討論人和神的關係，人和自然的關係。禪宗倫理中的道德關係論涉及五個方面的內容：一是人和佛的關係（一般宗教倫理學中的人與神的關係），是禪宗倫理中最重要的一種關係，具體體現為心性關係，一切倫理關係都依此為基礎；二是眾生之間的道德關係（人與人的關係）；三是人與社會的關係；四是人和自然的關係；五是人與自我的關係。這些關係中，最基本的是人和佛的關係，也就是人和自性的關係，心性關係可以說，禪宗的道德關係論是以心性論為核心的。

一、個人和佛的關係

　　一般的宗教倫理是從上帝出發來規範道德原則的，而禪宗倫理則是從人（或者是覺悟了的人）出發，從眾生「應該」具有的道德境界出發來規範道德原則。實現這種轉化的關鍵之處是佛性論的建立，包含人和佛的關係，人和祖師的關係，體現出人和佛的平等，人和祖師的平等觀，從道德層面顯現中國文化中的平等意識。

1、作為完美道德化身的佛

　　佛，梵語 buddha，曾音譯為佛陀、佛馱、浮屠、浮圖等，其意義是覺悟者，知者，是對真理的覺悟者。佛體現的覺的意義，有自覺、覺他、覺行圓滿三層。自覺者，依自力

覺悟自心本來具足的佛性；覺他，是度眾生出生死海，得涅槃樂；覺行圓滿，是三惑除盡，眾德圓滿。自覺是羅漢所實現的道德境界，別於凡夫，凡夫不得自覺；自覺、覺他是菩薩成就的道德境界，以別於緣覺、聲聞二乘；三覺具備是佛的道德境界，以別於菩薩的境界。

達到至善之道德境界的佛，其道德素養有其內外的顯現。外在形象的顯現，佛教用三十二相、八十種好來歸納，此類殊勝相好的描述，在宗教乃至準宗教倫理中都是存在的，以此來讚美至善道德之化身種種美德。內在能力的顯現，佛教歸納為十力、四無畏、十八不共法等殊勝的能力，當然，這些能力本身，也往往是道德智慧的體現。

據《俱舍論》卷二十七載，十力是佛具有的十種智慧力，即處非處智力、業異熟智力、靜慮解脫等持等至智力、根上下智力、種種勝解智力、種種界智力、遍趣行智力、宿處隨念智力、死生智力、漏盡智力。《大智度論》卷二十六《十力品》、《雜阿含經》卷二十六等經論對此都有具體說明。處非處智力是如來初力，是最勝處智，表示正等正覺，具足區別事物之理（處）或非理（非處）的能力；業異熟智力又稱業力，是覺知眾生三世因果業報的能力；靜慮解脫等持等至智力又稱定力，是覺知各種禪定深淺次第的能力；根上下智力又稱根力，是覺知眾生不同根性的能力；種種勝解智力又稱欲力，是覺知眾生不同知解或認識水平的能力；種種界智力又稱勝力，指如來遍知眾生不同界地的能力；遍趣行智力是瞭解不同存在狀態（趣）下的眾生之能力；宿處隨念智力又稱宿命力，是覺知眾生在三世中命運（宿）的能力；死生智力又稱天眼力，是用天眼覺知眾生的生死以及善惡業緣的能力；漏盡智力是掌握永遠斷滅煩惱惑業，不再流

轉生死之技巧的能力。

據《增一阿含經》卷四十二載，佛的四無畏依次是等正
覺無畏、漏盡無畏、出苦道無畏和障法無畏（同經卷十九中
的三、四無畏次序相反）。等正覺無畏因覺知正法而產生的
自信無畏之心；漏盡無畏是因斷滅一切煩惱（漏）而產生的
無畏之心，自信更不淪於生死輪迴；出苦道無畏是因超脫痛
苦而產生的無畏心；障法無畏是因出離各種修行愚暗障礙之
法而產生的無畏之心。

十八不共法就是只有佛（或菩薩，菩薩也有十八不共法）
所具有的，不與其他層次的得道者（聲聞與緣覺）相同（不
與其「共」）的殊勝功德，包含著十力、四無畏以及三念住
和大悲法。三念住實際上是三種平等心，即對恭敬聽聞者住
平等心、對不恭敬聽聞者住平等心、對恭敬聽聞和不恭敬聽
聞者住不動心或平等心，據《俱舍論》卷二十七載，眾生恭
敬信佛，正信受行，佛不生歡喜之心，自己常住正念正智，
為第一念住；眾生不恭敬信佛，不正信受行，佛不生憂戚之
心，自己常住正念正智，為第二念住；有的眾生恭敬信佛，
正信受行，而有的眾生與此相反，佛不起歡喜或憂戚之心，
自己常住正念正智。大悲為佛的俗智，之所以稱為「大」，
是因為此悲有資糧大（以大福德智慧為大資糧或內容）、行
相大（以苦苦、壞苦和行苦三苦作為拔除的對象）、所緣大
（以三界一切有情眾生為關注的對象）、平等大（超越血緣
之愛而普遍利樂一切眾生）、上品大（此大悲心是諸法中之
上品法）。

佛教有許多中對佛的這類美德的討論，比如《寶性論》
講佛有八種功德，「一者無為體，二者自然，三者不依他
知，四者智，五者悲，六者力，七者自利益，八者他利

益。」(《寶性論》卷二)無為,可以有二種理解,一是說佛境界屬無為法,是沒有生滅變化的永恒;二是說佛境界是具有無限的空間,普遍存在。自然是指一種清淨的境界,心無波動,遠離一切語言上的戲論和價值觀上的虛妄分別,達到道德上自由境界。儒家的不動心境界與此相類似,孟子講,「我四十不動心。」(《孟子‧公孫丑上》)這是持志而不暴氣的境地,內心牢守道德準則,不為任何不利於道德的因素所誘而動。不依他知,是強調通過對內在道德本性的自覺而實現覺悟,不依其他因緣而證知。智的特性是說佛有自性智,依此自性智而自覺。悲是指覺他,令一切不覺眾生也達覺悟之境,體現大乘佛教利他或普度眾生的情懷。力是指佛以智慧神力覺他,拔他苦惱根本,割斷苦芽,摧斷妄見山。因為具足本有智慧,能自覺寂靜法身而得利益,是自利益。又能以慈悲心智慧力覺他,是他利益。

《寶性論》又廣說佛如來的六十種淨業功德,包括了四種菩薩莊嚴、八種菩薩光明、十六種菩薩大悲、三十二種諸菩薩業。

《瑜伽師地論》則說如來六種功德相,「一圓滿,二無垢,三不動,四無等,五能作有情利益事業,六功能。」(《瑜伽師地論》卷七十四)圓滿,即覺行圓滿,如來能夠成就世間和出世間的一切功德。無垢,即沒有一切煩惱塵垢,特別沒有欲、見、疑、慢、憍、隨眠、慳等惡德。不動是不能為一切外道及其他不良因素所動,道德之心堅固無比。無等,如來的巨大無邊的功德,沒有與之相匹比者,一切有情,都無與等者。能作有情利益事業,言如來能利樂有情,特別是能夠通過方便法門利他。功能指如來所作的這些利他之事,都出於如來本心之自然流露,是如來之心的自然功

能，非有他圖。

禪宗中對佛的道德境界多是從根本意義上描述的，這個根本意義就是覺，神秀說：「佛是覺。覺有三種：一自覺，二覺他，三覺滿。離心名自覺；離色名覺他；心色俱離名覺滿。滿者，謂一念離，一切離。」（《大乘無生方便門》）離心就是無我執，覺我空；離色就是離法執，覺法空；覺我法皆空，是覺行圓滿。這可以說仍是哲學層面的解釋。禪宗還突出了覺的道德含義。神秀說，「佛者，覺也，所謂覺察身心，勿令起惡。」（《觀心論》）覺悟的道德意義就是防止惡行惡念的出現，其價值取向是為善去惡。惠能也表達了同樣的意思：「自性歸依覺，邪迷不生。」（敦煌本《壇經》第23節）這樣，就能理解覺在禪宗倫理中的本原意義。

2、即心即佛

基督教倫理學的基本特徵是圍繞著人和上帝的關係來建構倫理體系，在這一前提下討論人和人的關係，人和社會的關係，因此，有了對於宗教倫理或宗教道德的最一般性的規定，即，宗教倫理是「以非感性的人—神宗教關係為直接根據，適應信仰者與信仰對象的關係的行為，使之適合於人—神關係要求的規範和準則。」但禪宗倫理實際上卻是要修正這種一般原則的。人和佛的關係，就是人和自心的關係，人和自性的關係。佛的地位和基督教中上帝的地位不完全相同，人也不同於帶有原罪的個體。人和佛，是同一種存在。在人之外，沒有一個被崇拜的共同的偶像。人—神（佛）關係，就是人與自我的關係，這體現為一切眾生皆有佛性的根本原理。在這一原則下，禪宗倫理再處理人和人的關係，人

1 參見呂大吉《宗教學通論》，中國社會科學出版社1989年版，頁623。

和社會的關係，人和自然的關係。

傳統的佛教，也講一切眾生都有佛性，但更傾向於強調在眾生之外的佛對於信仰的作用，雖然這種佛不是像基督教的上帝那樣是唯一的，十方三世都有佛，但眾多的佛，實際上又都是一，一而多，多而一，對於眾生自心來說，都存在於眾生心外，具有某種抽象和一般性的特徵。惠能的禪宗，否定了心外之佛存在的意義，宣佈佛只存在於眾生心中，以此建立其佛學革命的基本理論。從道德的層面看，承認眾生即佛，一切眾生皆有佛性，也是肯定人人都有圓滿的道德本性，至善的本性，人人都可以成為有道德的人，實現道德理想，成就理想人格；同時也說明，只有道德，才賦予人以真正的尊嚴，人生的意義就在於道德的完善。這既激發人的自信，又引導人走向自尊；既是佛學革命的宣言，也是道德啟蒙的宣言。禪宗南派興起的年代，也正是唐代走向極盛之時。惠能提出了這樣的警示，一個社會的發展，除了物質層面的進步，還必須有民眾道德水準的提高，社會整體道德素質的提高。這是其佛性論思想的意義之一。

對於確立一切眾生都有佛性的原因，世親曾有過解釋，這對於理解禪宗的佛性論也有啟發意義，世親說：

> 如來為除五種過失，生五功德故，說一切眾生悉有佛性。除五種過失者，一為令眾生離下劣心故；二為離慢下品人故；三為離虛妄執故；四為離誹謗真實法故；五為離我執故。（《佛性論》卷一）

第一過之下劣心是眾生的自卑心，自甘沈淪之心。眾生

不知道佛性原理，不知自己必將成佛，而自認當下的存在狀況和道德狀態為必然，不能發心成就佛境界果。對這些人講一切眾生皆有佛性之理，有利於他們認識自我，增強成佛的自信心。第二過之慢是道德上的一種惡，根本煩惱的一種，表現為自負感和對他人的輕蔑。《俱舍論》區別出七慢，「一慢，二過慢，三慢過慢，四我慢，五增上慢，六卑慢，七邪慢。」（《俱舍論》卷九）第一慢，是總說，慢的含義是通過比較，對於比自己差些的人，而有殊勝感，優越感，對於和自己相等的人，也生輕蔑、高慢之心。二過慢，指對與自己相等的人，強說自己勝於他人，對強於自己的人，硬說與自己相等。三慢過慢，是指對勝於我者卻強說我勝於人。四我慢，指對五蘊和合之身，執著於我和我所，因執而生慢心，講慢形成的原因。五增上慢，指尚未證得殊勝之果卻強說已經證得。六卑慢，指對於與自己相比是極為優勝的人卻強說自己僅僅比他相差一點點，不虛心。七邪慢，指自己無德卻強說有德，恬不知恥。已經聞說一切眾生皆有佛性之理，並已發心成佛者，卻認為他人不能成佛，生出這些輕慢之心，對這樣的人，也說一切眾生皆有佛性之理，使其生平等心，恭敬心。第三過之虛妄是因不知佛教如如之理而產生的我執和法執。對這些眾生講佛性之理，能除此執，佛性也就是我法二空所顯現的真如之性。第四過之誹謗，也是指不知二空之理，不知二空，就是誹謗真如。知一切眾生皆有佛性之理，也就能了達真如。第五過之我執，是因不知我空而生的執著，知一切眾生皆有佛性之理，能反省此執的過失，因而起大悲心。

　　五種功德是，一起正勤心（精進心），二生恭敬事，三生般若智慧，四生闍那（智，此處特指俗智），五生大悲

心。這五種功德對治的就是五過失。

對於佛和眾生的關係，惠能歸納為「即眾生是佛。」（敦煌本《壇經》第30節）「眾生即是佛」（敦煌本《壇經》第35節）黃檗希運表述為「眾生即佛，佛即眾生，眾生與佛，元同一體。」（《古尊宿語錄》卷三）眾生和佛本來就是同一個物件：眾生是不悟的佛，佛是覺悟的眾生，「佛是眾生界中了事漢，眾生是佛界中不了事漢。」（《大慧普覺禪師語錄》卷十九）大量的表述並不如此曉白，而是藏在機鋒法語中的，僧問楊岐方會和尚：「如何是佛？」方會答：「賊是人做。」（見《楊岐方會和尚後錄》）言下之意，佛亦是人做。

眾生是佛的觀點，進一步探究，是眾生和佛在心性上的同一，既可以表述為眾生心是佛心，如荷澤神會說：「眾生心即是佛[心]，佛心即是眾生心。」（《神會禪師語錄》第16節）如黃檗希運說：「心本是佛，佛本是心。」（《古尊宿語錄》卷三）如臨濟義玄說：「赤肉團上有一無位真人，常從汝等諸人面門出入，未證據者看看。」（《古尊宿語錄》卷四）也可以表述為眾生性是佛性，如惠能說：「三身在自法性，世人盡有。」（敦煌本《壇經》第20節）自法性，也就是眾生的自性，每一個人的自性。

正因為如此，惠能的即眾生是佛的觀點，到馬祖道一門下，就講即心即佛了，更為明確，其含義是，即眾生心是佛心，黃檗希運對此有解釋：「汝心是佛，佛即是心，心佛不異，故云即心即佛。」（《古尊宿語錄》卷三）

當然，從禪的方法角度看，即心即佛只表達一種心佛關係觀，在修行上，對此不能執著，道一講即心即佛，又講非心非佛，對此兩句都不能執著。又講不是物，或不是心，不

是佛，不是物，還講不是祖佛，不是眾生，不是物，趙州從諗說：「向你道不是祖佛，不是眾生，不是物，得麼？」（《古尊宿語錄》卷十三）但對於這些不同表述，從任何一句，只要適合自己，修行者都可以體會本性，馬祖下面這段接引法語，正是體現這種意思：

> 問：和尚爲甚麼說即心即佛？師曰：爲止小兒啼。曰：啼止後如何？師曰：非心非佛。曰：除此二種人來，如何指示？師曰：向伊道，不是物。曰：忽遇其中人來時如何？師曰：且教伊體會大道。（《古尊宿語錄》卷一）

從教學方法上講，這也是針對不同根機的眾生而提出的不同接引手段；從禪的本質上講，這又體現爲禪不可說，離四句，絕百非的思想。

如何看待傳統的心外之佛？南禪根本不承認，惠能認爲，只有在眾生中才有佛，離眾生別無佛，自心之佛，才是真正對自己的解脫有決定作用的因素。「若欲覓佛，但識佛心眾生，即能識佛，即緣有眾生，離眾生無佛心。」（敦煌本《壇經》第52節）「我心自有佛，自佛是真。自若無佛心，自何處求佛？」（敦煌本《壇經》第52節）黃檗希運說：「心外更無別佛，祖師西來，直指一切人全體是佛。」（《古尊宿語錄》卷二）大慧宗杲說：「即心是佛，更無別佛；即佛是心，更無別心。」（《大慧普覺禪師語錄》卷三）這都表達了這層意思。

與眾生即佛相聯繫的是對人和祖師關係的論述，這個祖師，首先就是達摩祖師，也包括歷史上的得道高僧，對於這

層關係，禪宗也反對盲目將其神化，更強調從自心出發掘成
就祖師的能力。叢林中經常問的一個問題是，什麼是祖師西
來意？坦然、懷讓二人參嵩岳慧安國師，問：「如何是祖師
西來意？」慧安說：「何不問自己意？」（《景德傳燈錄》卷
四）這個祖師，就是指菩提達摩，問此類問題的人，本身就
存在著一個我和祖師之間的差別觀點。而禪師的接引，就是
要打破這種陋見，暗示你就是祖師之理。如果摹仿即心即佛
的語言格式，當然可以「比附」為即心即師。

還有一個問題，眾生心，人心，很容易被看成一種普遍
意義的心，像陸九淵講的人同此心，心同此理，雖也講心即
理，但心和理都帶上了普遍性的特徵，理成了一般的準則。
禪宗一再強調，心，是每一個人的具體的心，而且是現實生
活中活動著的一念之心，也就是所謂當下的心。你的心，我
的心，在每一個人的每一個時空關係下，都不是相同的，佛
性，也就體現在這些具體的心中，因而也是具體的佛性，個
性化的佛性。大珠慧海門下，有僧人問：「即心即佛，哪個
是佛？」慧海反問道：「汝疑哪個不是佛，指出看？」（《大
珠慧海禪師語錄》卷下）人人都是佛。長沙景岑禪師，有僧
人問：「未審是何人成佛？」景岑說：「是汝成佛。」（《五
燈會元》卷四）清涼文益禪師，有僧人問：「如何是諸佛玄
旨？」文益說：「是汝也有。」（《清淨文益禪師語錄》）正
因為如此，禪在南宗門下呈現出豐富多彩的變化，正是禪宗
祖師依照自己的心性體現佛性的結果。不過，雖然佛性有這
種具體化、個性化的存在，但每一個眾生心中佛性所具有的
基本價值，是相同的。這裡有兩種理解，可用月印萬川的例
子來說明，一月普現一切月，一切水月一月攝，這是永嘉玄
覺提出的，這就容易導致不同的解釋。一是，存在著一個超

越於萬法之外的本體，是一月，唯一的月亮，有此月亮，才有大地上江河湖泊中的眾多水月，是一和多的關係，有一才有多。朱熹主張這種理解，來證明客觀性的、超越性的理體的存在。二是，萬川中的水月，有其共同的價值取向，這種共同性，稱為一月，是多和一的關係，有此多，才有一。舉例子是方便的方法，但有時也容易引起歧義。

3、人和佛的平等

由即心即佛或一切眾生皆有佛性的原理，禪宗得出其平等的倫理原則，這種平等，首先體現為普通人和傳統的崇拜對象之間高低界線的消失，實現人和佛的平等，人和祖師的平等，這種平等，稱為道德上的平等，和孟子的道德平等觀是相近的。

叢林中以不同的方式指示眾生和佛的平等之理，有時是直接的正面指示。黃檗希運說：「唯此一心即是佛，佛與眾生，更無別異。」「佛與眾生，一心無異，猶如虛空，無雜無壞。」（《黃檗斷際禪師傳心法要》）宏智正覺說，「諸佛眾生，本來平等。」（《宏智禪師廣錄》卷一）中峰明本分析出各種平等，眾生和佛的平等，是「性相平等。」（見《天目中峰和尚廣錄》卷一之下）有時，這種平等觀是隱藏在機鋒中的，黃龍慧南的三關中，第二關是問：「我手何似佛手？」就涉及人和佛的平等。禪師隨處指示此理，紫柏真可送亡僧骨入塔時，不忘提醒大家，問大眾：「此把骨頭與天界寺佛牙，且道是同是別？同則心聖不分，別則心外有法，速道！速道！」（《紫柏真者全集》卷三）也含有這一意思。

惠能初見弘忍時的答弘忍問，既有人與祖師平等含義，也有人與佛平等的意思。弘忍問他來做什麼？惠能想來求取

成佛之法。弘忍進一步驗探，「汝是嶺南人，又是獦獠，若為堪作佛？」惠能說：「人即有南北，佛性即無南北。獦獠身與和尚不同，佛性有何差別？」（敦煌本《壇經》第3節）獦獠或獵獠是指嶺南地區攜獵犬等動物以行獵為生的少數民族，至於是何種少數民族，學術界還有爭論，或說仡佬族，或說瑤族，或說越族。這是惠能提出的平等理念，人可以有地域的區別，可以有民族的區別，但和祖師的佛性都是一樣的。這也說明，雖然佛性具體化地存在於眾生心中，每個眾生心中的佛性所包含的基本價值取向還是相同的。長慶慧棱禪師在一次上堂時，大眾集定，他拉出一僧說：「大眾禮拜此僧。」又問：「此僧有甚麼長處，便教大家禮拜？」（《五燈會元》卷七）為什麼要禮拜此僧？此僧就是佛，就是祖。

這種人與佛的平等，人與祖師平等的觀點，從宗教層面反映了中國人的平等意識。特別是惠能的觀點，更反映了社會下層的平民要求社會公平、公正的願望。這本身就含有對社會不公的隱晦批評意味，正是其社會倫理的體現，也是禪宗關於人和社會的倫理關係的處理原則之一。這種平等觀的宗教上的意義，哲學上的意義，已被許多學者反覆討論過，但這裡顯現的是倫理層面的意義，是一種道德平等觀。佛性面前人人平等，從道德修行的角度看，還有強化人們自信心，鼓勵人們成就道德理想的意義。

二、人與人的關係

從建立在佛性論原則基礎上的人和佛的平等、人和祖師的平等原理出發，自然會得出處理人際關係的原則，這就是眾生平等，無有高下，人和人都平等無別，人和佛的平等，也是人和人的平等。從人和佛的平等原理，也決定人和社會

的道德關係，特別體現在禪宗的忠孝觀上，這在後文要專門討論，此處從略。

1、眾生或世人的現實生活

現實生活中的世人或眾生，從其經濟狀況來說，總是有富有貧；從其政治地位來說，總是有貴有賤；從其道德表現來說，總是有聖有凡；從其行為價值來說，總是有美有醜；從其道德評價來說，總是有大人有小人；從其心智狀態來說，總是有智有愚；從其人生境遇來說，總是有福有禍；從其來生存趨勢來說，總是有吉有凶；從其生命質量來說，總是有壽有夭，反映著種種不平等的狀況。

依照惠能對於世人的瞭解，世人總是愚昧的，所謂「世人心中常愚」（敦煌本《壇經》第26節）世人之心常妄，處於虛妄執著之中，「心元是妄，妄如幻故。」（敦煌本《壇經》第18節）由於愚，由於虛妄執著，常迷而不覺，是化導的對象，這就是眾生的實際道德生活狀態。

依照圭峰宗密對於社會的觀察，社會上總是愚多智少，貧多富少，賤多貴少，凶多吉少，夭多壽少，禍多福少，這是眾生的經濟、政治等生活狀況。儒道兩家常用天命來解釋其中的原因，宗密認為，如果說，這是天命的原因，那麼，只能說明天之賦命的不公，他責問道：「天何不平乎？」（《原人論》）上天為什麼要如此不公平？不只是如此，實際上，宗密所指的愚者、貧者、賤者、凶者，都是社會上占多數的普通人，人們的貧富等差異，並不和他當下的道德行為相聯繫，有道德高尚者常常處於貧賤凶夭等境地，無德者反而富貴吉壽，宗密稱為「無行而貴，守行而賤，無德而富，有德而貧，逆吉義凶，仁夭暴壽，乃至有道者喪，無道者

興。」(《原人論》) 如果說天有賞罰能力,那麼,天為何要行如此不公的賞罰?

宗密對社會、現實人生的關注,使他體察到種種不公狀況。從大的方面說,有經濟生活的不公,政治生活的不公,還有社會保障的不公,社會評價機制的不公。他對社會不公的批評,同樣體現出禪宗的社會倫理特色。

眾生的生活,實際上是這樣處於種種極度的不公平狀態,宗教中的苦難是社會現實苦難的反映,同樣,宗教中的不公也是社會生活中現實的不公之反映。造成苦難的原因,原始佛教已做出了答案,即源於眾生自己的無明,造成不公的原因,禪宗也作出了回答,根本的原因,同樣是無明或不覺,因不覺我空法空,不明佛教真理,造各種業,特別是道德上的惡業,受相應的惡報,經受種種不平等的生活。要改變這種不公平的狀況,最根本的要求,是信奉佛教,覺悟佛教真理,做一個有道德人的,依善的原則,行善業,特別是要在日常生活中,從當下做起,行善去惡。因此,禪宗把道德生活看作是極為重要的解脫之道,這就有了禪宗對人際關係的處理原則。

2、人與人的平等

處理人際關係的理論前提是人與人的平等本性,佛性論既是人與佛祖平等的依據,也是人與人平等的依據。在佛性面前,一切世俗社會用以區分人類等級的要素,都失去其意義,人際關係,只是平等無差別的關係。

惠能對弘忍所說的「獦獠身與和尚不同,佛性有何差別?」一句話,不但揭示了人與佛,人與祖師的平等原理,也體現了人與人的平等原則。惠能是南方人,居住於被蔑稱

為「蠻地」的少數民族地區，父親雖然當過官，但遭過謫貶，且早已去世。也就是說，惠能的家庭已無社會地位可言。惠能的家境，經中都記載為靠打柴為生，雖然有的學者懷疑這一點，認為惠能是有產業的，不然不會後來捨宅為寺，這也許有道理，但惠能的貧窮形象，有其另外的含義。惠能不識字，受教育的程度很低，這樣的人，竟然聲稱要尋求成佛之法，說明了什麼呢？人，無論其社會身份的貴或賤，生活區域的中或邊，民族標識的漢或獠，教育程度的高或低，經濟地位的富或貧，都是平等的。人，不能因為其富其貴，不能因為是中原漢人，不能因為受過教育，就高人一等；也不能因為其貧其賤，不能因為是邊地少數民族，不能因為沒受過文化教育，就自覺低人一等。人的尊嚴，人的價值，在於性。而佛性，是人人本來具有的，不因為任何外在的差異而有不同，不是說富人有佛性而窮人無佛性，「當知愚人智人，佛性本無差別，只緣迷悟不同，所以有愚有智。」（宗寶本《壇經‧般若品》）天下人人都平等，這也是惠能的社會政治理想。

這種平等觀，在後來的禪宗中以不同的方式體現出來。百丈惟政禪師因事入京，路逢官員，一起吃飯，忽然聽到驢鳴，官員發一聲喊：「頭陀。」惟政抬頭，官員卻以手指驢，惟政指著官員（見《五燈會元》卷三）。官員想占點便宜，戲指僧為驢，惟政立即指驢為官。惟政認為，不論是僧是官，都是平等的，不論是人是動物，也都是平等的。官不比僧貴，僧不比驢貴。這也說明，身為禪師，機鋒要靈敏，迅捷如電，不然只會失利。

3、如何對待他人

　　既然人與人都是平等的，人與人之間，就應該互相尊重，互相吸取對方的長處，而不是相惡相非，須營造出和諧的人際關係，禪宗中提出的一些基本的待人準則是：

　　恭敬。這也稱為不輕行，不輕視他人，是對己的自謙和對人的尊重。為什麼不敢輕視他人，常不輕菩薩說：「汝等皆行菩薩道，當得作佛。」（《法華經·常不輕菩薩品》）因為人人都有佛性，都有成佛的可能性，對他人的尊重，也就意味著對佛的尊重。這也是惠能強調恭敬行的原因，惠能從恭敬的角度講功德，「若輕一切人，吾我不斷，即自無功德。」（敦煌本《壇經》第34節）我執過重，目無他人，此人沒有功德。「常行於敬，自修身是功，自修心是德。」（敦煌本《壇經》第34節）必須在身業、口業、意業等三業方面不斷修恭敬行。這也是佛教倫理的一般原理。佛教在身口意三業的意義上闡述恭敬的原理，身業之恭敬，即體現在行為上的恭敬，「恭敬名尊重禮拜，迎來送去，合掌親侍。」（《十住毗婆沙論·釋願品》）口業之恭敬，就是法施，「以小乘法教化眾生，名為供養；以辟支佛法教化眾生，名為奉給；以大乘法教化眾生，名為恭敬。」（《十住毗婆沙論·釋願品》）意業之恭敬，「恭敬名念其功德，尊重其人。」（《十住毗婆沙論·淨地品》）恭敬的原則也被記入叢林清規，「心常恭敬，精進行道。」（《敕修百丈清規》卷五）恭敬在儒家倫理也是基本的人際關係原則，為四端之一，一種先天的道德心理，推辭謙讓的道德本能，是禮的萌芽。

　　不說人非。不要指責他人的過失過錯，保持不動心，這也是惠能提出的，「若修个動者，不見一切人過患，是性不動。迷人自身不動，開口即說人是非，與道違背。」（敦煌本《壇經》第18節）「常見自己過，與道即相當。」（敦煌

本《壇經》第36節）「若見世間非，自非卻是左。他非我無罪，我非自有罪。」（敦煌本《壇經》第36節）這是惠能對不動三昧的解釋，一般人對不動法的理解，實際上是身不動而心仍動，心動的體現又常在於不能正確對待他人的缺點。儒家中有「見賢思齊焉，見不賢而內自省也」(《論語・里仁》)之說，惠能在此體現的也正是「見不賢而內省」的思想，看到對方的缺點，首先應該想到的是，自己是否也有同樣的缺點？如果只看到他人的缺點而沒有自省精神，自身的錯誤將會更嚴重。紫柏真可也表達了這一思想，「反怨而責己者，進德之基也；含怒而尤人者，召禍之始也。」(《紫柏真可全集》卷三）一般人喜歡東家長，西家短地對他人說三道四，正是缺乏這種道德修養，是修行之大忌。「佛法工夫，最怕說閒話，管閒事。要知閒話閒事，俱令人心散神飛，無益有損，且將好光陰虛度，真為可惜。」(《禪宗直指》)不說人非，容易使人際關係融洽，減少矛盾爭執，惠能也強調，「此教本無諍，無[有]諍失道意。」（敦煌本《壇經》第48節）叢林清規中也將此作為強制性規範，「勿宣人短，倘有爭者，兩說和合。」(《敕修百丈清規》卷五）

補人之長，師人之賢。這也是真可的看法，實際上也是儒家之見賢思齊的道德修養方法相似，「古人之交朋友也，取其長而舍其短，就其賢而矜其愚，長則補，賢則師。是以心愈誠而志愈堅，德愈茂而身愈下。下則受，受則廣，廣則大，大則無極，無極則不窮，不窮則能常矣。」(《紫柏真可全集》卷三）

不恃長欺人。宋盧梅坡有〈雪梅〉詩一首，中云：「梅須遜雪三分白，雪卻輸梅一段香。」梅、雪都恃長欺人。紫柏真可說：「梅以香欺雪，雪以白欺梅，兩者各以其所長而

相欺，互不能降，故酣戰不已。噫！天風忽起，雪卷花飛，則向之所恃者安在？故曰，恃長而欺人者不能終。」（《紫柏真可全集》卷九）這段文字十分清楚地表達了人與人之間的互相尊重，特別是不以各自之長壓他人之短，如果換一個角度，應該看到，自身之長是否也說明了所短之處呢？梅有冷香，但和雪相比，卻缺其白；雪有其白，和梅相比，卻缺其香。

「師友倫理」。有學者對洞山良价禪師的禪宗倫理思想作了概括[2]，很有啟發意義，其基本觀點如下：

> 良价提出了「住止必須擇伴」，「遠行要假良朋」的原則，把禪宗中歷來重視的師友關係，提煉成了一個新的倫理觀念，要求在禪眾中推行。他說：「生我者父母，成我者朋友。」……交友是為了闖蕩江湖的需要；尊師是為了鞏固非血緣集團的需要，二者都是禪宗群體生活日益穩定的產物。

三、人與自我的關係

處理這層關係的基本原則，就是要認清人的本質，生命的本質，從而明確了脫生死為人生之大事，而要了脫生死，又是要在具體的生死流轉中進行，特別是要在生命的存在期間進行。以此暫時的生命為基礎，盡最大努力，做最有意義的，最為緊要的事，這就是道德品質的培養，生命之精神質量的提高，生存之人文環境的淨化。如果說這就是存在主

---

2 參見杜繼文、魏道儒《中國禪宗史》，江蘇古籍出版社1993年8月版，頁336。

義，這種存在主義，既使生命的短暫存在具有高尚的道德意義，又以這種道德境界賦予新的生命形態以存在的意義。這裡可以不談佛教的三世觀，即使以歷史的角度看，後人可以從前人的精神文化遺產中尋找自身的道德建設資源，因此，每一個生命，每一歷史時期的生命，只要他（們）的存在曾經創造過積極的精神價值，這種價值，就是永恆的。如今生活在現代甚至後現代社會的人們，仍然需要從孔子、孟子、佛陀、蘇格拉底、柏拉圖、耶穌等前現代的哲人所創造的精神資源中尋求生命的答案，這就是這些哲人體現的永恆價值。從人生哲學的角度看，這層關係也涉及了禪宗的人生觀，這種人生觀建立在一個基礎理論之上，即空的理論。「人生聚散如雲，世事如夢，流轉勢速，此身不實如芭蕉。此是三世諸佛入理之門。」（《憨山老人夢遊全集》卷十）從生命倫理的角度看，這層關係也是禪宗生命倫理觀的體現，禪宗生命倫理當然不涉及生殖技術、克隆（複製人）、器官移植等引起的倫理問題，但禪宗討論人如何獲得永恆，禪宗的涅槃、成佛、作祖，都是討論生命倫理的這一主題。

1、如何看待我的生命

關於人的生命，禪宗繼承了佛教的一般原理，人生則是一段暫時的現象，由於各種條件的作用而形成，圭峰宗密稱之為「形骸之色，思慮之心。從無始來，因緣力故，念念生滅，相續無窮，如水涓涓，如燈焰焰。」（《禪源諸詮集都序》卷二）這種緣會之身，沒有自性，是佛教所稱的人無我，或者說是我空。這樣的無我的生命，也經歷著生住異滅的發展。荷澤神會曾說，人受胎之時，名之為生；長至三十，名之為住；髮白面皺，名之曰異；無常到來，名之為滅。這是

對自我之生命本質及其過程的一個基本認識。這樣的生命，本質上是空幻的。大珠慧海說，「心名大幻師，身為大幻城。」（《大珠慧海語錄》卷下）用哲學的術語來表述，生命的存在是相對的，有條件的。佛教發展到今天，對於空這樣的觀念的理解，再也不能以單純否定性的眼光來看待。空是性空，性空是由於因緣的作用，因緣是指各種條件，空不是像朱熹等人理解的惡空，不包含著有的絕對的無。空反映著事物存在都必須依賴於一定的條件，用莊子的話說，是有待，可以理解為條件性。事物既依賴於條件，因而是相對的，可以理解為相對性。既是相對的，說明其存在的非永恒性，在相對的事物之外，自然有絕對的存在。人在這種相對的生命中，應該追求永恒的存在。

生命的存在既是相對的，如何使這相對的存在產生積極的意義呢？是以名利以滿足我低層次的精神需要，或是以種種欲求滿足我的肉體需要？還是以道德的培養提高我的精神境界？人生既無所求，又有所求，在禪宗倫理中，實際上體現這樣的觀念：無貪求於個人的名利，無貪求肉體欲望，而追求精神的解放，品質的提升，道德的修養。前一類貪求，即使有所成，也如曇花閃現於瞬間；後一類追求，是趣向永恒之道，通向解脫之道。

正確對待生命，還有一個重要的內容，是如何正確對待死亡。在佛教中，生死是一個相互聯繫的鍵條，輪迴中生命有兩種表達形式，一是生，二是死。人總是有生有死，有死有生，死亡只表示一個相對的生命階段的終結和新的生命階段的開始。對於修行者來說，如何追求人生的永恒這種形上性的問題，常常可以化為日常性的如何面對死亡這種思考。禪宗講生死事大，就是超脫出生死輪迴，但只有正確看待

生，特別是要正確看待死，這才可以為這種超脫增加一點智慧。儒學講，未知生，焉知死？表面上是重視現實的人生，只有了知生的意義，才能了知死的意義，人首先應該思考如何更好地生存，而不要過多地思考身後的死亡。這種觀念，實際的導向，是重生而避死，不能正確面對死亡。所以儒學中是避諱談死的，影響到俗文化，連與「死」字同音的數位「4」之類都在不吉祥的避諱之列。道家之莊子雖然能面對亡妻之屍身而歌，但道家道教的生命倫理，是以勸善成仙為主題。一個肉身，如何能長生不老，仙術可以延緩死亡，但不能避開死亡，當死亡來臨，又如何面對？這實際上也有重生不重死的傾向，卻適應了人們一般的心理需求。佛教以佛陀的入滅，祖師的圓寂，說明凡是肉身，有生必有死，佛祖是如此，人人都是如此。死去的是肉身，不死的是精神，是法身。而精神的重要內容，是道德。

如何面對死亡？禪宗以平常心對之，以生死平等之心對待之，以生死無常之心對待之，是謂看透生死關，如此，才能產生超常的道德勇氣。

百丈懷海門下，有一僧哭入法堂說：「父母俱喪。」懷海只指示道：「明日一時埋卻。」（見《古尊宿語錄》卷一）死和生一樣，是很平常的事。

五祖法演說：「生死是尋常，推倒又扶起。」（《古尊宿語錄》卷二十一）

佛果克勤禪師聞五祖法演禪師訃，上堂開示：「無常生死法，與我不相干，若能如此見，不用哭蒼天。」（《佛果禪師語錄》卷一）指示生死為無常法。

克勤為昭覺和尚下火時說：「衲僧家透脫生死，不懼危亡，故能立佛祖之綱紀。」（《佛果禪師語錄》卷二十）透脫

生死關，了知生死的意義，就能不怕死，就能無私無我，道德規範才能有效地建立起來。

　　禪家反對的，是醉生夢死，虛生浪死，既不知生存的意義，也不知如何面對死亡。蓮池說，死亡並不令人驚訝，令人驚訝的是不聞道，「有生必有死，亦世間常情，自古及今，無一全得免者，何足驚訝？特其虛生浪死而不聞道，是重可驚訝而恬不驚訝，悲夫！」（《竹窗隨筆》）孔子講，朝聞道，夕死可矣，也是講了聞道的重要性。這個道，既是真理，也包括道德。禪門中有一句話，「淫性本是清淨因，除淫即無淨性身。」（敦煌本《壇經》第53節）這既表達了即煩惱而成菩提之義，也比喻即使在最惡劣的道德環境中，也要保持自性的清淨，堅持道德自律，並不是鼓勵你去追求聲色，虛過一生。

2、如何看待我的名利

　　人的生命既是相對的，有限的，不能因此而專門追求名利財富，名利財富不能賦予生命以積極的意義，反而會空費寶貴的時間。不能覺悟的人，原因在於執著生命為實有，向外馳求，求名求利，求富求貴。宗密說，這些人因為執著生命為實有之我，生起貪瞋癡三毒，三毒觸發內在的心理活動，使身、口造種種業，業成則難逃其果，生生死死，永入輪迴。因此，德清認為看透名利關的根本方法，是了我空法門，看破身心之空，「當觀此身，乃地水火風四大假合成形，四大各離，今者妄身當在何處？如此看破，則不為此身謀求種種受樂之用。」（《示無知鑒禪人》，《憨山老人夢遊集》卷十）再看心空，見聞覺知，都是妄想，都不是真心。以佛教特有的世界觀和人生觀來淡泊名利。

　　天如惟則從平等的角度談對於名利的淡化，如同佛性面前人人平等，死亡面前也是人人平等的，「饒你官高一品，富有萬鍾，功蓋乾坤，名喧朝野，三寸氣斷，一火洞然，收得一撮冷灰，埋向一堆黃土，日暮狐狸眠冢上，夜深兒女笑燈前。平生英雄豪傑，果安在哉？」（《天如和尚語錄》卷二）這既是言名利的虛幻不實，也是對世間孝道的實際狀況的社會批判，爹爹一死，「夜深兒女笑燈前」，哈哈！

　　名利之害，袾宏還作有區別，利之為害較粗，人能易見易知，一般的修行者也能輕利；但名之為害，則更甚於利，細而難知，對於名的淡化，一般人卻是難以做到的。名關難破，袾宏舉有一例，有一位老宿，曾感歎道：舉世未有不好名者。會下有人接言道，確實如您所言，不好名者，只有您一人而已。老宿大為高興，卻不知已被此人所賣。許多人既想立名，有名之後，又想保名，「思立名則故為詭異之行，思保名則曲為遮掩之計。」（《竹窗隨筆》）這樣，一生的時間，都役役於名而不暇，為名所累，如何有時間來修養身心？

　　禪宗高僧為人們留下了正確對待名利的許多言行，達摩的二入四行中已經談到如何正確對待人生的順境和逆境，順境更和人的名利有關。大珠慧海說，「榮華總是虛語，敝衣粗食充饑。」（《大珠慧海語錄》卷上）他又和許多高僧一樣，講八風吹不動，八風即利、衰、毀、譽、稱、譏、苦、樂。洞山良价的人生觀是，「不求名利不求榮，只麼隨緣度此生。三寸氣消誰是主？百年身後謾虛名。衣裳破後重重補，糧食無時旋旋營。」（《洞山禪師語錄》）趙州從諗則說，出家人就是要遠離名利，有僧人問他：「如何是出家？」他回答道：「不履高名，不求垢壞。」（《古尊宿語錄》卷十

三）這是高僧的道德境界。

3、如何看待我的欲望

　　人的生命既是相對的，有限的，過多地追求欲望，特別是肉體的生理欲望，不能賦予生命以積極的意義，反而會空費寶貴的時間。但有些人卻從生命存在的有限性或相對性出發，時時追求生理的享樂，形成及時行樂的享樂主義，這就錯待了生命。

　　世人的生存狀況，從經濟、政治角度而論，大致有兩種，一是貧賤，二是富貴。蓮池袾宏說，貧賤的人，固然要朝忙夕忙，忙於衣食，富貴的人，也在忙，忙於享樂，雖然忙的內容不同，都是忙。但袾宏並不是要在此批評世人對生活的衣食之基本需求，這些基本物質要求，不是欲，而重在批評追求享樂的富貴之人，這些人，忙到死，「死而後已，而心未已也。」（《竹窗隨筆》）把這種追求享樂的心又帶入新的生命輪迴，沒有盡期。大丈夫於此應該「朗然獨醒」。

　　對於生理欲望，最主要的實際上是如何對待人的色欲，如何戒淫，對此，禪宗倫理中提出了兩種解決方法，一是從實踐上觀照到色欲所針對的對象之汙穢，二是從理論上了知淫欲之害。

　　禪觀中，專門有不淨觀，白骨觀等，對治的也就是色欲，通過觀肉身之不淨引起厭惡遠離之心。不淨觀是五停心觀之一，依此觀法，大致有兩種內容：一是觀他身（包括觀他死屍之身）不淨，觀他身的死相、脹相、青瘀相、膿爛相、壞相、血塗相、蟲啖相、骨鎖相、離壞相；二是觀自身不淨處，觀人的種子（內種子之煩惱和外種子之精污）不淨、住處（母胎）不淨、自體不淨（由地水火風四大不淨組

成人身，薄薄的皮膚之內，盡是不淨物）、外相不淨（人身諸孔竅常流不淨物）、究竟不淨（死後放於墓地敗壞）等。白骨觀則是觀想人的屍體的白骨不淨之狀。

永嘉玄覺在講到淨修三業時，專門討論了如何通過觀想不淨對治女色之欲：

> 革囊盛糞，膿血之聚，外假塗香，內唯臭穢，不淨流溢，蟲蛆住處，鮑肆廁孔，亦所不及。智者觀之，但見毛髮爪齒，薄皮厚皮，肉血汗淚，涕唾膿脂，筋脈腦膜，黃痰白痰，肝膽骨髓，肺脾腎胃，心膏膀胱，大腸小腸，生藏熟藏，屎尿臭處，如是等物，一一非人。（《禪宗永嘉集‧淨修三業》）

這都是不淨觀所講的內容，通過這樣的觀想，至少在心理上能夠產生對女色的厭惡之心。永嘉玄覺還通過貶低女性來證明離開女色的理由，認為女性通常有這樣的行為表現：

> 識風鼓擊，妄生言語，詐為親友，其實怨妒，敗德障道，為過至重。應當遠離，如避怨賊。是故智者觀之如毒蛇想，寧近毒蛇，不親女色。（《禪宗永嘉集‧淨修三業》）

永嘉對女性的社會角色的這種認識，實際上反映了傳統社會女性的低下地位，這種問題當在宗教的婦女觀之類的專題中討論。

紫柏真可也提出對色欲之害及對治之策：

　　世人迷倒者，莫甚貪欲，而貪欲之起，起於
前境。前境雖眾，惟男女色相最爲妖嫚。男愛女
色，觀女如花；女愛男相，觀男如寶。綿著生
愛，雖白刃甘蹈，湯火可赴，敗名喪德，玷俗戕
生，亦不暇顧矣。（《紫柏尊者全集》卷三）

對治色欲，須觀人身之空，體會無生之理：

　　外嚴飾而觀其皮，外皮而觀其肉骨，外皮骨
而觀其空，外空而觀其無生。無生者，眾聖之所
宅，萬靈之所始。（《紫柏尊者全集》卷三）

無生，就是無生無滅的超越境界，就是涅槃解脫，一切法雖
有生滅變化，而其本質是無生的，這種看法，佛教稱爲「無
生法忍」。

　　智旭作有《戒淫文》對戒淫從理論加以說明。他認爲，
人的生命從「淫欲」活動開始，而人能夠造種種惡業之罪，
又是以生命爲基礎的。由於造罪，又遭種種惡的果報，「淫
爲生本，生爲罪本，是故三途劇苦，人世餘殃，淫意才萌，
一切俱起。」（《靈峰宗論》卷四之二）消除惡報的根本，要
從戒淫著手，但是許多修道者就是看不透這一點，淫習難
斷，如火燎原，「於極臭處，謬爲香美，於極穢處，謬爲潔
淨，隨處苟合，何異畜生？非道染觸，過於雞犬，此在稍有
良心者，便應痛絕。」（《靈峰宗論》卷四之二）雖然說萬法
平等，但人在有情眾生中，還是有其特殊的地位，人應該有
自覺的道德意識，人應該以其道德意識和道德行爲體現人的

尊嚴。

萬惡淫為首，淫欲能夠對治，人的其他生理欲望自然也能順利克服。

4、對生命倫理的意義

美國學者波特在其《生命倫理學：通往未來的橋梁》一書中所提出的生命倫理（bioethics）概念，這是一門用生命科學改善生命的質量，爭取生存的科學。這門學科的具體內容，大致包含四個方面：一是醫療衛生專業本身提出的倫理問題；二是生物醫學和行為研究涉及的倫理問題；三是更廣泛的社會問題所涉及的倫理課題，如環境倫理、人口倫理等；四是對動植物的生命關注中涉及的倫理問題，如動物實驗和植物保護涉及到的相應的倫理問題。生命倫理學關注的對象主要是人體、人心、生命質量的控制技術等，以指導涉及人的出生、死亡、人性、生命質量等課題的醫學行為。

禪宗倫理在歷史上當然沒有提出生命倫理的概念，但對於生命的意義，對於生命的尊重，對生命的終極價值的追求，禪宗都有自己的觀點。從生命倫理的角度看，禪宗倫理也具有符合生命倫理內容的的觀點。如果說中國道教的生命倫理以勸善成仙為目的，而佛教乃至中國禪宗的倫理是以勸善成佛為目的。為了達到這一目的，各種執著，比如對於個人名利的執著，對於肉體欲望的貪愛，對於物欲的執著，都是有害的。真正對生命有意義的，是道德上的善，是以善為基礎履行各種道德規範，這才能使生命走向永恒。

四、人和自然的關係

人和自然的關係，一般的倫理思想並不涉及，現在人們

常常認為儒學的天人合一理論涉及到人和自然的關係，並從西方文化的人與自然界的對立或天人相分中發現出天人合一對於生態倫理的意義。如果說，天人合一論對於當代生態倫理的思路有很大啟發，是非常公允的，甚至將此就理解為具有人與自然融合的意義，也不為過；而要說天人合一原本就是講的人與自然的和諧關係，那卻是誤讀。當荀子在天體或自然界的意義上規範天的含義時，他強調的是「制天命而用之」的天人相分。禪宗倫理中，有著人與自然關係的非常明顯的思想體現，但沒有運用天人合一之類的觀念，不妨可以用人境無礙來概括，實際上體現為人與自然的和諧。這種和諧的理論依據是空觀，而禪宗的空觀又基於因緣的作用和心識的作用。禪宗倫理中的這一思想，也可以為當代的生態倫理提供思想資源。

1、空的世界觀

要瞭解禪宗對於人和自然關係的處理原則，必先瞭解其世界觀，即對整個世界的根本觀點，這種觀點可以歸結為一個字：空。這裡有兩層意義要討論，一是世間的本質是什麼，二是心法關係。這兩個問題是聯繫在一起的。

世間的本質是什麼？是緣起性空，前文已經談到，佛教的空，不是絕對的空無，不是惡趣空，只是表示事物存在的條件性，每一事物如此，一切事物都如此。永嘉玄覺對此說得十分明白，「一切諸法，悉假因緣，因緣所生，緣無自性。一法既爾，萬法皆然。」（《禪宗永嘉集‧毗婆舍那頌》）相對於條件而言空。這裡可以從換位思維或相對性的角度體會其中的奧妙，傅大士有一段名言正是講這一道理，「空手把鋤頭，步行騎水牛。人在橋上過，橋流水不流。」（《指月

錄‧傅大士》)明明把著鋤頭,卻言空手,但從鋤頭的角度
講,鋤頭是空著手的。明明騎著水牛,卻說是在步行,但從
牛的角度講,牛確實在步行。明明橋是靜止而水在流動,但
從水的角度看,橋是運動的。這是一種換位思考,人類悲劇
恰恰在於不能有這種換位思考,人總以為人是世界的主宰
者,無視自然界對人的作用。這還可以從中觀的角度思考,
談空違背俗諦,談有又違真諦,真俗之間,應該取其中,即
俗即真,「橋流水不流」,俗諦認為,橋是靜止的,但真諦
則看到其遷變的一面,即靜而動,俗諦認為水是流動的,但
真諦要看到其靜,即動而靜。由此種方法來觀察世界,佛教
視之為性空假有:雖言其有,有而性空;雖言其空,空而似
有。

　　從心法關係,也可以論證空。人與世界的關係,本質上
是心與世界的關係,對於這層關係,禪宗的觀點可以用兩種
表述來概括。一種是三界唯心,萬法唯識,心識是世界的本
原和終極原因,整個世界都可以用心識來解釋。這一表述帶
有哲學本體論的意義。這層關係,為心法關係,空也就可以
用心的本體作用來說明,世界依心而有,沒有自性,同樣是
性空。人和自然的關係,主要在這一層面上涉及,惠能用心
含萬法、性含萬法來說明這一原理。永嘉玄覺引入華嚴宗的
理事關係論說明,「一性圓通一切性,一法遍含一切法,一
月普現一切月,一切水月一月攝。」(《永嘉證道歌》)一性
是心性,一法是心法,一月是心月。另一種是,心生種種法
生,心滅種種法滅。這一表述不能完全歸結為本體論的意
義,更主要的是反映了佛教特有的倫理層面的規則,道德修
行的方法,也反映了心和法之間的動態關係。一念善,即修
善行,一念惡,即起惡行,這是講心生則法生;一心不生,

萬法無咎，這是講的心滅則法滅。

在本體的層面上討論心物關係時，雖然講心識是萬法的終極本質，但心又不是一個孤立的本體，心總是在萬法中體現出來。華嚴宗講理在事中，宋明理學家也講沒有虛懸孤致之理，都說明，心也要有所依附，所以馬祖道一說：「心不自心，因色故有。」（《五燈會元》卷三）但在認識論上，見色應該見心，了知色本無性，以心為性，大珠慧海說「心逐物為邪，物從心為正。」（《大珠禪師語錄》卷下）正是此意。

2、無情有性

從禪宗的心法關係可以得出人和萬法都同於一心的結論。人與萬法之間，從對本體的意義來說，都是現象，都是平等的；從緣起的角度說，也都是因緣和合，都是平等的。禪宗發展出無情有性的觀點，進一步證明人和萬法的平等與和諧。

無情有性論主張有情生命之外的無情感意識的事物，草木瓦石等類，都和人一樣，具有佛性。惠能禪法中反對無情有性，主張佛性只遍有情，不遍無情，神會、慧海都持此論。百丈懷海雖然還使用無情有性這個概念，但解釋不同，「只是無其情繫，故名無情。」（《古尊宿語錄》卷一）不是說木石、太虛、黃花、翠竹有佛性，還是同惠能等人的觀點一致的，為什麼要堅持這一點？只是為了突出人的地位，更具體地說，是突出了人的道德尊嚴，只有人才是有道德感的。慧海認為，無情有性，貶低了人的意義，「若無情是佛者，活人應不如死人，死驢死狗，亦應勝於活人。」（《大珠禪師語錄》卷下）人和萬法，可以在真心本體的層面上平

等,在道德層面上,還是有差別的,這也是為了突出現實的人生。佛教把地獄、餓鬼、畜生稱為三惡道,就是指這類眾生缺乏道德生活,和有道德的人不同。

但是,後來的一些禪僧又回到了三論宗人和牛頭宗人的無情有性論。無情有性的概念是由天臺宗的荊溪湛然(711-782)明確得出的。一般的觀點認為,真如作為無情萬物的本性,稱為法性,作為有情生命的本性,稱為佛性,於是,有無情無佛性之說。湛然主張,依照《大乘起信論》的理論,萬法是真如,由不變故;真如是萬法,由隨緣故,從中必然得出無情有性的結論。「子信無情無佛性者,豈非萬法無真如耶?」(《金剛錍》)真如隨緣,就是佛性隨緣,真如是佛性的異名。三論宗的吉藏以中道論佛性,且認為佛性也存在於草木之中,「若於無所得人,不但空為佛性,一切草木並是佛性也。」(《大乘玄論》卷三)牛頭宗人則講「青青翠竹,盡是法身,鬱鬱黃花,無非般若。」惠能之後,有的南宗僧人也講無情有性,強調真理、道、禪、佛性等終極意義的普遍存在性,不但存在於人之中,也存在於其他有情生命中,還存在於無情萬物中,體現出禪宗的新發展。

與無情有性相似的一種表述是無情說法,這是南陽慧忠(?-775)國師的觀點,有僧人問慧忠:如何是古佛心?慧忠說:牆壁瓦礫,無情之物,都是古佛心,這些無情物,說法無間斷,只有聖人即成佛的人才聽得到無情說法(見《祖堂集‧慧忠國師》)。這在叢林中產生的廣泛的影響,常為高僧所拈提,洞山良价參溈山靈祐,問無情說法義,又參雲岩曇晟,再問此義,有省,述有一偈:「也太奇,也太奇,無情說法不思議;若將耳聽終難會,眼處聞時方可知。」(《洞山禪師語錄》)

　　無情有性的大量的表述，是通過禪門奇特語體現的，這
些奇特語當然有著多重含義，可以多角度理解，但有一層意
義，就是無情有性，比較典型的觀點是石頭希遷禪師，有僧
問「如何是僧？」他答以「碌磚。」又問「如何是道？」他
答以「木頭。」（見《景德傳燈錄》卷十四）有僧問趙州從
諗禪師，「如何是祖師西來意？」他答以「床腳是。」（見
《古尊宿語錄》卷十三）都可以說含有無情有性的意義。

　　也有直接指明這一點的，楊岐方會禪師有一段名言論此
理：「霧鎖長空，風生大野，百草樹木作大師子吼，演說摩
訶大般若，三世諸佛，在爾諸人腳跟下轉大法輪，若也會
得，功不浪施。」（《楊岐方會禪師語錄》）白雲守端說：
「山河大地，水鳥樹林，情與無情，今日盡向法華柱杖頭上
作大師子吼，演說摩訶大般若。」（《五燈會元》卷十九）這
是守端住法華寺時的開示，法華門下的宗旨，不但有情能說
法，無情也能說法。五祖法演說：「千峰列翠，岸柳垂金，
樵父謳歌，漁人鼓棹，笙簧聒地，鳥語呢喃，紅粉佳人，風
流公子，一一為汝諸人發上上機，開正法眼。」（《法演禪師
語錄》卷上）以優美的語言表達這種意思。圓悟克勤則說：
「青鬱鬱，碧湛湛，百草頭上漏天機；華（花）蔟蔟，錦蔟
蔟，鬧市堆邊露真智。」（《佛果禪師語錄》卷二）也是此
意。

　　宗教發展史上有一種泛神論，其基本內容是反對神或上
帝的超越性存在，認為「神即自然，神泛同於世界而存在。」
[3]無情有性論也可以稱之為泛神論，但和西方宗教中的泛神
論並不完全相同。當古希臘的塞諾芬尼提出泛神論時，他是
反對多神論，而主張一元性的神的存在，這種存在是唯一的

3呂大吉《宗教學通論》頁161。

宇宙。禪宗的泛神論，具有某種「無神」的特點，否定了唯
一的佛的存在，不妨稱其為「泛性論」或「極端的泛神
論」。這種泛性論，擴大了道德認識和修行的範圍。道德認
識，不僅僅是一種內省，從事事物物中，特別是從自然界的
萬事萬物中，都可以體會到道德本體。道德修行，不再僅僅
是在個人的社會生活領域中進行，也體現在和自然界的交流
過程中，而這種交流，又常常具有美學意義。這對具有審美
傳統的樂山樂水的知識份子來說，極具吸引力。禪宗道德修
養，變成了一種審美活動，禪悅、道德愉悅，化為人境交融
的美感。

3、人與自然的和諧

由此泛性論得出的哲學結論，正如石門薀聰（965-
1032）禪師所說，「天地與我同根，萬物與我一體。」
（《古尊宿語錄》卷九）人和自然必然體現為相互融合的關
係，黃龍祖心對此有說明，「不知心境本如如，觸目遇緣無
障礙。」（《五燈會元》卷十七）在這種和諧無礙的境界中，
人是自然界的一個組成部分，人對自然不是征服者，而只是
欣賞者，審美者。人們以山水之美體悟佛性的意義，通過融
於山水之中以陶冶性情，培養道德意識。

以此和諧原則為指導，禪修環境的選擇，必是非常美的
自然之境；禪修生活，必是在優美的自然環境中進行的。心
非境，境非心，心入境，境入心；人非境，境非人，人即
境，境即人，混融一體。永嘉玄覺說：「入深山，住蘭若，
岑崟幽邃長松下，優遊靜坐野僧家，闃寂安居實瀟灑。」
（《永嘉證道歌》）這裡一個「野」字，用得多妙。幽邃長松
下，深山蘭若中，優哉，遊哉，不妨野僧家中坐，蕭蕭風

吹,寂寂心靜,蕭蕭寂寂何所為?這是人境交融的境地。

這種融合,有華嚴宗所說互攝互入之意,互不為礙,完全融為一體:彼中有我,我有彼;彼不礙我,我不礙彼。叢林中對此有許多不同的詩意表述,如:青山不礙白雲飛(紫玉道通等語),露地白牛(趙州從諗等語),白牛吐雪彩,黑馬上烏雞(大陽警玄語),鷺鷥立雪(資聖盛勤語),銀碗盛雪(曹洞人語),明月藏露(曹洞人語),天共白雲曉,水和明月流(景福日余語),水天合秋,雪月同色(宏智正覺語)。

在這種和諧的境界中,禪修化為審美,道德修養化為審美活動,宏智正覺對此有理論上的說明,「諸禪德,來來去去山中人,識得青山便是身,青山是身身是我,更於何處著根塵?」(《宏智禪師廣錄》卷四)除去青山綠水,無你下手處,因此,融入自然境,成為叢林中的一種風尚,比如,有「岑大蟲」之稱的長沙景岑禪師,首座和尚問他:「和尚甚麼處來?」他答:「遊山來。」又問:「到甚麼處?」他答道:「始從芳草去,又逐落花回。」(見《五燈會元》卷四)石霜慶諸(807-888)禪師,有僧人問:「如何佛法大意?」他答道:「落花隨水去。」又問:「意旨如何?」他答:「修竹引鳳來。」(見《五燈會元》卷五)夾山善會(805-881)禪師,有僧問他:「如何是夾山境?」他答:「猿抱子歸青嶂裡,鳥銜花落碧岩前。」(見《五燈會元》卷五)圓悟克勤的名著《碧岩錄》之書名,即出於此。風穴延沼(896-973)禪師,有僧人問他:「如何是諸佛行履處?」他答道:「青松綠竹下。」他還有一句名言論修道:「常憶江南三月裡,鷓鴣啼處百花香。」(見《五燈會元》卷十一)楊岐方會禪師,自述其禪悟境界:「獨松岩畔秀,猿向山下

啼。」(《方會和尚語錄》)黃龍慧南這樣描述禪的超越之
境:「煙村三月雨,別是一家春。」(《慧南禪師語錄》)諸
如此類的法語,充滿叢林。我們還可以看到,大龍智洪禪師
的修行觀,「風送水聲來枕畔,月移山影到床前。」(見
《五燈會元》卷八)興陽道欽禪師的禪境,「松竹乍栽山影
綠,水流穿過院庭中。」(見《五燈會元》卷八)雙峰竟欽
禪師,「夜聽水流庵後竹,晝看雲起面前山。」(見《五燈
會元》卷十五)這種理想,其實也是儒家的生命追求,所謂
「智者樂水,仁者樂山。」(《論語‧雍也》)正是寄情於山水
之間的境界,禪宗在此的境界,也和儒家的這一傳統有關。

這種和諧,從修行的角度看,是一種無修之修,也是頓
悟法門,禪宗的無修和頓悟是通過多種方式表現的,因此,
禪的每一方面的內容,都有其多重的意義,具有所謂的「全
息」特性。長靈守卓對此有過明確的開示,他說:「晴煙淡
淡,暖日遲遲,百鳥歌而山谷鳴,千花笑而蜂蝶亂。於斯明
得,不動步,到觀音普門;平地上,入文殊智海。」(《長靈
守卓禪師語錄》)因此,禪也是自由任運的生活方式的體
現。由此種和諧而帶來審美的意義,和諧本身就是美,但從
這種和諧之美中,禪僧們還體會出其他各種美感,美感和道
德情感結合,又有助於個人的道德修養。

4、對生態倫理的意義

生態倫理學(ecological ethics),一般認為是二十世
紀三０到四０年代由英國哲學家萊奧波爾特(A .Leopold)
和法國哲學家施韋澤(A . Schwelzer)提出的。這一門學
科是隨著生態學的發展、生態危機加劇和人們對生態危機的
思考而不斷發展起來的。它關注的內容大致可以歸納為兩

點：一是人類處理與生物、自然界的關係時應該遵循的道德
原則；二是人們在社會活動特別是生態活動中應該遵循的道
德原則。生態倫理要求把道德從傳統的為人類獨享的精神產
品擴大為人和生物共享，人和自然共享。人類的道德行為不
僅涉及人與人、人與社會的關係，也涉及人和自然的關係。
人類應該學會尊重生命，尊重自然界，應該制止傷害生命和
自然界的行為，特別是戰爭和對資源的掠奪性開採。人類的
經濟生活、社會生活應該生態化[4]。這是對人類出於狹隘的
功利主義，借助於技術崇拜，對地球資源進行掠奪性開發造
成嚴重的生態問題的批評。西方基督教也對生態問題提出看
法，由於本世紀二〇年代以來生態神學（ecotheology）的
出現，從而在基督教倫理學中引入人和自然關係的基本問
題。

　　禪宗倫理中當然沒有環境倫理或生態倫理的概念，但確
實具有和環境倫理或生態倫理相似的觀念，我們也可以從中
得到這方面的啟發。禪宗在這裡有兩個基本觀點，作為一種
生命存在，人和其他動物，乃至自然界中的一切，都是平等
的，這裡不存在誰是中心的問題。而這個中心，正是當代生
態倫理學在爭論的。另一方面，作為一種價值的承擔者，禪
宗主張佛的道德價值是世界的價值中心，這個佛，也就是覺
悟了的人，其實也可以稱其為人類價值中心論。但是在人類
價值中心下，禪宗並沒有否定其他生命的存在意義，並沒有
否定自然界的存在意義。

　　人和動物的平等關係。在禪宗中，人和其他動物的關係
也是平等的，在平等的基礎上皆有佛性。黃檗說：「即心是

4 參見陳瑛、廖申白主編《現代倫理學》，重慶出版社1990年版。

佛，上至諸佛，下至蠢動含靈，皆有佛性，同一心體。」
（《古尊宿語錄》卷三）這也是佛教不殺生的一個理論依據，
不殺生的觀念，有利於制止人們對動物的濫殺，現在我們都
已明白，這有利於生物圈的穩定。尊重動物，實際上也就是
尊重人類自身。人對動物的依賴關係，科學家是可以作出說
明的，比如，青蛙不依賴人可以自由自在地生活，人離開了
青蛙，可以說就不能理想地生存，沒有了青蛙，人的生存狀
態就響起了警鐘，什麼意思呢？青蛙是對生態變化敏銳的感
知者，青蛙出現了問題，正說明人類生存的自然環境出現了
嚴重問題，現在正是這種情形出現的時候，大量變形青蛙出
現，青蛙處在消失的過程中。你可能會對佛教的不殺生有不
同的意見，但這種意見不能阻止青蛙的消亡，同時也不能阻
止人類自身生存境況的惡化。

人和自然界的和諧關係。禪宗倫理對於人和自然關係的
處理，是把人看作自然界的一部分，人以對自然的欣賞和尊
重，生活於自然境界之中，這種觀點，可以從中國的繪畫中
得出直觀的印象。山水畫的典型畫面之一，就是突出人境和
諧的主題，人在畫面中只占到極小的部分，你可以在茅棚
中，涼亭裡，溪水邊，小橋旁，青松下，野草中，發現人的
存在，人在做什麼？不是在征服自然，改造自然，人本身就
是自然之景。

佛教倫理、禪宗倫理能否拯救人類的生態危機甚至生態
災難？人們不應該用線性的思維指望以某一種方法作為唯一
的方法去解釋重大的事件，拯救人類的命運。但佛教倫理、
禪宗倫理確實能夠提供一種非常有價值的生態觀念，當代的
生態倫理，不能忽視這一資源，一些西方學者也注意到禪宗
倫理的這一資源，美國哲學家 H.羅爾斯頓寫有《尊重生

命：禪宗能幫助我們建立一門環境倫理學嗎？》[5]就探討了
這一點。

第五章　道德制度論

道德制度論

　　在禪宗倫理體系中，道德制度屬於「形而中」的部分。
禪宗倫理的制度建設集中體現在戒律或清規之中，因此本章
從戒律制度入手討論禪宗的倫理制度建設，以及這種倫理制
度顯示的禪宗倫理的獨特性。中國有句古話：不立規矩，不
成方圓。戒律在佛教中就是這種規矩，是規範僧眾生活的制
度系統。印度佛教中的律法較多，在中國佛教中，則對之略
有選擇。禪宗雖然稱教外別傳，也不是說和教門沒有一點相
同之處，對於戒律，禪宗是同樣尊重的，不但尊重中國佛教
的傳統戒律，還針對禪僧的僧團生活，基於中國傳統文化的
背景，制定自己特有的叢林清規，顯示出佛教中國化在禪宗
中的最終完成。

一、佛教戒律的倫理意義

　　從倫理的角度看，戒律是規範道德生活的。佛教倫理，
集中體現在佛教戒律中，因此對佛教倫理、禪宗倫理的研
究，不能缺了對其戒律的研究。從禪宗所尊重的各種戒律來
分析，佛教倫理、禪宗倫理有許多不同於世俗倫理的特徵，
這是佛教與禪宗對於道德生活原則長期體察的積累，其每一
條具體的佛教戒律的提出，都有很強的針對性，翻一翻《四
分律》等律藏，一看便知。禪宗的清規是針對中國佛教的發
展需要而訂立的，從這些律藏中可以看出佛教倫理中的不變
性與發展性，不變的是除惡從善的基本價值取向，發展的是
戒律的時代性。這對於當代中國佛教的發展，也是一種啟
發。

1、中國佛教遵奉的戒律

佛教的戒律是佛教倫理的集中體現，戒（ śila ），其本意是「慣行」，是僧人應該反復修持的行為規範，其功能在於防非止惡，其價值取向就是善；律(vinaya)，其本意為調伏、善治、滅，所滅的對象也是惡。戒律其實就是佛教倫理所規定的行為規範的總和，如果要作嚴格的區別，從最初的意義上看，則戒本身不包含懲罰措施，任憑修行者的自覺遵守，體現出佛教倫理的自律的一面；而律則是與懲罰措施相聯的，隨犯隨制，體現出佛教倫理之他律的方面。但在一般的理解中，戒律並不加以區分。

戒律起源於印度佛教中規範僧團生活的需要，佛教有大小乘的不同分派，戒律也有大小的不同。小乘律有五部，即法藏部的《四分律》、說一切有部的《十誦律》、化地部的《五分律》、飲光部的解脫戒經和大眾部的《摩訶僧祇律》。小乘律中制定的五戒、八戒、十戒、具足戒等都是小乘戒。大乘律是大乘菩薩所持之律，依《開元釋教錄》卷十九的記錄，收入大乘律二十六部。中國漢地佛教，於小乘律流行的是《四分律》，於大乘律流行的是《菩薩瓔珞本業經》、《瑜伽菩薩戒本》、《菩薩戒本》和《梵網經》等，而以《梵網經》最為流行。禪宗則又為本宗專門制訂了《叢林清規》，也可以說是禪宗的律。

2、佛教戒律的倫理特徵

佛教戒律所體現的倫理特徵，從最為簡要的方面說，涉及到了倫理學的基本問題、自律性與他律性的關係問題、道德的層次性問題、世俗性和超越性的關係問題。

戒律體現的善惡觀。就戒律體現的佛教倫理的基本問題

而言,佛教倫理學的基本觀點是善惡關係問題,這既是一般倫理學中的基本問題,又是佛教戒律最為根本的問題。

就佛教倫理的一般原理而言,最重視一個為善去惡,印度佛教講「諸惡莫作,眾善奉行。」(《法句經・述佛品》)何謂善?何謂惡?凡是有違佛教教義的思想和行為,都是惡,反之即是善。以「一切眾生都有佛性」,即佛教倫理的心性論基礎來體會,凡是有違眾生本性的思想和行為,都是惡,反之即是善,而這個本性,就是佛性,人性,從倫理的意義上看,就是人類的至善之性。這是最基本的理解。戒律所集中體現的,正是這個基本問題。

佛教修行,其實質可以歸結為道德生活,其表現方式可以有多種,但持戒是道德生活的重要內容。小乘佛教戒定慧三學中,戒是第一,大乘佛教六度,戒也是其中之一。佛教常言戒之重要,《涅槃經》云:「戒是一切善法梯隥,亦是一切善法根本,如地是一切樹木所生之本,是諸善根之導首也。」(《師子吼菩薩品》)要證得至善的境界,必須持戒,戒是根本的善,一切善法,都依戒而有,而發生作用,而產生影響。又云:「眾生若不護持禁戒,云何當得見於佛性?一切眾生雖有佛性,要因持戒,然後乃見。」(《如來性品》)人雖然都本來具有佛性,先天本善,但這種善性,是受到惡之蒙蔽的,要去除這種蒙蔽,最根本的,是要持戒。

戒律是如何討論善惡問題的呢?戒律所禁止去做的,都是惡;惡所反現的,就是善。以最基本的五戒、十戒為例,五戒所滅治的,是五種惡:殺生、偷盜、邪淫、妄語、飲酒。所引導趣入的,是五種善,即不殺生、不偷盜、不邪淫、不妄語、不飲酒。十戒所治滅的,是十惡:殺生、偷盜、邪淫、妄語、兩舌(搬弄是非)、惡口(粗言惡語)、

綺語（污言穢語）、貪欲、瞋恚、邪見。所引導趣入的，就是十善：不殺生、不偷盜、不邪淫、不妄語、不兩舌、不惡口、不綺語、不貪欲、不瞋恚、不邪見。這裡都包括人在身、口、意三方面的善惡區分。《四分律》的中四波羅夷法，是極度的惡，佛教所規定的人類最為嚴重的惡；此所歸向的，是人類的至善。《四分律》的中三十舍墮法對治的，是較為輕度的惡，小惡；此所歸向的，是日常生活中的善，或者說次善、小善。因此可以說，整個佛教戒律，都是圍繞著為善去惡問題展開的。

道德自律與他律。就戒律體現的佛教倫理的自律性與他律性的關係問題而言，道德和法律之間是有區別的。道德是告訴人們應該做什麼，而具體的道德踐履，是通過人的自律，通過內心的自覺來歸向善心，因而，從一般的原則說，道德是以自律為原則的，對於道德規範的違背，也不會遭到帶有物質性力量的懲處。法律告訴人們不應該做什麼，法律是強制的，因而也可以說是他律的。西方的宗教倫理（基督教倫理）強調他律，這個「他」，就是上帝，道德是由上帝賦予人的。康德在其《道德形而上學原理》中具體討論了自律和他律的問題，認為凡是從諸如上帝、世俗權威中尋找內在依據的而制定的倫理學，是他律的倫理學；而倫理學從本質上說，應該是自律的，自律表示實踐的自由。

事實上，自律和他律並不是相互分離的，自律是道德主體以自身內在的尺度進行自我限制、約束和調節，他律表示道德主體所受自身之外的尺度的限制、約束。他律最終是要通過自律來實現的，長期的他律也可以內化為一種自覺。佛教倫理既講自律，也講他律，以自律體現其非制度性，以他律表示其制度性，是自律和他律的統一。

　　佛教倫理的自律原則，其根據來自佛教心性論的命題，一切眾生都有佛性，一切眾生都能成佛，表示的倫理意義在於，一切眾生都先天地圓滿具足至善的道德本性，都能覺悟這種道德本性。這種本性來自於佛，也來自於自性，佛性和眾生性是平等的。但對本性的覺悟，既可以通過他律，也可以通過自律。中國佛教之禪宗強調的是自力，也是自律。淨土宗強調的是他力，也是他律，但淨土宗的最終的他力拯救必須以長期的自力修行為基礎，因而其他律也依賴於長期的自律。佛教又講迷和悟，迷則依他律，悟則靠自力。佛教戒律是他律倫理的最集中的表現，戒律既是規範了不應該，是禁誡，又是應該，可以做什麼，體現了倫理的制度性原則，也指示了道德的自由原則。既然是制度性的，就有著強制的成份，違背這種原則，必受相應的懲處。既然是自由的，則依人的自律精神而控制。事實在，在道德生活中，長期的他律作用，也有利於形成自律，通過他律性的戒的修持，也能達到最終的道德自覺。由於佛教之戒定慧三學是一個整體，在戒律強調他律的同時，並不否認自律，因此，佛教倫理、禪宗倫理，在這個問題上，強調自律和他律的統一，是以自律為基礎的自律、他律統一論。順便提及的是，對道德的制度化或他律性的強調，也是中國儒教所長期致力的，禮就是一種他律體系，是道德立法。

　　戒律體現的道德的層次性。就佛教戒律體現的倫理的層次性而言，這涉及到佛教倫理的一個重要特色。從人的道德本性上看，人人平等，但人心又是有染污的，這種染污，導致了人與人之間很大的差別，加以人的根性等先天資質的差距，在實現道德理想的過程中，人們的道德認識和道德行為會有很大的距離，人們選擇的修行方式的不同，所要遵循的

道德規範也有不同的要求。因此，在佛教戒律中，體現出層次性的原則，指導著人們不同層次的道德修行。

這種層次性也可以用道德生活要求的由低到高，道德規範的由少到多來概括。

道德生活要求的由低到高，體現為不同層次的修行者有著不同的道德要求，這些道德要求顯現出一種層次結構。佛教為在家修行的居士，依五戒修行，五戒是對人類道德生活的最基本的規定，也可以說是一種底線倫理[1]，要成為一個有道德的人，不應該再低於這種道德要求，因而也是一種普世倫理。不殺生，是對生命的尊重，不只是不殺生，也指不殺人之外的其他生命類型；不偷盜，是對他人財產的尊重；不淫欲，是對他人尊嚴的尊重；不妄語，是對事實的尊重；不飲酒，體現出佛教倫理的出世性特徵，但應該理解，許多罪惡，都是在飲酒之後的理智不清狀態下造成的，制定此戒，自有其合理性，佛教對飲酒之過失，有十過、三十五失、三十六過等不同的說法[2]。八戒又是居士更高一層次的道德修行，強調了對物欲追求的限制和對聲色肉欲的禁誡，人有著在物欲、肉欲追求之外更為重要的大事要了。對於出家的僧人，小乘佛教戒律也規定了不同層次的修行，最低的十戒，沙彌和沙彌尼戒，增加了對於私人財產的限制。正式

1　1993年8月，世界宗教議會芝加哥會議所作的《走向全球倫理的宣言》中提出了底線倫理的四條基本原則：一是堅持一種非暴力與尊重生命的文化；二是堅持一種團結的文化和公正的經濟秩序；三是堅持一種寬容的文化和一種誠信的生活；四是堅持一種男女之間權利平等與伙伴關係的文化。並指出這些原則也與佛教倫理有關。這也說明，佛教倫理對於現代社會的倫理建設可以提供許多積極的倫理價值。這四條實際上涉及到佛教五戒中的不殺生、不偷盜、不妄語和不淫欲四戒。

2　十過，見《四分律》卷十六，三十五失，載《大智度論》卷十三；三十六過，見《分別善惡報應經》卷下。基本的精神是，飲酒易導致各種惡行。

出家的僧人，比丘的具足戒為二百五十戒，比丘尼戒三百四十八戒，全面規範了僧尼的道德生活規範。這是小乘佛教戒律體現出的層次性。大乘佛教，還有相應的戒律，修菩薩戒。

由少到多，反映的是道德規範從簡單到複雜的品目增加，這從戒品數目的變化可以看出這一點，從五戒、八戒、十戒，到具足戒，甚至還有比丘的三千威儀，八萬細行，這也可以說是基本原則和具體原則的統一。簡單的部分，規定了道德生活的最基本的內容；複雜的部分，規範了道德生活的具體和詳盡的內容。

佛教針對人的實際生理、心理、精神、認知能力等多種狀況，而提出層次性的道德範疇體系，是非常有效的修行體系，能夠成就每一個道德層次的人，特別是在較低道德層次上的人，都是有道德的，都不會被污為不夠道德標準的「小人」。佛教只是告訴人們，在你已經達到的標準之上，還有更高的道德生活層次，鼓勵你百尺竿頭再進步，直至理想境界。在不同的層次上，既可以一時頓成，亦可以漸進實現，這是非常科學的。反觀我們傳統的儒學道德，其道德選擇實際上只有兩層，即君子層和小人層，前者是道德理想境界，後者是道德生活的缺失狀態，對兩極中間過渡層次的討論，在先秦之後的儒學中，是非常模糊的。在實際的道德選擇中，往往只是一個二元選擇：要麼是小人，要麼是君子，看不到逐層提升的階段性。這種道德體系，雖然可以鼓勵一部分人成為志士仁人，但也容易把人培養成偽君子，又容易使許多人看不到希望而自暴自棄。雖然孟子也鼓勵人們，一切人都可以成為聖人，但孟子的心學所揭示的自覺，在兩漢經學和程朱理學中都被他律性的物件替代了，且與佛教相比，

其可操作的成份要低得多,特別是很難為「愚夫愚婦」們提供具體的可行的道德訓練方法。

戒律體現的倫理原則的世俗性和超越性的統一。世俗性,可以理解為非宗教性,是講佛教戒律所反映的道德規範有和人們的世俗生活原則相融的部分;超越性,可以理解為宗教性,是講這種道德又有超越於世俗道德的地方。佛教道德既有世俗道德的成份,但是卻把這種道德賦予超越性的意義,佛教道德既是超越性的,但是又存在於世俗道德之中。不偷盜是世俗的道德規範,但佛教道德將其納入其中,和人生的解脫結合起來。佛的道德境界是佛教境界的最高點,但這種境界又體現在各種像不偷盜這樣的具體的規範之中。這種世俗性和超越性的統一,佛教首先在居士這一層次的修行者身上體現出來,居士既是世俗者的一部分,日常生活在世俗世界,但又是佛教修行者,超越於這個世界。從戒律的道德規範看,既有世俗道德規範,更有出世道德規範。五戒中之不淫、不妄語、不偷,也都是世俗道德準則,但是有許多規範又是世俗道德所沒有的。這些道德規範,反映出出家人應該有著比世俗之人更高的道德要求,過更嚴格的道德生活,具有更高的道德理想。

3、倫理制度化的意義

戒律的制定,實際上也是倫理制度的形成,因此,在佛教戒律中,體現出倫理制度化的原則。在倫理學的分支中,就有制度倫理的內容。關於制度倫理,大陸學術界還沒有形成一個一致的觀點,但有兩點內容是為大家所認同的:第一,制度倫理是對制度的道德評價與約束,討論一種制度是否符合正義、公正等道德原則;第二,道德規範本身的制度

化建設與操作。竊以為,佛教戒律體現的制度倫理,其內在的含義在於道德規範、倫理原則的制度化、公開化和形式化,主要涉及第二點的內容。由於制度化,而使道德原則帶有外在的強制性或他律性,同時也使道德規範顯現出普遍性的特徵。由於公開化,也便於進行道德監督和自律,對他對己,都形成一種標準化的模式,公正的意義也顯現出來。由於形式化,利於道德實踐的操作。這種普遍和公開的道德原則,也使佛教倫理帶有社會倫理的意義。而一般的理解,佛教倫理只是一種個體倫理,缺乏對社會的關懷,從佛教傳入中國後,對佛教持批評態度的儒家和道家、官員或知識份子,大多持這種觀點。因此吾人可以說,佛教倫理既是個體倫理,又是社會倫理;既是突顯個人美德的美德倫理,又是體現社會規範的規範倫理或制度倫理;當然也可以說,既是自律的倫理,又是他律的倫理。禪宗的倫理制度化實踐,是其道德建設的重要經驗。

二、惠能的無相戒及其倫理意義

戒的功能是防非止惡,傳統的佛教,確立戒規,以戒規範僧眾生活,作為一種道德他律的制度。惠能對戒有著獨特的解釋,「心地無非自性戒」(敦煌本《壇經》第41節)戒是一種道德行為的自我約束,以自心的道德本性為戒的內容,強調歸向內心的準則,而不是外在的規範,體現出惠能的禪宗倫理中的自律和道德自覺,反映出惠能對於道德認識和道德修行的內向性。惠能的戒,是無相戒,是以眾生自心為戒體的戒律,惠能實際上著重討論了無相戒的戒體,依敦煌本《壇經》,無相戒的具體內容包含四個方面,即見自性三身佛、四弘誓、無相懺悔、無相三歸依戒,這也是惠能禪

法中的儀軌部分。

1、見自性三身佛

作為儀式，首先隨惠能三唱以下三句：於自色身歸依清淨法身佛，於自色身歸依千百億化身佛，於自色身歸依當來圓滿報身佛。

佛教中一般所講的佛身問題，分為三身，而三身有多種不同的說法，比如有法身、報身、應身說，又有法身、應身、化身說，還有自性身、受用身、變化身之說。法身，指的是從因位上講的眾生成佛之根據，是作為本體之理，與佛教的真如、法性、如來藏、本覺之性都是同一層次的概念。報身是從果位上講的成佛之結果，以因位為基礎，經過修行而得到的佛身之果。應身是從佛的教學方法角度而說的，佛為教化眾生而隨機變現的不同身相。化身的概念和應身相似，隨佛所教化的對象之不同而相應地變化為不同的身相。自性身大致可以理解為法身，受用身大致可以理解為報身，變化身大致可以理解為應身。依天臺宗的說法，法身佛為毗盧遮那佛，報身佛為盧舍那佛，應身佛為釋迦牟尼佛。在佛教的傳統中，三身佛都是存在眾生之外的崇拜對象。

惠能則以清淨法身佛、自性化身佛、圓滿報身佛解釋三身，此三身佛都是眾生自性本有之佛，都從眾生自性上生，此與傳統的觀點區別開來。清淨法身佛的意義是，眾生自性本來清淨，只為煩惱覆蓋而不能顯現，此清淨之性，是生滅萬法的依據，「於自性中，萬法皆見（現），一切法自在性（在自性），名為清淨法身。」（敦煌本《壇經》第20節）自性化身佛的意義是，眾生不同狀態的身相，都源於自心的一念之「思量」，一念善，化出天堂之身相，一念惡，化出

地獄之身相，化身，是眾生自化，而不是佛化，眾生如果堅信自性的這種化現能力，而能保持心的不思量，即是解脫。圓滿報身佛的意義是，以自性智慧之燈照察虛空之心，除卻煩惱之黑暗，顯現自性的圓滿無缺，成就解脫。所謂歸依三身佛，就是歸依自性此三身佛。

從道德認識和道德修行的角度看，惠能在此也確立了悟修的基本原則，即自悟自修，「自悟自修，即名歸依也。」（敦煌本《壇經》第20節）

2、弘誓

歸依自性三身佛後，接著的儀式是發弘誓，隨惠能如是三唱：眾生無邊誓願度，煩惱無邊誓願斷，法門無邊誓願學，無上佛道誓願成。

在明確了悟修原則之後，眾生立志自利利他，自覺覺他，宣誓以明志。惠能的四弘誓概括了佛教經論中的相關說法而成，《道行般若經》卷八表述為：「諸未度者，悉當度之；諸未脫者，悉當脫之；諸恐怖者，悉當安之；諸未般泥洹者，悉當令般泥洹。」《摩訶止觀》卷十下表述為：「眾生無邊誓願度，煩惱無邊誓願斷，法門無盡誓願知，無上佛道誓願成。」惠能的表述成為一種流行的話語。在佛教的傳統中，這是菩薩所發之願。第一誓，誓願救度一切眾生。此一誓願，地藏菩薩之願非常著名，佛教中流行的「眾生度盡，方證菩提；地獄未空，誓不成佛」及「我不入地獄，誰入地獄」等豪言壯語，是菩薩悲憫精神的突出體現。在禪宗中，也強調禪師的這種普度眾生的精神，有僧人問趙州從諗：「大善知識為甚麼入地獄？」從諗答道：「我若不入，阿誰教化汝？」（見《五燈會元·趙州從諗禪師》）第二誓，

誓願斷除一切煩惱。第三誓，誓願學習一切佛法。第四誓，誓願證得菩提之境，成就佛果。一般也將此四弘誓和佛教的四聖諦，苦、集、滅、道，相結合來理解。

惠能的四弘誓，同樣也是確立了道德主體性的悟修原則，他對第一誓作了更多的闡述，與傳統的說法不同的是，他強調眾生的自度，不是菩薩度，也不是惠能度，「心中眾生，各於自身自性自度。」（敦煌本《壇經》第21節）眾生以自心本覺之性、智慧正見自度。第二誓，惠能強調眾生自心除卻心中虛妄之念。第三誓，立誓學習無上正法。第四誓，惠能提出了成就佛道的具體的修行方法，即恭敬行，「常下心行，恭敬一切。」（敦煌本《壇經》第21節）這也是惠能提出的處理人與人關係的道德原則。

3、自性懺悔

發四弘誓後，又行懺悔，隨惠能如是三唱：前念、後念及今念，念念不被愚迷染，從前惡行一時[除]，自性若除即是懺（悔）；前念、後念及今念，念念不被愚迷染，除卻從前誑誑心，永斷名為自性懺；前念、後念及今念，念念不被疽疾染，除卻從前嫉妒心，自性若除即是懺。

依佛教的一般原理，懺悔之懺是對於所犯的較輕的罪請求他人原諒，悔是對於嚴重的罪行，自己陳述出來，表示悔過之心。懺悔的行法，都是向他人懺罪悔過。道宣的《四分律羯磨疏》卷一把懺悔分析為制教懺與化教懺兩種。制教懺是犯戒律之罪所行的懺悔，犯戒律罪惡依此法行懺悔，具體的制教懺法又分為三類：一是眾法懺，即在四個人以上的僧眾面前懺悔，二是對首懺，在老師一個人面前行懺悔，三是心念懺，對本尊佛行懺悔。化教懺是犯業道之罪所行的懺

悔。

惠能對懺悔另有解釋，「懺者終身不為，悔者知於前非。惡業恒不離心，諸佛前口說無益。我此法門中，永斷、不作，名為懺悔。」（敦煌本《壇經》第22節）宗寶本《壇經》對此有所發揮：「懺者，懺其前愆，從前所有惡業，愚迷、憍誑、嫉妒等罪，悉皆盡懺，永不復起，是名為懺；悔者，悔其後過，從今以後，所有惡業，愚迷、憍誑、嫉妒等罪，今已覺悟，悉皆永斷，更不復作，是名為悔，故稱懺悔。」（《壇經·懺悔品》）心如工畫師，可以畫出美麗的圖畫，也可以畫出很差的圖畫，懺悔，就是要避免自心畫出很糟糕的圖畫。心生種種法生，心滅種種法滅，懺悔，就是要避免自心生出種種惡法，造作種種惡業。終身永斷惡業，不為惡業，並能明確惡由心生，而能從自心入手消除惡業，這就是懺悔。惠能的懺悔，不是強調要在佛面前，在師長面前悔過，而是重視落實到行為上的「不為」惡業和認識上對自心的反省。

4、自性三歸依

懺悔之後，惠能又為大眾授無相三歸依戒，即歸依覺，兩足尊；歸依正，離欲尊；歸依淨，眾中尊。

佛教講歸依三寶，佛、法、僧。佛寶，「眾生中尊上第一是名為佛。」（《大智度論》卷三十七）佛意義為覺，自覺，覺他，覺行圓滿，正因為如此，佛是兩足尊，即兩足類天、人中最為尊貴者[3]，在佛教中有教主的地位，是受供養的第一對象。法，其基本的意義是「軌持」，窺基說：「軌

---

3 兩足尊另有一義，即以權實為兩足，戒定為兩足，福慧為兩足，解行為兩足。但惠能在這裡的用法，不在此義。

謂軌範，可生物解；持謂住持，不舍自相。」（《成唯識論述
記》卷一）法作為一種軌範，可以規範人們的道德生活，並
引導人們產生對事物的正確認識。法又有住持的特徵，能保
持自性，成就自身的內在本性而不改變。在這裡，是指佛陀
向人宣說的教法。佛的說法，為佛教正法，所以惠能將法解
釋為「正」，堅持正法，堅持正確的認識和修行方法，就能
遠離種種欲望，保持人的尊嚴。僧指僧伽，修學佛法的信徒
組成的社會生活團體，是本意是和合，惠能直接解釋僧為
淨，禪宗的叢林清規中將僧人規範為「清眾」或「清淨
眾」，表示僧人以追求清淨為目標。達到清淨人的境地，就
稱為佛，佛是清淨人。一般講僧之清淨，也是指僧有五清淨
之德，為僧五淨德，「一者發心離俗，懷佩道故；二者毀其
形好，應法服故；三者永割親愛，無適莫故；四者委棄軀
命，尊眾善故；五者志求大乘，欲度人故。」（《佛說諸德福
田經》）發勇猛精進心，無離凡俗，是為了修習佛道；剃髮
除鬚，毀壞身體的相好，除世俗之衣，也是為了著如來法
衣，顯現佛威儀；拋捨父母親愛之情，也是為了一心修道，
報父母生身養育之恩；出家人不惜自己的身家性命，也是為
了一心求證佛法善德；出家人追求大之法，也是為了度盡苦
難眾生。

　　惠能將傳統佛教供養、崇拜的佛法僧都視作眾生內在的
本有道德品質，佛之覺悟，法之正道，僧之清淨，都不離眾
生自心，所以歸依三寶，也就成為歸依自心內三寶，這是和
傳統的觀點之區別之處。重點強調了對自心道德本性的尊重
和體認。

三、叢林清規

　　《百丈清規》的制定，標誌著佛教中國化的最終完成，用制度化的形式規範了惠能以來的禪宗革命理論。百丈制定的古清規文本，由於種種原因，所存不全了，叢林又有多種清規的出臺，以經過整理的《敕修百丈清規》較為著名。《百丈清規》的基本理論是心性論，以此為基礎，規定了不立佛堂，只立法堂的原則，而清規中最重要的一條，是普請制度，也就是勞動制度的確立，把修行和勞動結合，也體現出禪的經濟生活的自立原則，體現了禪宗的經濟倫理思想，清規中專門針對違律而規定的懲處措施，反映出律法或制度倫理的他律性特點。

1、清規略說

　　禪宗創立清規的背景之一，是禪宗的發展以及所受到的限制。惠能的南宗，宗派的發展在湖南、江西等地成就大勢，政治地位的確立也得力於荷澤神會的宣傳。但禪宗一直沒有自身的獨立寺院，許多高僧也不熱衷於依寺而修，實際上又是離寺而居的。少林寺被尊為禪宗祖庭，其實此寺是北魏孝文帝在太和二十年（496年）為天竺來華高僧佛陀建立的靜修院，達摩在山洞中面壁，此達摩洞現在還在嵩山。因此可以說從史的角度看，少林寺和達摩沒有多大關係，但這並不妨礙少林寺的禪宗祖庭的地位。佛窟惟則在天臺山的岩洞裏築室，法席興盛後，人稱佛窟禪師。鳥窠道林是在一棵枝葉茂盛、盤曲如蓋的大松樹上修行。石頭希遷是在寺院東面的一塊大石頭上結庵修行的。隨著律宗的發展，禪僧曾被要求在律寺居住，但這樣的律居生活「與說法住持未合規度」（《禪門軌式》，《景德傳燈錄》卷六）會影響到禪宗的發展，百丈懷海遂制定清規，從制度上保證禪宗的健康發展。

實際上中國佛教一直在努力探索中國特色的佛教戒律，印度佛教的戒律是佛陀根據印度社會和佛教的實際情形而制定的，中國佛教當然又有自己的特點和社會背景。東晉僧人道安法師最早進行了這一方面的探討，立下僧尼軌範、佛法憲章，內容有三條：「一曰行香定座、上經上講之法；二曰常日六時行道、飲食、唱時法；三曰布薩、差使、悔過等法。（《梁高僧傳・道安傳》）一是講經說法的儀式，二是日常生活中行住坐臥的規則，三是各種懺悔儀式。其他一些高僧也在進行這一方面的探索，多沒有形成系統的體系，直到百丈清規的出現，才將其系統化、完整化，也標誌著佛教中國化的最終完成。

懷海制定的清規，對於印度佛教的大小乘律，採取了非一非異的中觀原則，既不完全脫離印度戒律傳統，也不是完全照搬，至於戒律的具體內容，既不像印度佛教那麼浩博，也不完全採取中國傳統的簡約式思維，博約之間也處其中，「非局大小乘，非異大小乘，當博約折中，設於制範，務其宜也。」（《禪門規式》，《景德傳燈錄》卷六）這也是實事求是的態度，但懷海的清規在唐末、五代後逐漸散失，現在能看到的是楊億所作的《禪門規式》等作品中保存的部分內容。懷海之後，叢林中又多有制定清規者，現收入《大正藏》第四十八卷中的《敕修百丈清規》是元順帝至元元年（1335年）東陽德輝奉敕修撰的，其中參考了在此之前叢林中流行的一些清規，如宋代宗頤的《禪苑清規》十卷、金華惟勉禪師的《叢林校定清規總要》二卷等。這裡依據《禪門規式》[4]及《敕修百丈清規》等資料，分析其中反映出來的

---

4 即楊億所作的《古清規序》，收於《敕修百丈清規》卷八，百丈的清規被稱為古清規。

主要倫理內容。

2、心性論的制度化：不立佛殿，唯樹法堂

百丈別立禪居，與一般的寺院最大的不同之處，是禪居中取消了佛殿，只立法堂。這是禪宗的心性理論在制度上的體現。

一般的寺院結構，佛殿是全寺的中心殿堂，供奉佛像或菩薩像，比如洛陽名寺永寧寺之佛殿，「形如太極殿，中有丈八金像一軀，中長金像五軀，繡珠像三軀，冠於當世。」（《洛陽伽藍記》卷一）這實際體現的是一種偶像崇拜，或者說，是偶像崇拜的物化、外化。在禪宗中，不立佛殿可以從三個方面分析：第一，是理論層面的，體現了禪宗倫理的基礎理論，即心性論，禪宗認為，眾生即佛，人們不必崇拜心外的佛，自心之外也沒有真佛，自心之佛是真佛，對自身的解脫真正有意義；第二，也有經濟上的原因，歷史上對佛教的批評中，有一條就是批評佛教大費資財，修造佛殿，建造佛像，現在佛殿不設，佛像不立，此論可息矣；第三，也是《禪門規式》中提到的，「佛祖親囑授當代為尊」禪是佛意，佛意囑祖，諸祖以心傳心，傳至當代。因此，在寺院建築中，就沒有必要專門立一佛堂或大雄寶殿來強化這種傳統的偶像崇拜，也使禪教之別明顯地區分開來。

法堂，即討論禪法的場所，教門中有講堂，是講經說法之所，禪門為有別於教門，而言法堂。禪師語錄中常提到的「上堂」，即是上此法堂，禪師可以在此開示，學生可以在此請教，這裡沒有尊卑、高下之分，只有人的迷悟之別。

不過，這種不立佛堂的制度實際上並沒有長久保持下去，不然，以燒佛著稱於叢林的俗齡比懷海小十九歲的丹霞

就會無佛可燒，這種情形，也說明堅持禪宗原則之難。

3、勞動倫理：普請制度的建立

將普請用制度的形式固定下來，這是禪宗清規體現出的倫理特色最為顯著的部分之一，對於普請的規定，《禪門規式》中載：「行普請法，上下均力也。」《敕修百丈清規》對普請的具體操作有較詳的說明：

> 普請之法，上下均力也。凡安眾處有必合資眾力而辦者，庫司先稟住持，次令行者傳語首座維那，分付堂司行者報眾挂普請牌，乃用小片紙書貼牌上，云（某時、某處），或聞木魚，或聞鼓聲，各持絆縛搭左臂上，趨普請處宣力，除守寮直堂老病外，並宜齊赴。（《敕修百丈清規》卷六）

普請就是勞動，共同勞動或集體勞動，包括農業生產活動和一般的日常生活勞動，或者稱為「作務」，在禪典中，經常提到各種勞動類型，比如推土車、鏟草、搬柴、搬米、鋤薏穀、摘茶、刈茅、廚房勞動、擇菜等。這些勞動的最基本目的是要能夠滿足僧眾的經濟自立、自養要求，所以田要自己開，種要自己播，禾要自己管，穀要自己收，挑柴擔水要自己來。

普請時，還有尋查制度，以加強監督，「師因普請次，巡寮去，見一僧不赴普請，師問：『爾何不去？』僧云：『某甲不安。』師曰：『爾尋常健時何曾去來？』」（《洞山悟本禪師語錄》）不安指生病，清規規定生病可以不去，禪師

必須遵守這一點，但沒病不能不去。清規規定老人可以不參加普請，但不能裝老，雲門文偃門下，「因普請入柴寮，云：『老底不用去，還有老的麼？』僧云：『有。』師云：『在什麼處？』僧乃推出一僧。師云：『這個僧猶是後生。』」（《古尊宿語錄》卷十八）。

禪宗從其創立之初，就十分注重勞動對於禪宗發展的意義，東山法門的禪宗倫理，就已經體現了這一點，道信禪師要求作、坐並重，作是作務，坐是坐禪，「能作三五年，得一口食塞饑瘡，即閉門坐。」（《傳法寶記》）弘忍也是這樣，「常勤作役。」白天努力勞動，晚上坐禪，「晝則混跡驅給，夜便坐攝至曉。」（《傳法寶記》）正是這種勞動，維持了寺院的經濟生活。惠能在弘忍門下，也是個踏碓的行者。百丈懷海更是個勞動的典範，一日不作，一日不食的精神，就出自於他，他帶頭勞動，幹在別人前面，使得大家不忍心看到他這樣，就把農具悄悄地藏起來了，他要去勞動時找不著工具，也就不吃飯了，說道：「吾無德，爭合勞於人？」（《五燈會元》卷三）這種榜樣的作用，極大地促進了勞動倫理的推廣，眾禪師莫不以身作則，我們可以看到，溈山靈祐和仰山慧寂曾摘茶，南泉普願曾刈茅草，雲門文偃曾搬米，五台隱峰禪師曾推車鏟草。

這種勞動制度至少可以從兩個方面來分析其倫理意義，第一是以勞動為修行，第二顯示出禪宗自立精神中經濟層面的意義，即追求禪宗僧團的經濟自立。

禪宗講無修之修，反對的是漸修，反對依規定儀式的程式化的修習。禪宗另有獨特的修行，這就是勞動，把日常生活的活動和農業生產活動都視為修行的主要內容，而修行的日常活動化，實際上是把禪直接轉化為日常生活，禪是生活

的理念在此形成，破除了禪的神秘化和過於強調修練技巧而容易形成的壟斷化。修行和農業生產勞動的結合，形成了中國禪宗的一大存在類型——農禪，是禪修和經濟生活的緊密結合。

禪宗主體性精神的表現之一是自立自力，對於個人來說，是依靠內在的道德本性為原動力，成就解脫，作為一個禪宗僧團來說，也是要依靠自身的力量維持僧團的存在和發展，這其中就有一個最基本的需要——人是要吃飯的。欲解決吃飯問題，傳統的佛教是接受施主的供養，乞食，比丘（梵語 bhiksu）就是乞食者，所以可以意譯為「乞士」。為什麼要乞食？原因有二：一是使僧人從俗務中解脫出來，集中時間修行；二是給信眾以增福的機會，因為供養僧眾，對於信眾來說，也是施種福田，為自身的解脫積累善的資源。在佛教中講供養，僧眾所需之衣服、飲食、臥具、湯藥等，都有信眾供養。佛教中講佈施，其原始的意義，就是要信眾以衣食等施於大德，佈施者為施主。大乘佛教六度，將佈施列為第一度，佈施的內容當然也擴大了，佈施的主體也二元了，既有信眾向僧眾佈施，也有僧眾向信眾佈施，比如施佛法，稱為法施。從佈施者和受施者來說，站在經濟學的角度看，實際上形成一種交換關係，從僧眾方面說，受衣食等物質性之施，付出的是精神性的產品，從信眾方面說，付出的是衣食等物質性生活用品，得到的是關於人生解脫的精神性產品。中國佛教也是繼承這一傳統的，但佛教的這種傳統受到本土文化的猛烈批評，實際上把這種傳統斥責為「寄生性」，從佛教本身而言，也因這種受施而顯示出某種程度的經濟依賴性。對於勞動的理解，先秦時期就區分為勞心和勞力，即相當於現在的腦力勞動和體力勞動的概念，但站在農

民的角度看，勞動當然是指體力勞動，也就是農業生產勞動，不參加體力勞動的，是不勞而獲者，在《詩經》中，就可以看到對這種人的怨罵，「不稼不穡，胡取禾三百廛兮？」「彼君子兮，不素餐兮。」(《伐檀》)「不素餐」就是不勞而食的意思。禪宗人把體力勞動納入修行生活，這類的指責就缺少根據了。不過禪宗發展到後來連僧人都分不清自己究竟是農民還是僧人，這就過度了，曹溪祖庭後來遭敗落，德清總結其表現之一就是如此，「僧以務農為本業，樹藝孳畜，不異俗人。」(《曹溪中興錄》上，《憨山老人夢遊全集》卷五十)「凡幼童出家，只見師長務農，不異俗人，竟不知出家為何業，而畜其徒者，止利其得力於畎畝，而無一言及出世事。」(《曹溪中興錄》上，《憨山老人夢遊全集》卷五十)這是見指忘月，以指為月。

禪宗關注到宗教發展中的經濟問題。農禪特色的禪寺，多是建立在遠離塵囂的清淨山中，有的在城市遠郊，有的實際上就是在不同行政區劃的交界之地，所擁有的土地，不像教門許多寺院那樣常是受贈的，或受皇室之贈，或受大施主之施，而大多是在寺院周圍自己開墾土地。禪宗僧團在經濟上實行自給自足，禪的自立精神，自力原則，也通過這種經濟生活體現出來，體現為經濟的自立，對於佛教中的乞食受施等傳統，這是一個極大的改革，也是回應歷史上對佛教之經濟層面的批評。從中國社會的經濟生活來看，自給自足正是小農經濟的特點，這也反映出禪宗所依據的小農經濟的基礎，以農民的道德準則，自食其力是最符合道德的生活。

禪僧的日常生活，還必須注意到節儉的道德要求，《禪門規式》中談到「務於節儉」。基督教的新教倫理中也有這種準則，並受到馬克斯‧韋伯的高度重視，被稱之為美德，

並被認為是推動資本主義發展的重要動力。禪宗講節儉，這和禪宗在處理人與自身的關係時要求的寡欲原則有關，也和禪宗叢林不時出現的「短缺經濟」有一定的關係。余英時在其《中國近世宗教倫理與商人精神》中除了強調這個節儉，還提出另一個禪宗經濟倫理的原則——勤勞，這種分析也有韋伯對新教倫理之分析的影響。

這裡也涉及到對於佛教傳統戒律的理解問題，是理解其本，還是理解其跡。比如說，佛教傳統戒律是反對掘地的，「若比丘自手掘地、教人掘地者，波逸提。」（《四分律戒本》）波逸提指輕罪。從不殺生的角度看，掘地也容易滅殺生命，但這實際上也限制了僧眾的農業生產勞動，而禪宗中的勞動卻避免不了這一點，所以叢林中要討論這一問題了，這是百丈懷海和僧人的一段討論：

> 問：斬草伐木，掘地墾土，爲有罪報相否？
>
> 師云：不得定言有罪，亦不得定言無罪。有罪無罪，事在當人。若貪染一切有無等法，有取捨心在，透三句不過，此人定言有罪。若透三句外，心如虛空，亦莫作虛空想，此人定言無罪。
>
> 又云：罪若作了，道不見有罪，無有是處。若不作罪，道有罪，亦無有是處。（《古尊宿語錄》卷一）

不是從戒律文本的形式去理解有罪無罪，而是從心的狀態來確定，要從當時當地的實際情形來決定，這就是實事求是。如果這是和禪門修行生活結合的，是禪修的具體體現，就不能言其有罪，否則，就很難說是無罪。

4、日常生活儀軌

　　叢林清規中還對僧眾的日常生活的具體道德修養或行為規範提出了詳盡的要求，這在世俗倫理中完全是通過自律來體現的細微之處，在這裡都通過規則確立下來，這些規則確定的內容，其實多是屬於「小善」，但眾善奉行，並不因善小而不為，恰恰要常行小善，這正是人的道德境界的體現之處，心中常有「大善情結」的人，一心想行「大善」而忽略小善的人，其大善也難以實行。不行小善，何以成大善？禪宗將這些日常生活之小善列為制度性的強制規範，也體現出宗教倫理和世俗倫理相比的超越之處，禪宗人應該有比一般的方外之人有著更為嚴格的道德要求。試舉幾例：

　　入眾（與眾僧共同起居）之法：睡不在人前，起不落人後。意在鼓勵精進。

　　洗漱之法：輕手取盆洗面，湯不宜多，右手揩左臉，左手揩右臉，漱口時必須低頭，以防嘴中的不良氣味熏著他人，吐水時要用手引下，以免濺入他人的盆中。還要注意，不得鼻內作聲，不得噴水撲臉，不得高聲嘔吐，不得以唾涕染污臉盆。

　　吃食之法：取鉢放鉢等，都不得有聲音，不得咳嗽，不得抽鼻噴嚏，若要噴嚏，應該以衣袖掩鼻，不得抓頭，恐風吹頭屑於他人的鉢中，不得用手剔牙，不得嚼飯喝湯時出聲，不得從鉢的中央挑飯，不得張口待食，不得遺落飯食，等等。這類清規，在比丘的具足戒中也規定了。

　　洗腳之法：不得爭奪腳桶，有瘡疥等腳疾者隨後洗，或者在隱蔽處洗。

　　睡眠之法：不得在床上抓頭，不得在床上使數珠出聲，

不得和鄰單的僧人說話，睡時須右側臥，不得仰臥，仰臥是屍睡之法，也不得覆睡，覆睡為淫睡之法。

還有疊衣被之法，洗浴之法，如廁之法，烤火之法等等。如果讀者大人覺得這類清規涉及的多是日常生活的小事，還夠不上用「道德」這樣「高雅」的概念來概括，但至少這涉及到另外兩個概念——教養和公德。其思考問題的基本前提，是把人看作集體生活中的一員，每個人的生活都和他人的生活相關，每個人的生活行為，都要考慮到不妨礙他人，這既是尊重他人，也是保持了自身的尊嚴。人類精神文明的最基本要求，也包括此類規範。

5、處罰措施

既是一種制度，就必然帶有強制性，作為一種制度倫理，就必然帶有他律的特徵。《禪門規式》中談到對違反清規的懲罰措施以及這些措施的社會倫理的意義：

> 或有假號竊行，混於清眾，並別致喧撓之事，即堂維那檢舉，抽下本位挂搭，擯令出院者，貴安清眾也。或彼有所犯，即以拄杖杖之，集眾燒衣缽道具遣逐，從偏門而出者，示恥辱也。
>
> 詳此一條制有四益：一、不汙清眾，生恭信故；二、不毀僧形，循佛制故；三、不擾公門，省獄訟故；四、不泄於外，守宗綱故。（《景德傳燈錄》卷六）

對於那些假借禪僧名號，混入清淨僧眾中，擾亂僧團綱紀

者，一經維那查出，立即抽其單，逐出山門，以維持僧團的安定團結。禪僧如果觸犯了禪門清規，則行杖責，發動僧眾燒其衣物，從偏門中趕出去，以此來羞辱他，也是對其他僧眾的警誡。制定這種懲罰措施有四點考慮：一是保證避免那些不符合禪宗道德的語言、行為和觀念汙染清淨叢林，三業不善者不讓共住，使僧眾安於道德生活，保持對禪宗道德理想的恭敬信仰。二是通過隨錯而罰的懲誡措施，使僧人產生悔過之心。三是禪門內事禪門內解決，而不將問題推給社會，不必再勞官府處理，將會減少官府的官司數量。但這裡實際上還有一個世俗法律和僧家律法的關係問題，禪家的做法，其實是用禪家律法代替世俗法律，實際上即使是禪宗僧團組成的特殊的社會生活團體，也是存在於一個更大的世俗社會的背景中，也有一個對世俗法律制度的瞭解和認同問題。在現代社會中，僧家對於這兩種不同形式的律法的關係處理原則，作為一個社會人，首先是遵守世俗法律規範，作為一個僧家人，還要遵守禪家的律法，《敕修百丈清規》中對此就區別得比較清楚：「除刑名重罪，例屬有司外，若僧人自相干犯，當以清規律之。」（《敕修百丈清規》卷十）罪當世俗法律部分懲處的，當交相關世俗的執法部門處理，而觸犯叢林清規，達不到世俗法律治罪程度的，「鬥諍犯分，若汙行縱逸，若侵漁常住，若私竊錢物，宜從家訓。」（《敕修百丈清規》卷十）僧人之間打架、爭吵，修行方面不努力，放縱自己，侵佔寺院中的財物，偷竊錢物，均依清規處理。四是禪門的問題不至於暴露在外，家醜不外揚，有利於維護僧家的形象，保證僧團的發展有一個良好的外部環境。這些思考，充分考慮到禪宗僧團發展的需要。

　　《敕修百丈清規》中對懲罰措施也有規定：

> 重則集眾箠擯，輕則罰錢、罰香、罰油，而
> 榜示之。如關係錢物，則責狀追陪，惟平，惟
> 允，使自悔矣。（《修百丈清規》卷二）

這分為重罪和輕罪分別處理，重罪者受箠擯，這和古清規中
的規定是一樣的，箠是鞭打，擯是逐出，集合眾僧以鞭打
之，驅逐之。至於較輕的罪，則罰款罰物，並且要張榜示
眾，分開化。涉及到錢物的較輕過失，則要追回，或賠償。
懲處的基本原則是公平、允當，使受處罰者心生悔改之意。

　　清規制定的目的，不是為了追求懲罰，而是為了減少懲
罰，獄清訟寧，從一個方面反映了社會之安定，民眾之向
善，僧團中這類處罰如果很少，也代表著叢林之清淨。清規
並不是針對善，而是針對惡，立法防奸，不為賢士，律法通
過對惡的禁誡，也起到一種道德教化的作用，對於僧團的道
德要求來說，寧可有格而無犯，不可有犯而無教，孔子講過
「有恥且格」（《論語・為政》）的道德境界，恥是知羞恥，是
羞恥之心，格，是一種認同，代表著道德自覺。寧可僧眾有
自覺的道德意識而不犯惡，不可出現僧人在犯惡的情形下而
不知所犯是惡，至少要讓其知此惡，這就需要教育，而道德
教育，確立律法規範也是一種形式。

四、《梵網經》體現的倫理思想

　　《梵網經》在禪宗有其特殊的地位，惠能對此經比較推
崇，惠能的無相戒也與此經有關，而禪宗史上許多高僧也經
常關注此經，因此，談到禪宗的戒律時，有必要涉及此經。

1、對《梵網經》的尊重

《梵網經》屬於大乘類戒經，不分在家出家，均可遵奉，其內容，流行的經典分為兩卷，上卷講修行的階位次第，下卷講具體的戒條，分十重戒和四十八輕戒。由於《梵網經》在中國佛教中多流行下卷的十重戒四十八輕戒的內容，把這一部分稱為《梵網經菩薩戒本》、《菩薩戒本》等。

《梵網經》在禪宗中特別受到尊重，惠能在其《壇經》中多次引用其中的觀點，「《菩薩戒經》云：『我本元自性清淨。』」（敦煌本《壇經》第19節）這裡的《菩薩戒經》，就是托指《梵網經》，引用的是《梵網經》卷下的話：「是一切佛本源，一切菩薩本源，佛性種子，一切眾生皆有佛性，……是一切眾生戒本源，自性清淨。」《壇經》文本中把「戒」字誤讀為「我」，強調了眾生自性清淨心的作用，或佛性的作用，此是戒之本原。惠能的無相戒，從戒體上講，就是佛性或自性清淨心戒體，此戒體，離一切定相，堅固不壞，從戒相上說，就是十重戒四十八輕戒，只是惠能敘述其無相戒時，著重於戒體方面。除惠能外，禪門中對《梵網經》都非常尊重，高僧們經常提及此經，契嵩、智旭、德清等莫不如是，由此可見，此經在禪宗倫理中也有比較重要的在地位。

2、《梵網經》中的倫理思想

《梵網經》對倫理學中的一些重要問題，諸如道德本原問題，道德修養方法問題，佛教的孝論，道德的層次性，懲治辦法，都有涉及。

大乘佛教戒律的基本倫理精神，是諸惡莫作，眾善奉行，利益眾生，以攝律儀戒講諸惡莫作，以攝善法戒講眾善

奉行，以攝眾生戒講利益眾生。《梵網經》中，十重戒是諸惡莫作戒，四十八輕戒中的前三十輕戒是眾善奉行戒，後十八輕戒是利益眾生戒。

對於倫理道德的起源問題，此經主張佛賦道德說，人們的道德規範來自於佛，佛是道德的化身，完滿道德的體現者，也是道德的源起者，「釋迦身放慧光，所照從此天王宮，乃至蓮華台藏世界。」（《梵網經》卷上）慧光乃智慧之光，此光照道德本性，令眾生得見。「體性慧照」，「體性善慧」，「體性光明」，都是說佛的本性中本來具有智慧、善、光明。此經又講一切眾生都有佛性，「一切眾生皆有佛性，一切意、識、色、心，是情是心，皆入佛性戒中。」（《梵網經》卷下）這種佛性，是菩薩戒的戒體，也是眾生成就完善道德的可能性或根據。實際上從此觀點也可以引申出眾生自性是道德的本原的看法，禪宗正是在這一角度理解其佛性戒體論的。

對於道德修養的方法問題，此經談到發心、養心、修心、修十地。在「堅信忍」中，發十種心：捨心、戒心、忍心、進心、定心、慧心、願心、護心、喜心、頂心。由此入「堅法忍」，修「十長養心」，或養十種心：慈心、悲心、喜心、捨心、施心、好語心、益心、同心、定心、慧心。由此入「堅修忍」，修「十金剛心」，信心、念心、回向心、達心、直心、不退心、大乘心、無相心、慧心、不壞心。由此入「堅聖忍」，修十地：體性平等地、體性善慧地、體性光明地、體性爾炎地、體性慧照地、體性華光地、體性滿足地、體性佛吼地、體性華嚴地、體性入佛地。對於其中的每一項，經中都有進一步的解釋。是道德踐履逐步上升的過程，道德層次逐漸提高的過程，用智慧去惑，達到道德的自

覺。

孝的觀念。孝既是世法的倫理準則，也是出世法的倫理
準則，佛教對於孝的重視，視之為戒的核心精神，「孝名為
戒，亦名制止。」（《梵網經》卷下）佛正是孝的典範，他
「孝順父母、師僧、三寶，孝順至道之法。」既重世法之
孝，也重出世法之孝，這也體現出佛教所主張的世法倫理和
出世法倫理原則的統一性。

道德的層次。善惡問題，是佛教倫理的一個根本性問
題，此經對於善與惡，作出了明確的層次區分，惡有重惡與
輕惡，與此相反的觀念，則是善的兩個層次。

十種重惡：殺生、偷盜、淫欲、妄語、酤酒（賣酒）、
說四眾過、自讚毀他、慳惜（吝嗇）加毀、瞋心不受悔（自
己瞋恚心重，也不接受別人的認錯）、謗三寶。

由此十種最嚴重的惡德，可以推知此經所讚頌的最高的
善：不殺生、不偷盜、不淫欲、不妄語、不酤酒、不說四眾
過、不自讚毀他、不慳惜加毀、不瞋心不受悔、不謗三寶。

四十八種較輕的惡德：不敬師友、飲酒、食肉、食五辛
（大蒜、韭菜、蔥、小蒜和印度特產的辛辣物）、不教悔罪
（見他人犯過違戒，不教其懺悔）、不供給請法（有道高僧
來到寺院，不迎送，不恭敬，不供養，不請教佛法）、懈怠
不聽法（遇法師講法，特別是律法，不去聽講，或者不懂處
不詢問）、背大向小（向小乘律而違大乘律）、不看病人
（不供養、照料病人）、畜殺具（收藏刀子等凶殺器具）、
國使（為了私利惡欲而為他國傳遞情報）、販賣（販賣良
人、奴婢、牛馬豬羊雞犬六畜和棺材等）、謗毀（誹謗他
人）、縱火、僻教（教給他人小乘法或外道邪僻之法）、為
利倒說（為了自己的私利或名聲，說法時不依照次第）、恃

勢乞求（為了私欲而親近權勢人物）、無解作師（對佛法不理解，而詐言理解，並為他人說法，是欺騙）、兩舌（搬弄是非）、不行放生、瞋打報仇（以怨報怨，以仇報仇，無慈悲心，不能怨親兩忘）、驕慢不請法（不虛心請教，不接受正解）、驕慢僻說（對於來求法者，自恃能解，自恃有權貴朋友，以輕視、厭惡、驕慢之心，不一一答人所問）、不習學佛（不學正法，而學邪法）、不善知眾（不能團結僧眾，不能守護寺院財物）、獨受利養（對於施主的供養，不讓客僧分享）、別受請（對於施主的供養，獨自佔有）、別請僧戒（請僧時，不能以平等心告訴知事幫助請僧，而私下有選擇地另請，這是不順孝道）、邪命自活（為了私利而為男女作媒，私下做飯食，為男女婚嫁占卜，為生男生女占卜，用咒術驅鬼神，行種種幻術，配各種毒藥等）、不敬好時（出家人三業不淨，為在家人男女之交牽線，在一些重要的時日而有殺生等惡業）、不行救贖（見到外道或惡人販賣佛、菩薩之像或經律或修道之人，不能發慈悲心，不能盡力救護、贖回）、損害眾生（做侵害眾生之事，如畜凶器，販賣時少斤減兩）、邪業覺觀（出於惡欲之心而觀看一切不合禮法之事，做賭博、下棋、占卜等事，或為盜賊作合者）、蹔念小乘（起小乘心，外道心）、不發願（不能發十願，即：願孝順父母師僧、願得良師、願得益友、願遇善知識、願修十發趣心，願修十長養心，願修十金剛心，願趣十地，願開悟，如法修行，願持佛戒）、不發誓（不能發大誓，誓不犯戒）、冒難遊行（行頭陀行和安居時，去一些不應該去的危險地方）、乖尊卑次序（不依受戒先後次序而坐）、不修福慧、揀擇授戒（給人授戒時，選擇對象）、為利作師（出於私欲而與人授戒，多收弟子，貪求供養）、為惡人說戒（出

於名利之心而在未受菩薩戒之前就為外道、惡人說此菩薩
戒）、**無慚受施**（不精進修行，卻也不知羞恥地接受施主供
養）、**不供養經典**（惜財輕法，不願意供養經典）、**不教眾
生**（不能以慈悲心為眾生說一切眾生都有佛性之理）、**說法
不如法**（不依說法的規矩而說法）、**非法限制**（不依佛法，
非法限制佛法的發展，比如政府官員，不許新僧出家，不許
建佛像，不許印經，對出家人則別立僧官統制）、**破法**（出
於個人名利之心而破壞佛法）。

　　至於懲治措施，經中講到：「若有犯十重戒者，教懺
悔，在佛、菩薩形像前，日夜六時誦十重四十八輕戒。」
（《梵網經》卷下）實際上犯十重戒者是要受到開除的處分，
逐出僧團。「若犯四十八輕戒者，對首懺悔，罪便得滅。」
（《梵網經》卷下）只行懺悔，而不會被開除。

第六章

道德修行論

道德修行論

　　在禪宗倫理體系中，道德修行、道德認識屬於「形而下」
的層面，是道德本性、道德制度所確定的規範細則的具體行
為化。本章從道德修行的角度討論這一問題。在這一點上，
禪宗有著不同的觀點，最基本的區別，是南北宗之間的頓漸
之別，頓也是指頓修，漸也是指漸修。頓修，實際上就是無
修，以無修為修，是無修之修。這種無修不僅僅在於反對坐
禪，也在於把修行化為現實的日常生活，而不是刻意依某種
方法或程式去修行，更多地突出了禪是生活的特點。無修的
方法，既是一，又是多，從根本性方法來說，就是一個無修
之修，具體地體現在諸家宗風中，又呈現多樣性。除此之
外，禪宗還發展出公案參究法和參話頭的方法，雖然這是禪
修的特殊方法，但是從道德修行的角度看，也是非常有效的
方法。必須提到的是，禪宗還講到修行之難，以修行之難，
而顯示修行之重要。禪宗倫理的基本原理，諸惡莫作，眾善
奉行；口可以說得，身難以行得，這是難，所以鳥窠道林
說：「三歲孩兒雖道得，八十老人行不得。」（《五燈會元》
卷四）中國傳統論知行觀喜好以難易論，禪宗在此，也有此
意。

一、關於修行的一些基本問題

　　道德修行之所以可能，是建立在一些內在的條件基礎之
上，這些內在條件，也就是這裡要討論的關於修行首先必須
注意的一些基本問題。在這一點上，禪宗倫理和傳統佛教是
大致相同的，稍有差別的是，對於立志的問題，傳統佛教很

少直接討論，而禪宗倫理對其十分重視，這也有儒學思想背景的影響，因為立志也是儒家倫理中的重要概念。

1、立志

　　立志，在禪門高僧的觀念中，是修行的第一要訣，立下堅定的志向，下定決心，一定要證得無上菩提，並回向眾生。惠能無相戒中有四弘誓，也就是講的立志問題，永嘉玄覺把「慕道志儀」列為第一，也是表達修道必須先立志的道理。圓悟克勤說：「須是發大丈夫慷慨特達之志。」（《佛果禪師語錄》卷八）宗杲說：「要理會這一著子，先須立決定志。」（《大慧語錄》卷二十三）德清說：「學道人第一要發決定長遠之志。」（《憨山老人夢遊全集》卷三）所謂「決定志」，是指立志的堅定性，任何時候都不動搖，觸境逢緣，不論是順是逆，不論毀譽是非，都要自己把握得住。所謂「長遠志」，從迷到悟，雖然悟是一瞬間，但修行者並不知道自己何時得悟，因此，立志的期限，禪師們都說要「以悟為期」，盡此形壽，乃至三生五生，百生千生，只要不悟，就沒有退轉之期，這是講立志的長期性，也說明，精進是一個與生命相伴隨的過程。但是，更進一步說，即使個人已悟，此志也不應該退轉，還應回向眾生，應該覺他，覺有情，因為禪宗倫理還有一個入世救眾生的使命，有人問趙州從諗，「大善知識為什麼入地獄？」從諗說：「我若不入，阿誰教化汝？」（《五燈會元》卷四）這就體現出這層含義，惠能的弘誓中，也有這一點。

　　回向眾生的問題，蕅益禪師用志氣結合來說明，他結合孟子的觀點，而言志氣：「立身行己之道，志欲剛，氣欲柔。志不剛，不足成千古品格；氣不柔，不足陶多生習

氣。」(《靈峰宗論·法語二》)不自棄，則志剛，不自暴，則氣柔，有志則能上求佛道，有氣則下化眾生，或者說，志剛則荷負眾生，氣柔則承事諸佛。這種回向，也反映出禪宗倫理作為宗教倫理的一種，具有其超越性的一面，超越了世俗倫理的一般要求，這和儒家的平天下不完全相同，平天下更多地是個政治理念，而回向是個道德理念。

試舉一例，說明立志在道德修行中的作用。保寧仁勇禪師，他曾向雪竇重顯求法問道，受到重顯的批評，仁勇心中不服，堂儀一滿，就抽單而去，面向雪竇山方向禮拜說：「我此生行腳參禪，道價若不過雪竇，定不回鄉。」他到長沙參楊岐方會，和白雲守端禪師為師兄弟，後來住保寧（在今南京境內），道播叢林，實現其所立之志，宗杲因此而言：「人之志氣，安可不立也？」(見《宗門武庫》)

志的問題，在儒家倫理中也比較受重視，禪宗倫理強調志，視其為修行之首要條件，和儒學對志的重視之經驗不無關係。儒學中的志，涉及到的主要是意志問題，表示的是道德自覺，以內在的道德意志，而達到道德自覺，也表示極為穩定的心理狀態，不為任何干擾所動。孔子說過：「三軍可奪帥也，匹夫不可奪志也。」(《論語·子罕》)強調意志在成就道德理想中的重要作用。孟子討論了志和氣的關係，「夫志，氣之帥也；氣，體之充也。夫志，至焉，氣，次焉。」(《孟子·公孫丑上》)在道德修行中，志是最重要的，氣（情感修養）相比而言是次要的，人們應該「持其志，勿暴其氣。」(《孟子·公孫丑上》)以持志，作為修行的首要原則，禪宗則以立志為修行的第一原則，二者對志的重要性之看法是相同的。

2、立信

　　立志之後，還要立信。立信，在此有兩層意義，一是確立堅定的信仰或信念，二是樹立信心。以信作為趣入道德境界的根本保證，不信則不得入此境界。對於信，世親曾經分為四種，「一信有，二信不可思議，三信應可得，四信有無量功德。」（《佛性論》卷二）信的作用，傳統佛教中多有論述，比如《大智度論》講：「佛法大海，信為能入。」（《大智度論》卷一）在禪宗方面，早期禪宗中就講：「若聞此法者，生一念信心，此人以發大乘，乃超三界。」（《少室六門》）天如惟則說過：「信為根本，一切佛法由此發生；信為門戶，一切聖賢由此趣入。」（《天如和尚語錄》卷三）信的對立面是不信，是疑，對真理的懷疑，從信仰的角度而論，疑是最大的罪，信是最大的功德，所以，立信，又可能表述為信而無疑，宗杲稱為決定信，決定無疑。決定信，也是強調不論遇到任何情形，不論是順是逆，都不改變其信仰，不起疑心。在禪師們看來，許多人不能修成理想的道德之境，從根本上講，就因為不信，不信禪宗法門，不自信自心佛性。出家的僧人有這種情形，惠能就談到這一點，「少根智人，若聞此法，心不生信。」（敦煌本《壇經》第28節）臨濟義玄說：「如今學道者不得，病在甚處？病在不自信處。」（《古尊宿語錄》卷四）居士佛教也有這種情形，宗杲批評士大夫的參禪，多是缺乏決定信，屬於俗稱的「逃禪」，士大夫們半進半退，「於世事不如意，則火急要參禪，忽然世事遂意，則便罷參，為無決定信故也。」（《大慧語錄》卷十九）這也指出了居士佛教中存在的一個重要問題，這類問題實際上也是自孔子以來的實用性宗教觀的自然

顯現。

信的內容是什麼？天如惟則對此有明確的闡述。一是相信自己的佛性，自己和諸佛諸祖都基於同一個道德本體而存在；二是相信佛祖留下的一言半句，以此為參究的話頭，作為悟處，這反映了惟則話頭禪的修行方法；三是相信世間的名利和各種妄想攀緣，對修行是一種障礙（見《天如和尚語錄》卷三）。從一般的方法論上看，第一信是最為重要的，相信自己本來具有善心、良心，相信自己能夠成就道德理想，有這個基礎，才可以講進一步的修行。修行之難，也難在眾生之不信，如臨濟義玄說的「自家屋裡物不肯信。」（《古尊宿語錄》卷四）

立志和立信兩者的關係，宗杲說，志決定信，「無決定之志，是無決定信矣。」（《大慧語錄》卷二十二）立志是最為重要的，立志之後，信又有其獨特的作用，「若無決定志，則不能深入如來大寂滅海，無決定信，則於古人言句及教乘文字中不能動轉。」（《大慧語錄》卷二十二）這些觀點，都是非常具有啟發意義的。

信所強調的是道德信仰的確立，而道德信仰作為對道德理想和道德境界的崇拜，在道德生活中具有極為重要的作用，這正是禪宗倫理所注重的。

3、精進

佛教講的五無漏根，首先是信根和進根，然後才是念根、定根和慧根，在確立信仰和信心之後，具體涉及的就是努力修行的問題了，於是要講到精進。精進，大小乘佛教都十分重視，三十七道品中，五根之第二根的是精進根，八正道中，有正精進，精進也是大乘佛教倫理中六度之一，指努

力為善去惡，毫不懈怠，勇猛策進。精進和無修是否有邏輯上的衝突？沒有，無修，是不刻意地依照規定性的程式去專門修習，不去看心看淨，而是在日常生活中的事事物物上體現佛理，因為理在事中，事能顯理，在修行上，就體現為即事成事，立處皆真的模式，精進，就是要在事事物物上尋求體會佛理。既立志，又立信，若缺了精進，還是一事無成。這種努力修行的要求，也是通用性的方法論。

惠能教人努力，「努力修道莫悠悠，忽然虛度一世休。」（敦煌本《壇經》第33節）這是講精進。慧海也如此說，「莫求一世虛名快樂，不覺長劫受殃，努力努力！」（《大珠慧海語錄》卷上）百丈懷海要求從當下做起，而不是要等到臨死才想起精進修行，那時已來不及了，「若怕臨終之時惶狂不得自由，即須如今便自由始得。」（《古尊宿語錄》卷一）「即如今」，就是要考慮當下如何修行，這也就是寶峰惟照禪師所說的，要思考個「正當今日，你是何人？」（《五燈會元》卷十四）進一步而言，是要思考，正當今日，你應該怎麼辦？要精進。

為什麼要精進，一個簡單的道理，相對而言，人生是十分短暫的瞬間，要抓緊有限的時機，爭取有個徹底的了悟，雪巖祖欽（？-1287）從三世輪迴的角度講到這一點，「時不待人，轉眼便是來生，何不乘身強力健，打教徹去？計教明白去？」（《禪關策進》）「打教徹」，「計教明白」，都是說要明瞭道德本性，明瞭佛性，成就解脫大事。此間道理，不須多言。

如何精進？圓悟克勤曾舉過兩例以說明之。譬如欠人家二三百萬貫錢，擔心還不清，又有還錢的誠意，但只要有此誠意，不愁還不清。又譬如母雞抱蛋，必須暖氣相接，中間

不能間斷，如有間斷，十年也不成（見《克勤語錄》卷九）。由此可知，精進一要有誠心，二要有恆心。這是一般的方法。

黃檗希運對於精進，有一段名言：「不是一翻寒徹骨，爭得梅花撲鼻香？」（《黃檗禪師宛陵錄》，《大正藏》本）這是說修行的艱苦，更要花一番苦功，不能吃苦，要說精進，只能是虛言而已。南宋以後的禪宗，對這一點更加重視。

精進苦修者，叢林中不乏其人，以治昏睡為例，略舉幾則，以示精進修行之難（均見《禪關策進》）。

靜琳禪師，習禪時常入昏睡中，亂惑自心。他選擇了一處懸崖，從崖頂下望，深不見底，崖邊長出一棵樹，他在樹上鋪草，趺坐草上，以怕死之心，終於去除了嗜睡之心。他的故事，叢林中稱為「懸崖坐樹」。

慈明禪師和其他二僧一起參汾陽禪師，天氣大寒，慈明志在於道，沒有退心，夜坐欲睡，就以錐自刺。最後他成為汾陽的嗣法弟子，號為「西河師子」。他的故事，叢林中稱為「引錐自刺」。

壽峰禪師，有一次閉關時，關中不設臥具，只有一只凳子。一天晚上昏睡，不知不覺睡到半夜，他就去掉凳子，或行或立，後來又倚在牆壁上睡著了，他又發誓決不倚壁。身體疲勞時，睡意更重，他只得在佛前號哭，後來千方百計根治了睡魔。他的故事，叢林中稱為「關中刻苦」。

4、關於修行方法的其他開示

禪師們對於修行，有著豐富的經驗積累，許多指導性意見，對於禪的修行，都是極具針對性和啟發性的，不妨錄下

幾則。

玄沙師備強調勤苦忍耐。他說，一般而言，參禪學般若，需要有大根器，大智慧，但對於根機遲鈍，即先天的生理條件、心理素質及與悟修有關的各種能力較低的人，就應該根據自身的情形，下一番艱苦的功夫，「直須勤苦忍耐，日夜忘疲，如喪考妣相似。」(《禪關策進‧諸祖法語節要第一》)

永明延壽主張親近知識。這是強調親近善知識，善知識是功業成就之人，也是道德圓滿之人。參禪者遇善知識，都應該親近，獲得加持，即使當時不能覺悟，終究有助於為善去惡，「若逢真正導師，切須勤心親近。假使參而未徹，學而未成，歷在耳根，永為道種，世世不落惡趣，生生不失人身，才出頭來，一聞千悟。」(《禪關策進‧諸祖法語節要第一》)

黃龍死心重視今生解脫。從佛教的原理來說，人當然有前世、現世和來世，但對於參禪者來說，應該立足於今生現世成就解脫，「人身難得，佛法難聞，此身不向今生度，更向何生度此身？」(《禪關策進‧諸祖法語節要第一》) 因此必須抓緊現世的每一時刻，努力修行。

天目中峰禪師一口氣說出了修行的十個最要緊：

最要緊是把得住；

最要緊是放得下；

最要緊是不隨順境、逆境轉；

最要緊是做得主定，立得腳牢；

最要緊是耐得枯淡，守得寂寞；

最要緊是識得眼前破，不被世間一切境界迷惑；

最要緊是寒不思衣，饑不求食，眼不隨色，耳不逐聲；

最要緊是一個身心如鐵橛子，不受一切禪道佛法穿鑿；

最要緊是如果不悟，就決不會生起第二個念頭；

更有一件最要緊的，是要達到這樣的境界：口未開時，已經是說了，筆未動時，已經是寫了。參未透時，已經是悟了（見《天目中峰和尚廣錄》卷四之上）。

二、漸修方法

修行方法，從實現道德理想的速度來說，無非是漸和頓兩種，一種是漸進的，甚至是緩慢的，另一種是迅捷的。漸修的方法，有人引申為養身方法，養神技巧，類似於「氣功」，但在禪宗的倫理體系中，它更多地是個道德修行方法，即使是作為養身方法，也是強調和養德相結合的，以養德為基礎的。漸修強調實現道德境界的漸進性，實際上也說明道德的層次的觀點。漸修方法的基本目的是調息調身，有通用型的規範，固定化的方法，這與頓修方法是有區別的。

1、漸漸拂拭

禪宗之北宗，如智詵、神秀、保唐、宣什門下，多用漸修的方式致悟，牛頭宗、天臺宗的入門方便，也用漸修，這種方法在唐代以後的禪宗中也沒有消失，通過漸修，漸漸磨去煩惱汙染，使佛性漸漸顯現。宗密對此方法有一個歸納：

> 遠離憒鬧，住閑靜處，調身調息，跏趺宴坐，舌拄上齶，心注一境。（《禪源諸詮集都序》卷二）

這就是定的方法，坐禪的方法，這種坐禪，在紫柏真可看

來，是下劣坐，最低層次的禪坐，「下劣坐者，但能舌拄齦齶，齒關謹密，雙手握拳夾脊，天柱挺豎不攲，以信力為主，或持半偈，或持佛號及咒，上有嚴師護持，下有法侶夾輔，是謂下劣坐也。」（《紫柏尊者全集》卷三）

禪宗的修行法，從達摩以來，就強調漸修，達摩的壁觀，在形式上，也是漸修。道信針對不同根性的修學者，施設有不同的方法，對於下根眾生，講看心看淨，通過這種方法，使心專精不動，守一不移，一於道德本體，不離於此，「其心欲馳散，急手還攝來。」（《楞伽師資記》）。特別是對於初學看心方法的人，道信強調必須遵守規範性的技巧，要獨坐一處，先調身，端身正坐，寬衣解帶，身體放鬆，再調息，自我按摩七八次，使腹中濁氣出盡，使心中感到清虛恬淨，再進一步調心，保持氣息的清冷，慢慢收斂自心，達到「神道清利，心地明淨」的境界（見《楞伽師資記》）。道信自己除了勞動，就是閉門靜坐。弘忍也是白天勞動，晚上靜坐至天亮，靜坐的方法，對於一般人，端身正坐之後，身心放鬆，就可以看空中的一個字，盡量往虛空深處看，這樣逐漸增長修行次第。對於初學漸修的人，因為心中雜念較多，就可以看心中的一個字（見《楞伽師資記》）。這種「看一字法」，是通過看意想中的一個字，使心凝聚收斂於一境，漸漸消除雜念，久而久之，自然有收益。

神秀的禪修，也講靜修，《楞伽師資記》稱其為「禪燈默照」。如何默照？惠能稱之為「看心看淨」，看心，是內觀自心，看淨，是觀自心的清淨本性，神秀這樣講看心看淨：

看心若淨，名淨心地。若卷縮身心，放曠遠

看，平等盡虛空看。（《大乘無生方便門》）

　　看淨，細細看，即用淨心眼無邊無涯除遠看。（《大乘無生方便門》）

　　向前遠看，向後遠看，四維上下一時平等看，盡虛空看，長用淨心眼看，莫間斷，亦不限多少看。（《大乘無生方便門》）

這和弘忍講看虛空中一個字是同樣的意義。看心看淨是一個長期的修行過程，因此稱此為漸修，南宗人則稱為「時時勤拂拭」。神秀門下，也是修此法，修行過程是「凝心入定，住心看心，起心外照，攝心內證。」（《答崇遠法師問》）普寂禪師，就以「寶鏡磨拂」為修行方法，和神秀的方法一致。

2、淨修三業

　　對於趣入禪境之前的入道方便，不只是早期禪宗講，北宗講，南宗也講。永嘉玄覺對此專門作有討論，將這一方便所修習的內容立為十門：一、立志修道；二、戒驕奢；三、淨修三業；四、修止（奢摩他），止息諸惡法；五、修觀（毗婆舍那）；六、修平等（優畢叉），使止觀雙等；七、入三乘；八、明理事不二；九、勸友人習道；十、發心度一切眾生。這也可以看出，禪宗倫理的理想，不只在於個人的解脫，不只在於成就個人的道德境界，而要使一切人都同趣解脫。這裡講的淨修三業，全是道德修行，去除的是身口意三方面存在的惡業，趣向三業之善。

　　首先是淨修身業，去除人的行為方面的惡，基本原則，是「不殺不盜，放生布施，不行淫穢，常修梵行。」（《禪宗

永嘉集·淨修三業》）具體的內容，要求在行住坐臥四威儀中，以慈悲心，不傷物命，不管是什麼樣的生命類型，都細加愛護，對蠢動蜎飛，都要方便救護；對於他人的財物，不與則不取；對於貧窮乞丐，行施捨，不求報恩；對於女色，不應染著，女色繫縛，百千萬劫。這是五戒和大乘六度中的一些內容，也可以看出宗教倫理的超越性特點。

其次是淨修口業，儒家也有這方面的要求，非禮勿言。佛教認為，口有四過：一生死根本，二增長眾惡，三傾覆萬行，四遞相是非。淨修口業，就要除口之四惡，說四種實語：一正直語，二柔軟語，三和合語，四如實語。正直語有兩種，一是稱法而說，二是稱理而說。稱法而說，依佛法原則而說，以正信的佛法而說，能使聽者信解明瞭；稱理而說，依佛法真理而說，能使聽者解除疑惑。以正直語對治綺語，即一切雜穢無義之語，綺語是十惡之一。柔軟語也有兩種，一是安慰語，二是宮商清雅之語。安慰語能使聽者產生歡喜親近的感覺，宮商清雅之語以其音樂般的清新雅致的語調，能使聽者產生喜悅之心。以柔軟語對治惡口，言辭粗鄙的惡語，惡口也是十惡之一。和合語也有兩種，一是和事之語，二是和理之語。和事之語，見有人諍鬥，加以諫勸，舍除諍心和合相處。和理之語，見有人不思精進，有退菩提心，勸其精進，為其指示煩惱和菩提平等一相之理。以和合語對治兩舌，即離間語，挑撥離間，破壞人與人之間的親和關係，兩舌也是十惡之一。如實語也有兩種，一是事實語，二是理實語。事實語依照事實的實際存在狀況而言其真實，有就說有，無則稱無，是就說是，非則稱非，不能是非顛倒。理實語，所說語言要反映佛教一切眾生都有佛性之理。以如實語對治妄語，即虛妄之語，特別是欺騙他人的虛妄之

語，妄語也是十惡之一。

第三是淨修意業，去除心中的惡念。基本的修行原則是，深思心為善惡之源，善惡都從自心生起，自心的邪念因緣，能生萬惡，自心的正觀因緣，能生萬善。什麼是邪念？由於無明，不了我法的本性，產生堅固的我見，因而有貪欲，有瞋恚，有邪見，執著一切假象為實有，心生染著。淨修意業就是要使修行者了知邪念為眾惡之本，能制而不隨。什麼是正觀？了悟禪宗的不二法門，彼我不二，色心不二，菩提與煩惱不二，生死與涅槃不二。修行者能持此正觀因緣，就可以萬惑皆遣，境智雙忘，心源清淨。

3、禪燈默照

這是指默照禪修行的方法。默照禪是由宏智正覺所倡導的修行方法，從頓漸角度來區分，其形式上大致可以歸入漸修一類，不過卻是禪坐中的增上坐。

默照禪之「默」，是指禪定，默心坐禪，「照」，是指觀照，以智慧鑒照靈心之體，正覺稱之為「淵湛寂默，徹照源底，個處虛而靈，廓而明。」（《宏智禪師廣錄》卷六）。這是一種向內修證法，「須清心潛神，默遊內觀，徹見法源。」（《宏智禪師廣錄》卷六）或者說，須「枯寒心念，休歇餘緣，一味揩磨此一片田地，直是誅詛盡草莽，四至界畔，了無一毫許汙染，靈而明，廓而瑩，照徹體前。」（《宏智禪師廣錄》卷六）在理論上，他強調的是惡的障礙之深，雖有智慧本性，而被塵土埋沒，他稱為「癡覆慧」，所以要有一個揩磨的功夫。這個揩磨，和北宗神秀的拂拭、普寂的磨拂似乎是一樣的，但正覺本人都批評神秀的漸修，重申惠能的觀點，「菩提無樹境非台，虛靜光明不受埃。」（《宏智

禪師廣錄》卷四）對於禪坐或靜坐，紫柏真可區分了三種，一是下劣坐，二是平等坐，三是增上坐。正覺的坐，可以歸入增上坐之列，也是坐而非坐，保持了坐的形式。

儘管如此，這種方法還是遭到大慧宗杲的猛烈批評，稱之為「邪禪」，「而今諸方有一般默照邪禪，見士大夫為塵勞所障，方寸不寧帖，便教他寒灰枯木去，一條白練去，古廟香爐去，冷湫湫去，將這個休歇人，爾道，還休歇得嗎？」（《大慧普覺禪師語錄》卷十七）宗杲這是以石霜慶諸（807－888）「七去」法門中的四去來解釋默照禪。宗杲認為，把靜坐作為方便則可，執著於這種方便，則成病，默照禪正是這種執著。批評歸批評，兩人的私交也是很好的，宗杲視正覺為知音，「個是天童老古錐，妙喜知音更有誰？」（《大慧普覺禪師語錄》卷十二）破法不破人，也為人際關係的相處留下了良好的榜樣。但默照禪的方法，也並非如宗杲所批評的一無是處，這種修行方法有其適應之處，正因為如此，受到了許多士大夫的歡迎。

4、念佛法門

這是念佛禪的方法。念佛禪在禪宗修行的方法中其實有很早的歷史，在道信門下的「一行三昧」就是念佛法門，但這和後來的念佛禪還是不同，在北宗的一些禪法中，也有念佛禪，如淨眾宗和宣什的南山念佛宗。契嵩持「禪淨一致」論，引起禪界共鳴，念佛禪則禪淨一致論中最為突出的修行方法，明清佛教更為盛行，其基本內容是特指禪宗引入淨土宗的念佛修養方法，特別是念佛名號的方法，將禪修和念佛結合起來。念佛禪的修行方法，從頓漸角度來區分，大致可以歸入漸修一類。

念佛禪得以流行的一個原因是其體現出的方便性，惠能禪法的頓悟頓修方法，作為一個啟蒙口號，具有其特殊作用；作為具體的修行方法，則是針對上根眾生的。對於中下根眾生，有人發展出頓悟漸修方法，但隨著禪淨融合的深入，有人推薦淨土宗的念佛方法，是最為方法的修行法，永覺元賢說：「淨心之法，佛有多門，求其最為簡徑易行，直出輪回者，無若念佛之也。」（《永覺和尚禪余內集》卷五）正因為簡易，適應面就很廣，不需要你有多大學問，有多大才幹，不論是老是少，是貴是賤，是僧是俗，是男是女，只要念一聲阿彌陀佛，「現身即彌陀，踞蓮華台。」（《永覺和尚禪余內集》卷五）紫柏真可亦說：「念佛法門，最為簡便。」（《紫柏尊者全集》卷八）智旭則稱念佛三昧為一切三昧之本，又是一切三昧的終極歸趣，「種種三昧，無不從此三昧流出，無不還歸此三昧。」（《示念佛三昧》，《靈峰宗論》卷四之一）體現出禪宗淨土化的傾向。形式簡單的念頭佛法門的流行，也反映出中國文化中喜簡厭繁的心理。

念佛之念，口念只是表象，根源在於心念，心口一致。口念心不念，蓮池袾宏稱為「讀佛」，「讀佛」給念佛方法帶來不利的名聲，使得稍有些根機的人就看不起此種方法，「世人稍利根，便輕視念佛，謂是愚夫愚婦勾當。彼徒見愚夫愚婦口誦佛名，心遊千里，而不知此等是名讀佛，非念佛也。念從心心思憶而不忘，故名曰念。」（《竹窗隨筆》）袾宏的看法是，念佛方法是普遍適用的禪修方法，即使是利根眾生也可行此法。

念佛禪是漸修法門，不是念一聲，而是念念不斷，「行住坐臥之中，一句彌陀莫斷。」（《禪關策進》）甚至睡夢中也不忘念佛，「直須睡夢中念佛不斷，方有出苦分。」（《紫

柏尊者全集》卷八）可見念佛方法，也是似簡而實繁，似易
而實難的。

　　明清時期的念佛禪，是禪宗對於廣泛流行的淨土宗修行
方法的吸收，這種融合的心態說明，在道德修行上，應該有
一個開放的胸懷，吸收一切對修行者自身合理的、有效的方
法，而不拘泥於一種，沒有不變的陳規。

三、無修方法

　　南宗門下的修行，以無修為特色，所謂無修，其實是無
漸修，反對漸修，反對通過坐禪慢慢覺悟，而把修行化為日
常的生活，化為個性化的，有針對性的生活，生活中無一處
不是修，而不是要依照規範的通用格式去禪定才叫修。如果
說這是修行的話，可以稱其為無修之修，以無修為修，在方
法論上，與禪宗的無法之法、無得之得都是一致的。禪宗是
把無修之修當作上根修行法的。

1、重釋禪定

　　無修所反對的修行方式，是北宗的漸修，而漸修卻是依
照佛教的禪觀傳統而修的，從惠能開始，對傳統的關於禪定
的理論進行重新解釋，體現出對傳統禪觀的突破，並以此證
明無修。南宗反對漸修的根本原因，是對於宗教信仰的看
法，「道由心悟，豈在坐也？」（宗寶本《壇經·護法品》）
對於禪宗，要有真心的信仰，並有真正的覺悟，並不在於追
求一個外在的坐禪形式，沒有信解的坐禪，只是裝腔作勢，
裝模作樣，臨濟義玄經常警告人們，「且要平常，莫作模
樣。」（《古尊宿語錄》卷四）警告的就是這類無信之修，無
解之修，單純追求外在形式的形式主義的修行。

關於坐禪，惠能解釋為，「一切無礙，外於一切境界上念不起為坐，見本性不亂為禪。」（敦煌本《壇經》第19節）

關於禪定，惠能解釋為，「外離相即禪，內不亂即定。外禪內定，故名禪定。」（敦煌本《壇經》第19節）如何坐禪？如果說還要使用坐禪這個概念，那麼，惠能認為，就是這樣的坐禪，「此法門中坐禪，元不著心，亦不著淨，亦不言不動。」（敦煌本《壇經》第18節）。這都和傳統的解釋有別。

神會稱這樣的禪定為大乘禪定，「大乘定者，不用心，[不看心，]不看淨，不觀空，不住心，不澄心，不遠看，不近看，無十方，不降伏，無怖畏，無分別，不沈空，不住寂，不一妄想不生，是大乘禪定。」（巴黎本《南陽和尚問答雜徵義》第50節，《神會和尚禪話錄》）

關於一行三昧，惠能解釋為，「一行三昧者，於一切時中，行住坐臥，常行直心是。……迷人著法相，執一行三昧，直言坐不動。除妄不起心，即是一行三昧。」（敦煌本《壇經》第14節）一行三昧傳統的解釋，有兩方面的意義。從理上說，「法界一相，繫緣法界，是名一行三時昧。」（《文殊說般若經》卷下）。即以法界為觀想對象，這是一種修行之禪定法。從事上說，「欲入一行三昧，應處空閒，舍諸亂意，不取相貌，繫心一佛，專稱名字，隨佛方所端身正向，能於一佛念念相續，即是念中能見過去、未來、現在諸佛。」（《文殊說般若經》卷下）這是一種修行的念佛法門。四祖道信從念佛角度講一行三昧；而神秀等人，依惠能的看法，就是從漸修靜坐角度理解一行三昧，而惠能理解的一行三昧，就是無修之修，具體體現為常行直心。惠能直心的概念，來自於《維摩詰經》，是質直無偽之心，不是諂曲虛偽

之心，直心本身就是個道德規範，由此可見，惠能是從道德的角度解釋直心，解釋一行三昧。日常之行住坐臥之中，時時保持質直無偽之心，就是修行。

神秀以「自淨其意名為定」強調了自心染汙的作用，惠能講「心地無亂自性定」（敦煌本《壇經》第41節）宗密批評神秀北宗的缺陷在於「不覺妄念本空，心性本淨。」（《禪門師資承襲圖》第二）把覆蓋本心的煩惱染汙執著為實有，所以要時時去拂拭。惠能認為，心的特徵就是妄念的顯現，惠能這裡講的心，實際上相當於唯識宗講的六識。妄念煩惱特點是虛空，空幻不實，根本不需要再去觀照，去看心。人性的特徵是清淨，本來就是清淨的，因此也不需要去觀照，去看淨，所以說，「若言看心，心元是妄，妄如幻故，無所看也。若言看淨，人性本淨，為妄念故，蓋覆真如，離妄念，本清淨。不見自性本淨，起心看淨，卻生淨妄。」（敦煌本《壇經》第18節）神秀的看心看淨，在惠能看來，反映了對心性特徵之認識的錯誤。惠能還講到，北宗人所修的禪定，實際上只是身不動，而不是性不動，真正的性不動，表現為對他人的錯誤不去評說，而修不動行的人們，卻一開口就議論他人的缺點，「迷人自身不動，開口即說人是非，與道違背。」（敦煌本《壇經》第18節）這不是真修行，也不是做人的真正道理。這也說明，對於禪修的技術，惠能是時刻從做人的角度去要求，從道德的角度去認識的。

惠能的這種反對漸修的無修理念為禪界所繼承，成為一種禪修的傳統，在叢林法語中經常可以看到這種提示：

司空山本淨禪師說：「道體本無修，不修自合道。若起修道心，此人不會道。」（《景德傳燈錄》卷五）

南嶽懷讓說：「若學坐禪，禪非坐臥。」（《古尊宿語錄》

卷一）

馬祖道一說：「道不用修，但莫染汙。」（《馬祖》，
《指月錄》卷五）什麼叫染汙，道一認為，有修就是染汙，
「法性本有，有不假修。禪不屬坐，坐即有著。」（《馬
祖》，《指月錄》卷五）

黃檗希運稱叢林中所傳的參禪學道方法，通過漸修得道
的方法，是淺根法，鈍根法，「接引鈍根人語，未可依憑。」
（《黃檗禪師傳心法要》）

臨濟義玄則稱坐禪觀心是外道法，「有一般瞎禿子，飽
吃飯了，便坐禪觀行，把捉念漏，不令放起，厭喧求靜，是
外道法。」（《臨濟禪師語錄》）

天如和尚舉了一個很有意思的例子來說明無修法門：女
子臨出嫁時，治家作活之法，一一請教父母，惟有生子養
子，不待教而自能（見《天如和尚語錄》卷一）。也就是
說，禪法最根本的部分，禪宗倫理中最本質的部分，是不需
要通過修行獲取的，人們天生有無修而得的本能。

2、無念法門

為了說明無修之修，惠能提出了無念方法，這個無念，
實際上代表著「三無」，是無念、無相、無住，「無念為
宗，無相為體，無住為本。」（敦煌本《壇經》第17節）

何為無念？惠能作了兩層解釋：

解釋之一：「無念者，於念而不念。」（敦煌本《壇經》
第17節）

惠能的無念，不是沒有一念存於心，不是什麼都不思
考，不是坐下來去看心看淨，磨塵去垢，其實是有念的，有
念而不被念染，是即有念而無念，「於念而不念」，前一個

「念」，乃是人們日常生活中精神狀態或心理狀態的體現，是阿賴耶層次的心，乃至前七識層次上的心，含染含淨，有善有惡，而更多的是被稱為妄念之念。後一個「念」，即不以妄念為念，不被妄念所纏，所染，念念無住，無所停駐，一有停駐，心識一指向某一對象，就是執著，從這個角度看，無念也叫無住。神會對這層意思有較好的發揮，他說：

> 不念有無，不念善惡，不念有邊際無邊際，
> 不念有限量[無限量]，不念菩提，不以菩提為
> 念，不念涅槃，不以涅槃為念，是為無念。（《神
> 會禪師語錄》第14節）

這就是不執著於任何一念，不論是善念還是惡念，即使是善念，是思量追求解脫的好事，一有所思，也成執著，所以禪家說：「金屑雖貴，落眼成翳。」（《法演禪師語錄》卷中）又說好事不如無。

解釋之二：「無者，離二相諸塵勞；念者，念真如本性。」（敦煌本《壇經》第17節）

惠能對無念的進一步詮解，是分別對「無」和「念」作出說明。單獨一個「無」，表示否定，遮，否定的二相塵勞指的是生滅、有無、一多、來去、人我等兩邊分別、邊見，也就是妄念，不悟佛教中道法門而生的妄想執著，用《大乘起信論》的術語，也就是「離念」。單獨一個「念」，表示念不是無，又是有的，是念真如本性，這在惠能也就是佛性、人性的同義詞。惠能以「體用」的範疇來說明真如之念，「真如是念之體，念是真如之用。」（敦煌本《壇經》第17節）

　　由此兩條解釋看，惠能的無念論是建立在對真如之性的認識基礎上對妄念的無執，去除妄念，不是要去做一個離念的漸修功夫，而是即妄念本身而看其空性。惠能講的是即妄念而離，不把真性和妄念看作兩截，只要認得真性，於萬象中，不必出離，即染而無染，「自性起念，雖即見聞覺知，不染萬境，而常自在。」（同上）

　　對於無念，洪州門下稱「心如木石」，百丈懷海說：「一切諸法莫記憶，莫緣念，放舍身心，令其自在，心如木石，無所辨別。」（《景德傳燈錄》卷六）黃檗希運講，「如如之體，內如木石，不動不搖。」「何不與我心心同虛空去？如枯木石頭去？如寒灰死火去？」（《黃檗斷際禪師傳心法要》）以枯木石頭，喻心無執著，沒有二邊分別之塵勞。

　　何謂無相？「無相者，於相而離相。」（敦煌本《壇經》第 17 節）

　　這種觀點的理論基礎是《金剛經》代表的空觀，經中說，「凡所有相，皆是虛妄。」惠能要求從事物本身當下就認識其虛空之性，不是離物而講空。無相，不是純粹的離相，而是即相而離相，就事相本身看到其虛性，就是離相。

　　落實到具體的日常修行中，「於相而離相」必須像《維摩經》所說的那樣，才能體現無相的修行境界。《維摩經・方便品》云：「入諸淫舍，示欲之過，入諸酒肆，能立其志。」戒淫和戒酒是五戒中兩大基本戒，貪淫和好酒，是兩大極惡之事，要能夠入於其中而不染，透徹其空性，方能真正做到即物之自虛，於相而離相，類似的看法，惠能也是有的，他說：「淫性本是清淨因，除淫即無淨性身。」（敦煌本《壇經》第 53 節）正是要從淫中看到淨，即淫而淨。維摩居士和惠能在此並不是要誨淫勸酒，不是鼓勵虛生浪死，

如果想以此為好色好酒的依據，是對這種觀點的惡意誤讀，
維摩詰和惠能都是用兩個極端的事相來說明無相之理，能做
到這一點，何相不能即而離？

何謂無住？

> 無住者，為人本性。念念不住，前念、今
> 念、後念，念念相續，無有斷絕。若一念斷絕，
> 法身即是離色身。念念時中，於一切法上無住，
> 一念若住，念念即住，名繫縛。於一切[法]上念
> 念不住，即無縛也。此是以無住為本。（敦煌本
> 《壇經》第17節）

這是惠能對無住法門的一段集中而明確的表述，有四層意
思：一是從人的本性高度確定無住論的地位，二是無住的基
本含義，三是反證，四是對無住之基本意義的深化。

無住的基本含義是念念不停留，「住」有停頓、止息、
不動等義，人的意識是一個自然流淌的過程，自由運動的過
程，沒有阻滯，不受一法干擾，不被一念所纏。與無住相對
的應是有住，什麼叫有住？對某一事法引起興趣，加以注
意，意識集中、停滯於某一處，是為住，這種住，在傳統的
禪法中稱為「定」，惠能稱之為「斷絕」、「繫縛」，意識
流動狀態的中斷。

一旦流動之念被中斷，會造成什麼樣的後果？惠能提出
反證，「法身即是離色身」，表示精神將會離開肉體，剩下
的將是毫無意識能力的軀體，人在現世的生命就會完結。精
神到何處去了？它將進入新的輪迴，尋找新的載體去了，
「一念斷即死，別處受生。」（敦煌本《壇經》第17節）一

念有住，那就不能超出生死輪迴，不能得解脫。

　　無住為什麼要提到「本」的位置？惠能進一步提出他關於無住的觀點，無住不是對某一件事法的無繫縛、不斷絕，而是要把無住落實到對每一件事法的看法上，「於一切法上念念不住」，這實際上就把無住提高到了本體的意義，同時，無住也具有了方法論的意義，從這種意義上，惠能提出其「無住為本」論。

　　惠能由此證明，念念不住的無住是人的本性，人們的世俗的生活處在不斷流淌的意識之中，佛性或人性，不是離開眾生的流淌中的意識而孤立地存在，反而就在於這些意識之中，或者說，佛性存在於煩惱之中，善性存在於惡業之中，揭示了道德生活的複雜性。

　　大珠慧海把無住解釋成不住一切處，「不住一切處者，不住善惡、有無、內外、中間；不住空，亦不住不空；不住定，亦不住不定，即是不住一切處。只個不住一切處，即是住處也。得如是者，即名無住心也，無住心者是佛心。」（《大珠慧海禪師語錄》卷上）這和惠能的意思一致的。

3、無修之修

　　用一多關係來看，無修之修是一，是根本的方法論，而具體的無修法門又是多，呈現多樣化的特點，特別具有個性化的特色，叢林中強調的宗風，就在這裡多姿多彩地顯現出來。這種關係，可以表述為一而多，多而一。其基本原則，是把禪修化為具體的日常生活，禪就是生活，可以將其理解為一種道德生活論，同時，這種生活方式，又是道德境界的具體體現，禪宗的道德境界，並不表現為對某種崇高觀念的單純的口誦、傳播，而是表現為在日常生活中親身體現。

這種無修之修，表現出來的多樣性，至少可以這樣解釋：

以作務為修，即以勞動為修。修行體現在農業勞動之中，也體現在日常生活所需要的各種勞動之中。從禪理上看，禪宗是以「擔水砍柴，無非妙道」來解釋作務的倫理意義的，龐蘊居士說「神通並妙用，運水及般[搬]柴。」（《景德傳燈錄》卷八）所說正是此意。從另一個角度看，也突出了禪宗之自立精神的經濟學意義，經濟生活的自給自足，這樣，乞食這一佛教的傳統，在禪宗中就不必存在了。這也是回應歷史上對佛教的批評，特別是經濟層面的批評。

以任運為修。任運是洪州禪特別喜好使用的概念，或稱任運騰騰。對事法不加人為的干涉，隨順事物本身的特點而運行，和道家的無為有相近的意義，是一種自然之法，教家之淨土宗就稱為「自然任運」，「自然任運，自利利他。」（《往生禮讚偈》）當然也可以將其理解為隨緣，隨方而方，隨圓而圓。從禪理上看，禪宗是以「舉足下足，皆是道場」來解釋日常生活的倫理意義的。

以平常為修。平常，與宏大想、奇特想不同，是在日常平凡小事中，體現禪的無修，在此需要的是平常心，而對於禪僧來說，平常心，指行住坐臥四威儀之心，或者就是日常起居之心，並沒有任何奇特之處，穿衣吃飯喝茶之平常事，都是修行之事。道德生活也就體現在其中。從禪理上看，禪宗是以「平常心是道」來解釋這種修行的意義。

以無事為修。無事是指無求，特別是向外求索，向自心外求佛還應祖。無事就是無修之修，以無事為貴人。但平常和無事禪曾受到大慧忠杲的批評，他認為，平常無事之禪不求妙悟，只講坐禪，「照覺以平常無事為修，不立知見解會

為道，更不求妙悟。」(《宗門武庫》) 這是特指東林常總的坐禪法門，而不是對一般意義上的無事為修的批評。

以無心為修。無心，也是指所無求之心，無分別之心。從禪理上看，禪宗以無心是佛、無心是道來解釋這種修行的意義。

四、公案和話頭

公案話頭之始，袾宏認為是黃蘗希運。黃蘗講：「若是丈夫漢，看個公案。僧問趙州：狗子還有佛性也無？州云：無。但二六時中，看個無字，畫參夜參。」忽然間就會心花頓發，悟佛祖之機。袾宏說：「此後代提公案、看話頭之始也。」(《禪關策進·諸祖法語節要》) 公案禪始於唐末，流行於宋代。以參話頭而成禪風的，是大慧忠杲的首創，此種禪叫看話禪，流行於宋元明清之際的叢林中。公案和話頭還是有區別的，佛祖的機緣，稱公案，話頭則側重於佛祖的言說，行為的成份較少。佛是理想道德的化身，祖師也是理想道德的實現者，他們的言行，自然帶有十分豐富的道德資源，對其加以研究，能揭示出其普遍的道德意義，只是這種方法，在傳統的頓漸之分中，是很難歸屬的。

1、公案禪

公案，是佛祖機緣的記錄，即是諸佛和歷史上高僧大德的言行記錄，這些言行，由於對禪修禪悟有啟發和指導作用，而受到叢林的尊重，猶如官府（公府）中的案牘，具有法律般的作用，「公者，乃聖賢一其轍，天下同其途之至理也；案者，乃記聖賢為理之正文也。」(《禪林象器箋·經錄門》) 公，代表著聖賢設定的統一規則，這種規則是人們應

該遵從的最好的道理;案,是對聖賢處理事情的文字記錄。從倫理的角度看,公案是記載著得道者們的道德生活和觀念的具體案例。

公案的作用,《碧岩錄·三教老人序》分析為三條。第一,據獄定罪的作用。有的人在修行完成之後,卻並沒有徹悟,還有錯誤的見解在,很可能落入野狐禪,在這樣的情形下,禪師用公案來校驗,一絲一毫情執都不放過,在一呵一喝之中,往往就能使其悟入禪趣,這就像官吏據罪定案,不放過任一情款。第二,執法平反的作用。在學人處於模稜兩可的難以選擇之境,猶如在追尋亡羊至歧路時,公案就是航海時的羅盤,必定要依據的指南,禪師據公案,在一陣棒喝之中,一道傷痕中,就能使其覺悟。這就像廷尉執法,替人平反,救人於死地。第三,讀律知法的作用。在修行中,人們會有各種不同情況出現,就像人走路,一不小心,會踏了人家禾苗,自然心憂不已,要是犯下了像偷人家驢子這樣的大事,就更嚴重了,所以修行一定要專心。禪師據公案,使學人的每一個舉動,每一次參請,都能符合公案,公案的作用,就像官府頒佈的條令,人們讀後,就知道善惡區分,惡念才出,旋即寢滅。

一般認為,叢林公案有一千七百則,但叢林中常提撕的也就幾百則,《碧岩錄》、《從容錄》、《虛堂集》都記載百則公案,《無門關》載四十八則。禪宗的修行,像惠能這樣的祖師,能依自心而頓悟,但這樣的古德,事實上越來越少,這些古德的言行,就成為後人修行的範本,研習的對象,形成公案參究法。後人修行,參個公案就行了,五祖法演說:「舉則公案,事事成辦;向外馳求,癡漢癡漢。」(《古尊宿語錄》卷二十二)

那麼公案如何參法？這在叢林中還有個發展變化過程，總的來說，涉及到對語言文字的大量運用。首先是拈古，把諸佛諸祖的機緣拈提出來，作為參究的對象，汾陽善昭首創系統的拈古方法，其《汾陽無德禪師語錄》卷中拈提出公案百則，叢林中拈古遂成風尚。在此基礎上有舉古，舉古是舉出古德機緣，並加以評說，又稱舉則。比如：

　　舉：龍牙和尚問翠微：「如何是祖師西來意？」翠微云：「與我過禪板來。」牙取禪板與翠微，[翠微]接得便打。牙云：「打即任打，要且無祖師意。」後又問臨際：「如何是祖師西來意？」際云：「與我過蒲團來。」牙取蒲團與臨際，[臨際]接得便打。牙云：「打即任打，要且無祖師意。」
　　師云：「臨際、翠微，只解放，不解收，我當時若作龍牙，待伊索蒲團、禪板，拈得辟胸便擲。」（《明覺禪師語錄》卷一）

在拈古的基礎上，還發展出頌古，即對公案用詩偈的形式進行唱頌。因為禪是是不可說的，可說即非禪，詩偈最忌諱直白，詩能最大程度地體現不可說而又不得不說的禪意。頌古在汾陽的禪法中已經出現了，比如頌達摩為二祖慧可安心公案：「西河會裡真禪子，子夏山前立雪人。親印自心心是佛，莫教心外別生塵。」（《汾陽無德禪師語錄》卷上）頌古最為著名的卻是雪竇重顯、投子義青、丹霞子淳和宏智正覺。尤以重顯影響為最大，其中的一個原因，是雪竇頌古盡數被收入克勤的《碧巖錄》中行世，自然，重顯的詩才也是

非常高的，人稱其有「翰林之才」，其頌文受人推崇。

在拈古頌古的基礎上，叢林中又發展出評唱，這種形式就比較複雜了。以《碧岩錄》為例，有垂示、拈古、注語、評唱、頌古等內容，前後展開為七個部分：一是垂示，先說出一段禪語，指示出評唱的核心思想；二是舉出古則；三是注語，這二三兩部分是夾雜在一起的，古則中每一句，基本上都會用一兩句禪語解釋；四是對此則公案的評說解釋；五是舉出重顯對此則公案的頌；六是注語，用禪語對重顯的頌文進行解釋，五六部分是結合在一起的；七是評唱，對重顯的頌文加以說明。這當然要有一個很大的篇幅，從形式上看，是繞路說禪。

作為一種道德修行方法，公案參究法有其特殊的作用，通過對達到理想道德境界的得道者的思想和行為的個案性、典型性的全面、深入而又長期性的參究，由此激發內在的道德本心，與本心相契合，促進對至善的認識，有利於解脫的實現，這實際上是一種案例學習法。而這種案例法不但對禪修具有特殊意義，對於一般性的道德修行也具有普遍性的方法論意義。

2、參究話頭

話頭，又可稱為話則，「佛祖說話，可為學者法則，故言話則。」（《禪林象器箋・經錄門》）其實話頭常常是公案中的一兩句至為關鍵的話，單獨將其拈提出來，作為參究的對象。參話頭和參公案，是有些區別的，公案禪大量運用文字來表述，有大立文字的形式，而話頭則不這樣。

談話頭禪，首先要涉及的就是大慧宗杲。他反對公案參究法，把作為公案禪之經典的其師的《碧岩錄》經板都毀掉

了。他認為公案禪的缺點是「繞」病,繞路說禪,大立文字,重在對古人公案語句上做工夫,忽略了對公案本身之禪意的體悟,為此,他提出看話禪,專看一個話頭,不是對話頭作語言方面的分析,而是要借古人話頭,通過參究,體悟禪意,了達人生的真諦,世界的本質。

作為話頭被參究的常用的有多種,大慧忠杲參的話頭有:「狗子還有佛性也無?州云無。」這是從趙州從諗的狗子佛性中提取的話頭,是大慧忠杲所看的最根本的話頭,也是叢林中常參的話頭,參其中的「無」字,忠杲認為,「只這一字,便是斷生死路頭底刀子也。妄念起時,但舉個無字,便是歸家穩坐處也。」(《示妙心居士》,《大慧普覺禪師語錄》卷二十二)

「庭前柏樹子」、「麻三斤」、「乾屎橛」等。這也是忠杲所常參的話頭。

叢林中流行的其他話頭有:「父母未生前,哪個是我的本來面目?」「萬法歸一,一歸何處?」「不是心,不是佛,不是物。」「念佛的是誰?」等等。

如何參話頭,根本的方法是懷疑精神。心中要有疑團,把各種疑問,都集中在話頭上,「千疑萬疑,只是一疑,話頭上疑破,則千疑萬疑一時破。」(《答呂舍人》,《大慧普覺禪師語錄》卷二十八)德清也說:「咬定話頭,不是要明話頭,只借話頭發疑,斬截妄想,其參究,須離話頭處參究,下得疑,方得力。」(《徑山雜言》,《憨山老人夢遊全集》卷四十六)這裡的疑,和作為惡的心理現象或精神現象的疑不同。後者主要是指對於佛法、佛教真理的懷疑或猶豫不決;前者是對人生之根本性問題的追問,特別是生死問題,生從何來?死往何去?都要加以懷疑,「生不知何來,

不得不疑來處；死不知何處，不得不疑去處。」（《博山參禪
警語》卷上）這種懷疑，也包括對一切執著的否定。對於看
話禪的這種懷疑方法，雪巖祖欽講過一段著名的話：「參禪
須是起疑情，大疑大悟，小疑小悟，不疑不悟。」（《禪關策
進‧雪岩欽禪師普說》）

具體的參究方法，要時時提撕話頭，行住坐臥都不離話
頭，「行時，行時參取；立時，立時參取；坐時，坐時參
取；眠時，眠時參取。」（《瑞鹿本先禪師》，《五燈會元》
卷十）。這就像孔子所說的，「造次必於是，顛沛必於是。」
（《論語‧里仁》）

看話禪的倫理意義，可從兩個方面說明。第一要從大慧
忠杲提出看話禪的背景而談，由此可以看出忠杲的忠義之
心。忠杲的時代，正是社會矛盾加深，民族危機不斷的時
代，他通過對禪風的改革，反對當時禪界流行的默照禪等禪
法，曲折地表現了對社會的關注。第二從看話禪本身的技術
層面而言，這對一般的道德修行也具有啟發意義，人們把聖
賢或道德楷模的道德箴言提取出來，時時放在心頭，於日常
生活之間，行也不離，坐也不離，住也不離，臥也不離，必
定能強化人們的道德意識，促進人們的道德自覺，提高人們
的道德勇氣。

五、關於禪病

禪病，其實就是指錯誤的修行方法，錯誤的認識方法以
及錯誤的教育方法。由於禪學立場的不同，對禪的修行觀點
也不盡相同，站在不同的立場，禪師們往往會把和本門不同
的修行法稱之為禪病。惠能是以漸修和片面理解不立文字為
禪病，洪州宗特別反對不自信，反對向外馳求，是以向外求

禪為禪病，荷澤宗的「知之一字，眾妙之門」被後世禪宗斥
為禪病，默照禪和文字禪被大慧忠杲斥為禪病，特別是文字
禪，宗杲認為涉及到兩個方面的錯誤，「一種多學言句，於
言句中作奇特想；二種不能見指亡月。」(《大慧普覺禪師語
錄》卷二十)。因此，關於禪病，既有通用性的，可以得到
普遍認同的看法，也有個人性的看法。

1、圭峰宗密對禪病的批評

　　圭峰宗密在宋代以後的禪宗叢林中，其聲勢屬於弱勢一
類，其思想多受後人非議，但這並非說明他的看法就是毫無
道理的，對於叢林中存在的弊端，他也提出了批評，其批評
的依據是《圓覺經》，此經說講到四種禪病：

>　　一者作病。若復有人作如是言：我於本心作
> 種種行，欲求圓覺。彼圓覺性，非作得故，說名
> 爲病。二者任病。若復有人作如是言：我等今者
> 不斷生死，不求涅槃，涅槃生死，無起滅念，任
> 彼一切，隨諸法性，欲求圓覺。彼圓覺性，非任
> 有故，說名爲病。三者止病。若復有人作如是
> 言：我今自心永息諸念，得一切性寂然平等，欲
> 求圓覺。彼圓覺性，非止合故，說名爲病。四者
> 滅病。若復有人作如是言：我今永斷一切煩惱，
> 身心畢竟空無所有，何況根塵虛妄境界？一切永
> 寂，欲求圓覺。彼圓覺性，非寂相故，說名爲
> 病。(《圓覺經》卷下)

宗密批評洪州宗犯了三種禪病，其中之一就是任病，任心而

修，對心不加拘束，是對「任」的執著。牛頭宗犯了四種禪病，其中之一是止病，強調止息妄情，是對於「止」的執著，而真性並不是能通過止的途徑才得以顯現的。保唐宗犯也犯了四種禪病，其中之一是滅病，執著於滅妄識，因而成病。

2、法眼文益對禪病的批評

文益對禪病的批評，雖然也帶有宗派性的立場，但相比較而言，這一色彩要少得多，文益本人的禪風，就是綜合性的，綜合了諸家，他對禪病的批評，「通用性」程度要高得多，具體的觀點，歸納為十規，提出禪界存在的十種弊端，而有《宗門十規論》。

第一，自己心地未明，妄為人師。心地，就是如來大覺性，眾生的這種覺性由於妄念覆蓋而不顯，禪師指示的目的，就是要讓眾生頓悟此性。但叢林中存在著這樣的不良現象：有的人雖入了叢林，但懶於參求，不努力修行；或者雖然想參求了，但對於禪師，不加細心的選擇，若是選擇了邪師謬解，就失去了禪門指歸。這類禪師，急於住持，濫稱自己為善知識，貪圖一個虛名，「聾瞽後人」。

第二，黨護門風，不通議論。達摩西來，傳佛心印，並不存在一個門風問題；但後世宗師相傳，卻沿革著不同的門風。先是惠能與神秀，世人稱為南宗北宗。惠能門下，又生出青原行思、南嶽懷讓兩支，兩支下各分派列，各鎮一方，各有門庭施設，至於他們的相繼子孫，護宗黨祖，致使後世禪林，矛盾相攻，黑白不辨，如此，「是非鋒起，人我山高。」即使出於善因，終將招致惡果。

第三，舉令提綱，不知血脈。所謂血脈，是講某種接引

方法，都有其來龍去脈，都有其針對的具體情形，而有的人舉揚宗乘，不瞭解這一點，剽竊人家言語，所以只放而不知收，而從上宗師，卻是收放自如。只能生而不會殺，而從上宗師，既有活人刀，也有殺人劍，生殺隨宜。這樣，真偽不分，沾瀆古人，埋沒宗旨。

第四，對答不觀時節，兼無宗眼。大凡禪師接引學人，先要分辨出邪正，再掌握好時機，及時下錐，而且語句中要帶有「宗眼」，即含有禪機，讓人要出身之處，迴旋之地。而如今叢林中的情形，「宗師失據，學者無稽。」既無接物之心，又無破邪之智，只有棒喝亂施，圓相互出，不辨綱宗，更無宗眼，誑誷僧眾，欺昧聖賢，讓旁人恥笑。

第五，理事相違，不分觸淨。大凡教家禪門，祖師們都是理事圓融，事依理立，理假事明。理事之間，假如有理而無事，則汗漫無歸，有事而無理，則滯泥不通。曹洞的偏正，臨濟的主賓，都是理事相融的體現，而近世禪門中不知此種宗旨，致使觸淨不分，譊訛不辨。

第六，不經淘汰，臆斷古今言句。古人的言句，意義不同，有逆順之機，有回互之語，必須辨別清楚，而有的人卻不加辨別，任意引用，這等於是沒有學劍術而舞太阿寶劍，未習走路而涉深越坎，能不傷手陷足嗎？

第七，記持露布，臨時不解妙用。露布即語言，禪師的機鋒話語。習禪的人，如果只記得禪師的語言，以為妙解，都不是覺悟，而要在自己腳跟下用力，發明自己的心性。但是叢林中許多學人不明這一點，而以記持露布為修，記得一些機鋒話語為修，死在句下。

第八，不通教典，亂有引證。禪宗講藉教悟宗，但要引用經教時，有兩個前提，一是要明佛意，二是要明祖師之

心，然後可以加以比較。但有的人卻是義理不明，妄有引證，結果只是遭他人哂笑，有辱門風。

第九，不關聲律，不達理道，好作歌頌。宗門中的歌頌詩偈，形式不同，都是為了顯明大事因緣。有的人不知歌頌的目的，而只執著於這種形式，又缺乏此類天資，以致於呈醜拙而亂門風。

第十，護己之短，好爭勝負。隨著禪宗的發展，叢林中禪社（習禪的團體），數量眾多，但有的禪僧，竊得住持之位，使以為自己已得最上乘法，護自家之短，毀他人之長，以許露為慈慧，以佚濫為德行，破佛禁戒，棄僧威儀，口談解脫之因，心弄鬼神之事，不知慚愧，不知羞恥。

第七章 道德認識論

道德認識論

本章從道德認識角度討論禪宗倫理中「形而下」的內容。禪宗關於覺悟道德本體的方法，主要有漸悟和頓悟兩種觀點，而以頓悟為主流，但不論是頓還是漸，都是主體的自我認識，因為認識的主體和客體是同一個對象，都是包含佛性的自心，可以稱之為明心見性，因此，禪宗的道德認識方法是屬於內省式的。同時，禪悟還和直覺有關，或以說禪宗倫理也是一種直覺倫理。為了敘述的方便，行文中分別討論道德修行和道德認識。實際的道德生活，修悟是一體的。禪門中更多的是討論悟修觀，因此，在作出分別的分析後，本章還從悟修結合的角度探討禪宗倫理的悟修觀的不同理論。

一、 論覺悟

覺悟，代表著解脫的實現，是對佛教真理的真實了悟，分為解悟和證悟兩種，而禪宗所講的解脫意義上的覺悟，乃指證悟，而非解悟。覺悟之所以成為可能，基於兩個內在的根據：一是眾生本有的佛性或道德本性，二是眾生本有的佛智慧。不過，即使人人有此基本條件，也並不說明人人能在實際上成佛。事實是，眾生還是和佛有著差別，真正成就佛性的很少，這就需要提出一種理論解釋，這種原因在於眾生自身對於佛教真理的無知，在於迷，因此，覺悟，其實就是轉迷為悟，從不覺而到覺。由於眾生佛性和智慧的本有，禪宗中講的覺悟，是一種內省式的向內用力，而非向外求索，禪宗的道德認識，應該是走明心見性的道路。

1、作為覺悟根據之佛性

　　覺悟，乃覺知與了悟之意，從迷執轉為明瞭。這個概念，在禪宗中，常常是以覺或悟分別來表達的，表示對佛性的體悟，成就人生的解脫。其修行果位的標誌是成佛，其內在的標誌是達到佛所具有的道德圓滿的境地。

　　依據佛教的基本原理，人人都能實現覺悟，都能成就圓滿的道德理想，都能達到終極解脫。在理論上，佛教提出了兩個根據或條件來證明覺悟的原因：一是佛性，二是智慧。

　　佛性是眾生覺悟最為根本的內在條件，一切眾生都有佛性，一切眾生都能成佛，包括一闡提人也是如此，這是佛性論的兩條基本原則。在禪宗中，這一原理被表述為眾生即佛或即心即佛。前文已討論過，佛性乃是覺悟之性，虛空之性，清淨之性，也是至善之性，眾生圓滿的道德本性。佛性在人心中，是先天的，也是不生不滅的，不增不減的，不因為眾生之不覺而滅，也不因為眾生之覺悟而生，不因為眾生之不覺而減損一分，也不因為眾生之覺悟而增得一分，正如圓悟克勤所言，佛性乃是「不生不滅，亙古亙今，圓融無際，應用無差。」（《圓悟佛果禪師語錄》卷四）。正是這種佛性的存在，決定了眾生與諸佛無異，眾生必將成佛，「佛祖由茲圓成，人天因其發現。」（《圓悟佛果禪師語錄》卷四）由於佛性的存在，眾生的成佛只是個時間問題；沒有成佛的眾生，也都是潛在的佛。

2、作為覺悟根據之智慧

　　智慧也是眾生成佛的重要條件，當然成為這種條件的是指佛境界智，而非通常意義上的智慧。其中需要討論的問題至少有三：一是智慧之本質，二是眾生的本有智慧，三是智

慧對於眾生成佛的作用。

何謂智慧？在禪宗中，智（梵語jñāna）和慧（梵語prajñā）常常是通用的，就是在傳統佛教的一般理解中，兩者也是可以被視作相同的意義，或者將兩者合稱為智慧，prajñā，音譯為般若，意譯為慧，也可譯為智慧、明。因此，智、慧、智慧、明、般若，都可以在同一意義上使用。如果要作分別，也可以這樣認為，智是關於有為法的智慧，慧是關於無為法的智慧，特別是關於空觀的智慧，中國佛教中有般若學，就是關於空的學派。

作為智，從一般的意義上說，是分辨是非的能力。由於存在著不同的價值系統，對於佛教而言，智就有不同的區別，最基本的就是正智和邪智之別，正智是依佛教之理所生之智，邪智即是依外道之理，所以，站在佛教的立場，「正智如實取事，邪智邪分別，不如實取事。」（《瑜伽師地論》卷八十八）佛教所推崇的，自然是正智，修行也以獲取正智為目的。同樣，慧也有不同的價值取向，有善慧、不善慧和無記慧之分。般若的概念一般說來和智、慧意義是相同的，但在大乘佛教的「般若」類經典出現之後，這個概念就有了其特殊的含義，既不是一般的智慧，甚至也不是佛教中講的一般智慧，而是專指關於佛教第一義的智慧，或諸法實相的智慧，或空的智慧。為了強調般若的作用，又常常將般若和波羅蜜合成為「般若波羅蜜」的概念，而「波羅蜜」（梵語pāramitā）意為到彼岸、度，也表示圓滿、終了。般若波羅蜜可以理解為「智度」，即用智慧到達涅槃解脫的彼岸，這是最簡單的解釋。般若這一概念在使用時，常用般若波羅蜜的略稱。禪宗大致是在般若的意義上運用智、智慧等概念的，惠能說：「何名般若？般若是智惠。」（敦煌本《壇經》

第26節）真可說：「般若者，真智慧火也。」（《紫柏尊者全集》卷三）為了表示這種智慧和一般智慧的不同，禪宗人還特意使用般若智慧的複合概念。

眾生和智慧之間有何種關涉？在這個問題上，禪宗表述的觀點是：一切眾生都先天具有般若智慧。

惠能的觀點最有代表性：

> 菩提般若之知，世人本自有之。（敦煌本《壇經》第12節）
> 世人性淨，猶如清天，惠如日，智如有，智惠常明。（敦煌本《壇經》第20節）
> 本性自有般若之智。（敦煌本《壇經》第28節）
> 少根之人，亦復如是，有般若之智之（疑衍），與大智之人，亦無差別。（敦煌本《壇經》第29節）

神會則這樣表達：

> 眾生心淨，自然有大智慧光，照無餘世界。（《荷澤神會禪師語錄》第8節）

眾生先天具有的，不只是佛性，還有智慧，人與人的平等本性，不只體現為佛性的本有，也體現為智慧的本有，德清索性將佛性和智慧視為同一個對象，「以此智慧，乃吾人本有之佛性。」（《示鄭司直》，《憨山老人夢遊全集》卷四）但嚴格而言，兩者還是有些區別的，佛性是眾生的本覺之性，

倫理學上的道德本原，智慧則是體悟佛性，透過煩惱，使佛性顯現的能力，從倫理的角度看，是先天具有的道德選擇能力。

因此就涉及到智慧的作用問題，智慧的作用，用禪宗的術語來說，是觀照的功能：

> 本性自有般若之智，自用智惠觀照，不假文字。（敦煌本《壇經》第28節）
> 本空寂體上，自有般若智能知，不假緣起。若立緣起，即有次第。」（《荷澤神會語錄》第6節）
> 般若波羅蜜，體自有智，照見不可得體，湛然常寂，而有恒沙之用。（《荷澤神會語錄》第26節）

天目中峰禪師用了一個比喻，形象地說明了智慧對於發明佛性的作用：佛性如同水，煩惱如同寒氣，智慧如同太陽。寒氣使水凝成冰，眾生的佛性，實際的存在狀態就是冰態，雖然冰的本性也是水，但是因為沒有融化，無法產生水的灌溉等作用，佛性之冰，就需要用智慧之日去融化，「不以智慧之日融之，安有自化之理？」（《天目中峰和尚廣錄》卷一之下）

智慧之日如何化冰？是通過觀照的功夫，觀是觀察，以觀的功夫深察事法之理，「照理分明，名之為觀。」（《菩提達摩禪師觀門》）從字面的意義看，「心緣其事曰觀，觀心分明曰察。」（《往生論注》卷下）這種不是一般的世俗認識中的感性認識層面的觀察，而是禪觀；照是照明，照察理體，使之明瞭。用智慧通過直覺的認識，而體悟到佛性的意

義。

由此可知，般若也是眾生覺悟的內在根據。如果只有佛性的根據，而缺乏智慧的根據，那麼眾生從潛在的佛到現實的佛還難以實現，其中必須加入般若智慧的作用。所以神會說：「般若是涅槃之因，涅槃是般若之果。」（《荷澤大師顯宗記》，《景德傳燈錄》卷三十）

3、不能覺悟的原因

從理論上講，一切眾生都有佛性，都有智慧能觀照佛性，一切眾生定當成佛，但事實上，人們看到的成佛者還是極少的，充滿世界的還是沒有覺悟的眾生，也就是說，我們面對的，常常是那些道德水準往往並不是很高或者是比較高的人，其中的原因，佛教提出的解釋是，由於眾生的無明，即人們對佛教真理的無知，這也叫作迷。原始佛教的十二因緣已經明確揭示了眾生因為無明而陷入的生死輪迴這種不斷的循環之鏈，禪宗倫理繼承了這種解釋，這種解釋至少說明這樣的問題，道德修養應該首先從自身內部尋找惡業並根除之，而不能將自己的不道德之業統統歸結為外在的原因，因為道德選擇的自由還在於人自身。

依十二因緣說，無明是一切煩惱的根本，北宗人依佛教的基本原理，又進一步強調無明的根源，這就是人生之三毒：

> 無明之心雖有八萬四千煩惱情欲，及恒沙眾
> 惡，無量無邊，取要言之，緣由三毒以為根本。
> 三毒者，即貪、瞋、癡也。（《觀心論》）

依小乘佛教的原理，人們不知我空之理，執我為實，寶愛我身，而起三毒。貪是貪愛名利，以使我榮耀；瞋是由於防止備、仇對心理，對周圍情境產生的不良的心態；癡是非理計較。由此三毒，通過六根（眼耳鼻舌身意）發生作用，神秀稱六根為六賊，三毒和六賊，構成眾生沈淪不覺的原因。

永覺元賢對由迷漸次引起覺悟障礙作了具體的揭示：

> 眾生所以不能出生死者，只是個迷。何謂迷？以其要，識橫起，見有外境也。既見有外境，則有好醜。既有好醜，則有愛惡。既有愛惡，則有取捨。既有取捨，則有善惡。既有善惡，則有果報，善極生天，惡極沈地，總屬輪迴，無有休息。（《永覺和尚禪余內集》卷五）

這大致的理論依據是十二因緣和《大乘起信論》中的觀點，但又有自己獨特的看法。橫起之識，就是慧海所說的「六賊」的功能，元賢強調了迷情中對外境的執著，以及由這種執著而引起的障礙。

在此之前，惠能是從道德層面之惡的層面討論眾生的迷情：

> 迷即佛眾生，悟即眾生佛；愚癡佛眾生，智惠眾生佛；心險佛眾生，平等眾生佛。（敦煌本《壇經》第52節）

如果處於對佛教真理的無知狀態中，如果處於惡的觀念、語言和行為中，在這個道德主體身上，佛也只是眾生。反之，

如果能達到道德上的善，眾生就是佛。覺悟，也和道德修養有關。因此，佛教的認識論，也是和倫理問題結合在一起的，對於佛教認識論的研究，如果只強調其技術的層面，而忽略了倫理的內容，至少可以說是不準確的，而對於習佛習禪者來說，這種認識論更是道德型的。

4、迷與悟之別

無明或迷是眾生不能成佛的原因，無明、迷情的消除就是悟。從總的方面來說，迷和悟的最直接的不同結果，就是導致眾生和佛兩種不同的道德境界，正如惠能所說，「悟即元無差別，不悟即長劫輪迴。」（敦煌本《壇經》第16節）「不悟即是佛是眾生；一念若悟，即眾生是佛。」（敦煌本《壇經》第30節）就人們具體的認識和修行活動而言，眾生的迷和悟會有著各種表現。

大珠慧海曾經比較系統區別過這種種不同的表現：

> 迷人論聖論凡，悟人超越生死涅槃；迷人說事說理，悟人大用無方；迷人求得求證，悟人無得無求；迷人期遠劫證，悟人頓見。（《大珠禪師語錄》卷下）

> 佛是心作，迷人向文字中求，悟人向心而覺；迷人修因待果，悟人了心無相；迷人執物守我為己，悟人般若應用現前；愚人執空執有生滯，智人見性了相靈通。（《大珠禪師語錄》卷下）

有迷情的人，還執著於凡聖之別，存在著邊見；而覺悟的人能夠超凡越聖，超佛越祖，成就解脫。有迷情的人還存在理

和事和區別，體和用的區別；覺悟的人能夠超越這種區別，
任運自由。有迷情的人還想有所得，希望得個佛的境界，求
個祖師境界；而覺悟的人知道禪宗的解脫，是無所得，或者
說，得而無得，因為佛性和智慧在自心中，迷時不失，悟時
不增，所悟都是自心本有的。有迷情的人，希望漸漸覺悟，
覺悟的人，能夠頓超佛地。有迷情的人不知佛身自心作，而
從語言中求佛，文字中求佛，執著於語言文字；覺悟者了知
佛是自心，離自心無佛，而向內發明佛性。有迷情的人滯於
因果原理，有因必有果，熱衷於修因待果，而覺悟者明無心
之理，以無修為修。有迷情的人或者有我執，或者有法執，
而覺悟之人能靈活運用般若智慧。有迷情的人不能超越空、
有二迷；覺悟者能做到空、有無礙。

　　許多禪師也以不同的方式揭示了這種迷悟的不同表現。
南泉普願禪師門下有這樣的勘辨：

> 師問僧曰：「夜來好風？」
> 曰：「夜來好風。」
> 師曰：「吹折門前一枝松？」
> 曰：「吹折門前一枝松。」
> 次問一僧曰：「夜來好風？」
> 曰：「是甚麼風？」
> 師曰：「吹折門前一枝松？」
> 曰：「是甚麼松？」
> 師曰：「一得一失。」（《五燈會元》卷三）

同樣的問話，前面一位不生分別心，後面一位執著很重，強
生分別，所以南泉說：一得一失。誰得誰失？自然分明。

潙山靈祐的接引方式也很奇特，他是用呼僧人職位法：

> 師一日喚院主，主便來。師曰：「我喚院
> 主，汝來作甚麼？」主無對。
> 　又令侍者喚第一座，座使至。師曰：「我喚
> 第一座，汝來作甚麼？」座亦無對。（《五燈會元》
> 卷九）

院主、第一座，只是叢林中不同的職位，只是一種符號，並
不代表人的本性，迷情重者卻只認自己的職務，而失去自己
的本性。

5、解悟和證悟：兩種不同的開悟

悟，可以分為兩種，禪宗人十分注重這種區分，一是解
悟，二是證悟。解悟是通過各種方式理解佛教真理而得到的
覺悟，而證悟是通過修證而親身體會到真理的意義。

憨山德清對此二種悟的性質及不同特點有明確的區別。

關於解悟，他認為是「依佛祖言教明心者。」（《法語・
答鄭崑嚴中丞》，《憨山老人夢遊全集》卷二）。這是對佛
教真理，明瞭其理，具有了相應的理論性瞭解，缺點是「多
落知見」（《法語・答鄭崑嚴中丞》，《憨山老人夢遊全集》
卷二），即落入各種知識障、語言文字障、理障之中。禪宗
中所講的知見和佛教中一般講的佛知見不同，佛知見是智
慧；而一般性的知見，在禪宗中指以分別心為重要特徵的知
識見解。以此解悟為基礎所得的智慧，只是相似般若，不是
真實的智慧，而是似是而非的知識，但是一般人會視此為真
智慧，所以遺害較大，以此為基礎的修行，德清認為，不是

真參實修。

關於證悟，突出了親證的特色，德清說：

> 若證悟者，從自己心中樸實做將去，逼拶到
> 水窮山盡處，忽然一念頓歇，徹了自心，如十字
> 街頭見親爺一般，更無可疑，如人飲水，冷暖自
> 知，亦不有吐露向人。（《法語・答鄭崑巖中
> 丞》，《憨山老人夢遊全集》卷二）

證悟其實是依修而悟，通過自己的修證而得到的覺悟，這稱
為「悟入」，而解悟可以說是無修之悟。證悟的特點，德清
提出兩點，一是真實無疑的，二是不可言傳的，這也是叢林
中普遍性的看法。說其真實無疑，是因為這種覺悟是人們通
過親證得來的，親身體會到的，並且切實感受到其實際利益
而獲法喜禪悅的。洪州水老和尚，在馬祖會下時，曾有一
問：「如何是西來的的意？」馬祖對他當胸一腳，水老和尚
頓時有悟，哈哈大笑，有語云：「大奇，百千三昧，無量妙
義，只向一毛頭上便識得根源去。」於是禮拜馬祖而退（見
《景德傳燈錄》卷八）。他為什麼要笑，是從證悟中感受到
利益。至於不可說，是第一義的基本特徵，這涉及到語言本
身的局限性。傳說達摩問諸弟子之所得，道副、尼總持、道
育都有言說，但達摩認為只是得其皮、肉、骨；慧可只是向
達摩禮拜了，依位而立，沒有言說，達摩印證為得其髓。慧
可已悟不可說之理。龐蘊居士初次拜謁石頭希遷時問：「不
與萬法為侶者是甚麼人？」石頭以手掩其口（見《五燈會元》
卷三），表示不可說，也無法可說。有僧問清涼文益禪師：
「如何是第一義？」文益說：「我向你道是第二義。」（見

《五燈會元》卷七）只要有所言說，就已經落入第二義了。

悟修頓漸的各種分別，宗密有過歸納，漸修頓悟、頓修漸悟、漸修漸悟等先修後悟的，所提到的悟是證悟，像頓悟漸修中的修前之悟，是解悟，正因為是解悟，所以還要用修行來親證之。理可頓悟，而事須漸修。

6、內省：道德認識主體的指向

用哲學認識論的方法來檢視，人的認識是其主體和客體兩種因素的相互作用，主體是認識活動的承擔者，客體是認識所指向的對象。在禪宗倫理中，道德認識活動的主體和客體是完全合一的，是心的自我體認，自心的向內思維，稱為內省式的認識，這種內省的方法是直覺，一般地稱為直覺的認識。

惠能曾說：「不識本心，學法無益；識心見性，即悟大意。」（敦煌本《壇經》第8節）這「識心見性」一語，就是禪宗中「明心見性」說的早期提法。認識的目的，不是去追求一些對心外事法的看法，不是只以追問世界的形上基礎為終極目標，而是要進一步和人生的解脫聯繫起來，而人生的解脫，關鍵之處在於對自心本性的認識。

何為識心見性？這實際上是人對自我的拷問，我的本質是什麼？心性論證明，我的本質是佛性，眾生心中都本來具有完滿的佛性，從無欠缺，也從未丟失，所以，識心見性也就是要眾生內觀自心，內現自性，發現自心的本有的道德本性，這也就是對自我的認識。

惠能的論證思路是，既然萬法都依自心而有，那就應該從自心中實現頓悟，不能外求，「一切萬法，盡在自身中，何不從於自心頓現真如本性？」（敦煌本《壇經》第30節）

自心通過本有智慧的觀照就能見性成佛，「用智惠觀照，於一切法不取不舍，即見性成佛道。」（敦煌本《壇經》第27節）這也是叢林中「見性成佛」一語的來源。

　　但直覺性的觀照，依惠能的觀點，嚴格來說是第二層次的認識方法。第一層次，連觀照都是不需要的，觀照被看作是眾生不能自悟佛性時採用的方法，或稱之為第二步驟。如果直接就能識心見性（第一步驟），連觀照的功夫都是不需要的，「汝若不得自悟，當起般若觀照，剎那間，妄念俱滅。」（敦煌本《壇經》第31節）。但觀照時，不能執著於它。《曹溪大師別傳》中描述了惠能的這種看法。薛簡問惠能：「修道之人若不用智慧照生死煩惱，何得出離？」惠能說：「煩惱即菩提，無二無別。汝見有智慧為能照，此是二乘見解，有智之人悉不如是。」智慧有觀照的功能，但如果執著於這種觀照，並且視智慧為能照的主體，煩惱為所照的客體，這就把能所分成了不同的兩個方面，把煩惱和智慧、菩提看作了不同的兩個方面，不明了智慧不離愚癡，菩提不離煩惱的中道之理。只要明白了這一層原理，那麼，即使有照，因為煩惱性空無常，也是照而無照。

　　識心見性的內向性，就決定了禪宗的覺悟，成就道德理想，不能向外求索，所以惠能提出了這樣的口號「佛是自性作，莫向身外求。」（敦煌本《壇經》第35節）「自若無佛心，向何處求佛？」（敦煌本《壇經》第52節）即使求得，也不是自己內心固有的，自佛才是真佛，才是真正的自家寶藏。這涉及到禪宗對待外在的道德偶像的態度，如果一味追求這種外在的偶像，而不能自心形成道德自覺，那麼這種追求是毫無作用的，為了反對這種傾向，禪宗強調發掘自心的道德資源。禪宗的道德主體性精神在此就確立起來了。

二、漸悟的方法

　　禪宗的南北兩宗，從禪理角度看，南宗人一直認為南宗以頓為特徵，北宗以漸為特徵，南宗人以頓貶漸，這裡的頓和漸，頓既是頓修之頓，也是頓悟之頓，所云漸，是漸修之漸，也是漸悟之漸。從悟修關係看，依宗密的分析，漸悟既可以因漸修而得，也可以從頓修而得，但一般而講，漸悟是隨著長期的修行而逐漸達到覺悟，是一種逐漸接近認識客體之本體的方法，漸次了悟真理的方法，與頓悟相反。漸悟在禪宗史上，其實從達摩時代就是開始重視漸悟，從達摩到神秀這一段禪史中，祖師們針對修習者根機的不同，既講頓悟，也講漸悟，到惠能開始，唯頓無漸。

1、道信論漸悟

　　道信對漸悟之漸的長期性或不可預期性有過說明，他認為，對於根機較淺的習禪者來說，可以通過看心看淨，漸漸致悟：

> 　　或可諦看，心即得明淨。心如明鏡，或可一年，心更明淨；或可三年，心更明淨。（《楞伽師資記》）

明鏡喻心的清淨，是佛教的傳統，心如明鏡，本性清淨，但鏡易蒙塵垢，使鏡不能明，鏡雖蒙塵不能顯現明性，無法鑒照萬物，但其光明本性不變，鑒照功能不變。覺悟的過程，道德認識的過程，就是逐漸去除塵垢，使明性不斷顯露的過程。這個過程的長短並沒有固定的時間表，完全依修行中的各種因素而定，特別和人的悟性相關，可能比較短，也可能

很長，也可能一生不能悟。

道信用射箭為喻來說明此種漸悟，人們學習射箭，一般的情形總是「初射大準，次中小準，次中大的，次中小的」（《楞伽師資記》）。先用較大的箭靶，再用較小的箭靶，射中箭靶的水平，先是擊中箭靶較大的範圍，慢慢能擊中靶心較小的範圍，其間反映著箭法水平的提高。到後來，能夠射中一根羽毛，進而射中羽毛的百分之一，最後，達到後箭射前箭，箭之鋒柱相連的水平。這樣的工夫，不是一日養成的，必定經歷了長期的過程。人們的覺悟，也是如此。

2、神秀論漸悟

神秀被南宗認為是漸悟論的代表，漸悟被南宗視作北宗的根本性理論。依南宗人的解釋，神秀也是依據心性本淨，客塵所染的觀點，強調了煩惱對明鏡之心的染汙障礙作用，修行就是要漸漸去除染汙，「依師言教，背境觀心，息滅妄念，念盡即覺悟，無所不知」（《禪源諸詮集都序》卷二）。煩惱妄念不可能一下子盡除，心鏡不可能一下子恢復光明，人的覺悟也不可能一下子達到完全徹底的了悟，這是一個漸進的過程。

三、頓悟的方法

頓悟的方法，是禪門中最為重要的覺悟方法，自從惠能在禪宗中系統倡導頓悟論之後，這種方法迅速在叢林中傳播。對頓悟可以從廣義和狹義角度來理解，但總的特徵是反映了人們道德認識中追求迅速、方便、直覺的方式，因而也體現出禪宗的直覺倫理的特點。

1、廣義的頓悟

　　雖然惠能倡導頓悟，但對頓悟提出完整界定的是荷澤神會等人，特別是神會的界定，對我們理解頓悟具有重要的意義。神會說：

　　　　事須理智兼釋，謂之頓悟；並不由階漸，自然是頓悟義；自心從本已來空寂者，是頓悟；即心無所得者為頓悟；即心是道為頓悟；即心無所住為頓悟；存法悟心，心無所得，是頓悟；知一切法是一切法為頓悟；聞說空不著空，即不取不空，是頓悟；聞說我不著〔我〕，即不取無我，是頓悟；不舍生死而入涅槃，是頓悟。（《荷澤神會語錄》第21節）

　　大珠慧海對頓悟也有簡要的概括：「頓者頓除妄念，悟者悟無所得。」（《大珠禪師語錄》卷上）

　　從中可以看出頓悟的一般意義：第一，對頓悟的理解，既不能執著於理，又不能執著於智，理是華嚴宗人常常作用的概念，指客觀的本體，頓悟所觀照的對象，智是頓悟時能觀的主體，超越理智兩邊，是頓悟；第二，頓悟是沒有先行的準備階段的，不是漸修頓悟，這是頓悟的最重要的特徵，也是下述討論的前提；第三，從心的本質角度看，頓悟就是覺悟自心本來具有的空寂狀態；第四，由對空寂心的體悟，頓悟的結果必然是空無所得。無所得，是頓悟的一個重要特點；第五，從心性論的角度看，眾生自心本來具有佛性，這種佛性可以稱為「道」，能夠體會即心即佛或即心即道的禪理，就是頓悟；第六，頓悟即心即佛之理，不是要讓自心止而不動，而是在自心的自然流動中，在念念無住中覺悟自

心，不要讓心的自然狀態有所改變；第七，從心法關係角度
而論，心生則法生，心滅則法滅，頓悟是覺悟自心佛性，對
於心外事法，則不加執著；第八，因為心外事法都是作為假
象存在的，本無自性，體會到這一步，就能了知一切事法的
本質特點；第九，萬法沒有自性，本性空寂，因此就有了兩
個概念，一個是性空，一個是不空（假有），既要做到不執
著於空，又要不執著於假有之不空，空有雙忘，入中道義，
才是頓悟；第十，諸法性空假有，沒有主宰之自我，這表明
對這個主宰之我，不能執著，稱為無我，但對這個無我，也
不能執著，入中道義，才是頓悟；第十一，從終極解脫的角
度看，涅槃就是得解脫，但涅槃解脫不是離開現實的生命，
不是離生死而得涅槃，涅槃就在於具有有限的生死代謝的生
命之中，頓悟是立足於現世生死流轉中的眾生而實現的超
越。

　　這把禪宗整個解脫論的理論都概括進去了，可以說是一
種廣義的頓悟觀，體現了頓悟的一般性意義。

2、狹義的頓悟

　　就惠能對於頓悟的各種觀點，可以看出他集中強調了頓
悟論的核心意義，即一個「頓」字，強調覺悟的迅速、快捷
和超越感性時間的特點。具體而言，可以歸納出頓悟最為顯
著的基本特徵：頓悟是識心見性的內省，頓悟是直指人心的
直覺，頓悟是自心煩惱的頓除，自心佛性的頓現，頓悟是一
念相應的瞬間，頓悟是完全徹底的開悟，頓悟是瞬間實現的
永恒。這可以稱之為狹義的頓悟觀。

　　頓悟是識心見性的內省。不論是漸悟或頓悟，都是遵循
內省的方法，都是內省的認識，前文已有討論，此處不再贅

述。必須強調的是，對於禪門中「見性成佛」的內省致悟方法，一般人多重在「成佛」上，忽略明心見性的作用，只看重結果，忽略了方法，天如和尚對此有所批評，並提出自己的看法，「見性成佛，賺殺多少人。都道成佛要緊，見性不要緊；成佛念頭急，見性念頭寬。其奈轉寬轉遠，轉急轉遲。只貪飯好吃，不信是米做」(《天如和尚語錄》卷一)。為了對治此種誤區，他將見性成佛稱為見佛成性、成佛見性，強調發明和成就自身人性的重要。

頓悟直指人心的直覺。識心見性是如何進行的？在頓悟的方法上，惠能強調了「直指」，直指個什麼？這可以從兩方面來說明，一是指禪師的教學方法而言，二是就眾生的頓悟方法而言。這裡討論後者。作為眾生頓悟的方法而言，直指之道在於直接就自己本性上做文章，直接體究自己的本命元辰，發掘自家寶藏，直下了悟。這種直指，和其他宗派的覺悟方法有了區別，總的區別就是這「直」和「曲」。何謂曲？依賴語言文字，依靠思辨的作用來證明佛性的存在，為曲；通過漸進的修行，逐步接近佛性，為曲。南宗是通過現代認識論中所講的「直覺」來直指的，頓悟是通過直覺，不通過理性的思辨，不依賴語言文字，是直接把握自性的，沒有中間的階段。這種直指人心的了悟，不通過感覺器官對外部存在的感知，特別是不須借助類似現代「實驗科學」為基礎的方法，因為這類科學的方法常常可以對研究對象加以靜止化的研究，可以分割，解剖，對其中體現的內在本質，可以假設，可以試錯。如果假設得到證實，就稱之為科學理論，可以在實踐中重現，因而具有客觀的規律性，普遍的適用性。而頓悟所涉及的是一個活潑的生命整體，精神的活動像時間之河在不斷跳躍、流動，念念無住，你無法讓其停住

而作從容不迫的研究，無法選取一個片斷來作典型分析。頓悟也無須理性認識的一切方法手段，概念、判斷、推理、分析、綜合，被禪宗視為「知見」的方法，都在頓悟中不起作用，神會稱為「直指契要，不假繁文」（《荷澤和尚與拓拔開府書》）。慧海稱為「得意者越於浮言，悟理者超於文字」（《大珠慧海禪師語錄》卷下）。興善惟寬稱為不可思議，「思之不及，議之不得」（《五燈會元》卷三）。克勤稱為非意想可得，「禪非意想，以意想參禪則乖」（《佛果禪師語錄》卷七）。這決定了頓悟具有「非理性」的特徵，頓悟中發生作用的實際上就有意志、信仰、靈感甚至情感等非理性因素的複雜作用，是以直覺為代表的非理性活動，由此實現的道德覺悟體現出直覺倫理的特徵。

頓悟是自心煩惱的頓除，自心佛性的頓現。直指所指向的人心，是真妄俱混、染淨兼雜的，煩惱和菩提俱有的，或者說，是善惡相混的，佛教中把人生的煩惱總結出最能毒害眾生的三種，為貪、瞋、癡三毒，此是根本煩惱，產生其他煩惱的根源。貪是貪欲，對自己的所好之物——色、聲、香、味、觸或財、色、飲食、名、睡眠五欲；色、聲、香、味、觸、法六境——產生的執著的無厭足的愛欲心，是十惡之一。瞋是瞋恚，心的一種作用，對違背自己意願的有情眾生生起的憎恚，使心理處於熱惱狀態，不得平靜，也是十惡之一。癡是愚癡，在愚昧無知狀態下而產生的精神作用。這三毒都是道德上的惡，而不是善，都因自心而起，是所謂的「心生種種法生」，如果被此三毒所纏，不能得解脫。

眾生與佛的差別，只在於迷與悟的不同，由於煩惱的障礙作用，對治煩惱在頓悟中就顯得尤為重要了，因此南宗特別強調這一點，神會形容頓除煩惱為，「譬如一綟之絲，其

數無量，若合為一繩，置於木上，利劍一斬，一時俱斷。絲數雖多，不勝一劍」（《神會禪師語錄》第37節）。也是在這點上，南宗和北宗的禪法產生了分歧：神秀北宗認為對煩惱的根治必須是漸漸磨拂的，惠能主張煩惱本性空無，染而非染，可以一時頓除，因為煩惱如同烏雲，無根無基，隨風而飄，一遇大風，剎那吹盡。因此而言「何處染塵埃」。煩惱頓除的同時，就是對自性的頓悟。

頓悟是一念相應的瞬間。惠能禪法的開悟，特點就在一個「頓」字上，頓，是指覺悟之迅速、快捷，是「剎那間」、「一念」。惠能說：「剎那間，妄念俱滅，即是自真正善知識，一悟即知佛也。」（敦煌本《壇經》第31節）「性中但自離五欲，見性剎那即是真。」（敦煌本《壇經》第53節）剎那可以意譯為「念頃」、「須臾」，神會說：「若迷即累劫；悟即須臾」（《荷澤神會語錄》第37節）惠能更多地用「一念」來形容頓悟，一念也就相當於一剎那：「一念善，智惠即生,此名自性化身。」（敦煌本《壇經》第20節）「一念愚即般若絕；一念智即般若生。」（敦煌本《壇經》第26節）一念之悟，是指包含妄念流動著的自心在一剎那間和自性的契合，一剎那間，自性光明的閃耀，靈感的顯現，這就是神會講的「一念相應，便成正覺」（《神會語錄》補遺二）。其間沒有過程，無階段，如青原行思所說：「何階級之有？」（《景德傳燈錄》卷五）頓悟之「頓」，也言其方便簡潔，沒有繁瑣的修行，沒的複雜的思辨。

頓悟是完全徹底的覺悟。這種一念相應而瞬間完成的頓悟，對自心道德本性的把握，完整，徹底，沒有遺漏，而不是部分地實現的，惠能稱其為盡悟：「但於自心，令自本性常起正見，煩惱塵勞眾生，當時盡悟。」（敦煌本《壇經》

第29節）為什麼能一時盡悟，無絲毫的遺漏？這涉及到人性或佛性本身的性質，佛性是一種完整圓滿的精神性實體，不能分階段地去體認之，要麼一下子全部悟得，要麼得不到。

頓悟是瞬間實現的永恒。這種瞬間實現的完全的覺悟，一旦得到以後，永遠不會丟失，這是永久性的覺悟，永恒性的覺悟，你再也不用擔心會回到迷失的愚癡狀態，劉禹錫在其《大鑒禪師碑》中將惠能的這種思想概括為：「一言頓悟，不踐初地。」克勤稱為「一得，永得受用，豈有窮極耶？」（《佛果禪師語錄》卷十四）蕅益說：「一悟，永不復迷。」（《法語五》，《靈峰宗論》卷二之五）由於頓悟是完全徹底的覺悟，頓悟之後，再也沒有疑慮之處，宗杲稱為「一了一切了，一悟一切悟，一證一切證。」（《大慧普覺禪師語錄》卷二十七）不需要再去重新體悟。從另一方面講，禪悟是個性特徵非常明顯的覺悟，一念相應的瞬間，常常具有不可重複性，頓悟不是實驗科學，不是說在給定相同的條件後可能重複出現，這種完全相同的條件根本就不可能出現。人在每一時刻，其生理、心理、情感狀態都是不同的。

3、對誤讀頓悟者的批評

頓悟的方法，其實是一種上根法門，也就是說根性非常慧利的人才能行此。禪宗宣傳頓悟，還帶有佛教革命的意義，特別是惠能的頓悟更是如此，又帶有鼓勵性的意義，以此激勵人們的自信尊嚴。在實際的認識過程中，很多人還是走漸悟的道路，但由於頓悟成為禪界流的思潮，有些人雖無頓成之機，卻也熱衷於頓悟，認為頓悟的特點就在於迅捷性和簡易性，而忽略頓悟背後的精進，形成對頓悟的誤讀。這

類見解，遭到一些高僧的批評。

有些人沒有頓悟的根性而又執著於頓悟，把頓悟理解為形式上的「當下」，蕅益曾經批評說：

> 當下即飽暖，何必吃飯穿衣？當下即富貴，何必貨殖科甲？當下是學問，何必讀書？當下帝京，何必北上？（《法語四》，《靈峰宗論》卷二之四）

他強調頓悟之前，必有一個漸修的過程，言漸修之重要，小水長流，則能穿石，鑽木未熱，則火難得，千里之行，始於一步，一步不足，不能稱為到家。可以說千里只是一步，但決不能說一步就是千里。

也有的人執著於頓悟的「簡易」的特點，就認為頓悟十分容易，對於根基深者，自然如此，對於一般根基的人，也是簡易？不見得。袾宏說：「今人以聰明情量，剎那領會，而猶欲自附於頓悟，豈不謬哉！」（《禪關策進·評香山無聞聰禪師普說》）以自己的情識之一得，也比附為頓悟，而完全不顧頓悟的獲得是長期艱苦努力的結果，「如是勤辛，如是久遠，方得相應」（《禪關策進·評香山無聞聰禪師普說》）。

4、由頓悟體現的直覺倫理的特點

西方的倫理學發展史上有一種直覺主義倫理學（intuitivist ethics），是在二十世紀初發展起來的，當然其基本理論體系的建立可以推至十七世紀的劍橋的柏拉圖主義者那裡，有兩個基本流派，一是價值論直覺主義，二是義務

論直覺主義。價值論直覺主義的代表人物摩爾（George Edwoard Moor，1883－1958）有一種觀點，認為倫理學的研究對象是善，而這種善是非派生的、不可分析的，不可定義的，善是一個最單純的詞，對於它的把握，不能靠分析，不能訴諸於經驗，也不能依靠理性，只能依靠直覺，依當下的直覺。

禪宗的頓悟的道德認識當然不能和這種直覺相比附，中國倫理思想史上也沒有直覺主義的概念，但應該承認，禪宗在這裡確實具有類似於直覺主義倫理學的看法，對於道德本性，不可以用直覺以外的方式去理解。宗杲說：禪的覺悟，「不得作有無會，不得作道理會，不得向意根下思量卜度，不得向揚眉瞬目處垜根，不得向語路上作活計」（《答富樞密》，《大慧普覺禪師語錄》卷二十六）。這雖然是談的是狗子佛性話頭中對「無」的參究，但也代表了禪的直覺認識，一切意識層面的思量分辨，一切知解，都不能反映佛性的實質。依賴文字和語言，試圖通過語言文字的中介來理解佛性，也是不能完整地把握它。唯一的方法，是直覺性的悟，當下了悟，不容擬議。在這一點上，禪宗的倫理也可以為當代世界的倫理發展提供思想資源。

四、悟修結合

道德認識和道德踐履，並不是兩個可以完全分開的不同階段，為了研究的方便，可以對兩者分別討論，但實際的情形是悟修一體的：或先悟而修，或先修而悟。其中的不同情形，宗密在其《禪源諸詮集都序》卷三中曾歸納為不同的類型：有漸修頓悟（因漸修之功，而豁然頓悟，如同伐木，一片片漸漸砍去，樹木頓時倒下；又如遠行至京城，步步漸

行,一日頓到)、頓修漸悟(如學習射箭,箭箭都想中的,這是頓;但要真正中的,又要天長日久的長期練習,才能達到,這是漸)、漸修漸悟(就像登上九層之高臺,登得越高,看得越遠,所以說,欲窮千里目,更上一層樓)、頓悟漸修(猶如太陽頓出,霜露漸漸消去,孩子頓生,智慧、功業漸漸長成)、頓悟頓修(這是上上根機者的悟修方式,一聞而得大悟)、法無頓漸,頓漸在機諸種。宗密以頓悟漸修為最重要的悟修觀,實際上在禪宗史上有影響較大的幾種,不外乎北宗的漸修漸悟、南宗的頓修頓悟或法無頓漸、頓漸在機,具體的表現形式是惠能的定慧等,另有一種就是荷澤宗的頓悟漸修說。這種悟修關係說,和傳統的儒學倫理相比,與其知行關係相似,事實上兩者還是有相互啟發的。

1、漸修漸悟

通過漸修,漸漸消除煩惱妄念,漸漸使圓滿的、被煩惱汙染的道德本心顯現出來,直到完全的呈現,達到完全的覺悟。宗密對這種方法有過總結:

> 息妄修心宗者,說眾生雖本有佛性,而無始無明覆之不見,故輪回生死。諸佛已斷妄想,故見性了了,出離生死,神通自在。當知凡聖功用不同,外境內心各有分限,故須依師言教,背境觀心,息滅妄念,念盡即覺悟,無所不知。如鏡昏塵,須勤勤拂拭,塵盡明現,即無所不照。又須明解趣入方便,遠離憒鬧,住閑靜處,調身調息,跏趺宴默,舌拄上齶,心注一境。(《禪源諸詮集都序》卷二)

這是從禪理和禪修兩方面討論漸修漸悟的修悟方法。從禪理的方面看，北宗人同樣堅持心性本淨，客塵所染說，但對於煩惱塵垢的性質的理解卻與南宗人不同，南宗人認為煩惱本空，而北宗人卻覺得煩惱必須通過修治的工夫來一點一點地去除，相應地，心的清淨本性也會漸漸顯現。具體的漸修，是要勤勤拂拭，揩磨這一片心地，《壇經》中記錄的神秀的偈，「身是菩提樹，心如明鏡台，時時勤拂拭，勿使染塵埃。」反映的正是這一思想。在進行這種磨拂之前，還有一個趣入的方便，具體進行調身調息的訓練。

2、定慧合一

定慧合一，或定慧等學，是惠能首先提出的悟修方法論，體現道德認識和道德踐履的高度統一，不只是以道德認識指導道德生活，又以道德生活親證道德認識，更在於提出了一種道德境界。一個有道德的人，必須達到這樣的高度統一，而不是分裂，這實際上也是對中國人的道德生活狀況的一種批評。在實際的道德生活中，有許多人就是只有知而沒有行，只有慧而沒有定的。說得到而做不到，這樣的知，這樣的慧，對於道德生活，又有什麼意義？只是空知空慧而已。或者是相反，雖有行，雖有定，卻沒有真正的道德認識。

惠能用體用方法來證明定慧合一，「定惠體一不二：即定是惠體；即惠是定用。即惠之時定在惠；即定之時惠在定。善知識！此義即是定惠等」（敦煌本《壇經》第13節）。天臺宗的止觀雙修，把止觀當作鳥的雙翅，車之雙輪，缺一不可，這是講止觀並重。惠能更進一步講即定即惠。傳統的觀點是從先後的角度論定慧，或者是先有定，由

定發慧，或者是由慧發定，實際上也是把定慧當作有分別的兩個不同階段。惠能講定慧的完全統一，講定時，就包含了慧的意義，講慧時，就包含了定的意義。惠能的定慧等學，目的不在於證明一個哲學命題，而在於修證人們的道德觀念，提醒人們應該做一個真正有道德的人。因為，如果把定慧看出是兩個階段，就為人們的定慧分離、知行不一提供了理論依據，有些人就可以「口說善，心不善，定惠不等」（敦煌本《壇經》第13節）。心口不一，語言和思想認識不統一，嘴上如此說，心中不是如此想，並沒有真正達到這樣的認識，是偽善。這樣的人自然也會身口不一，嘴上說得到，行為上做不到，只說不做，不去親證，沒有道德行為，也是偽善。惠能要求人們，「心口俱善，內外一種，定惠即等」（敦煌本《壇經》第13節），意思已經十分清楚了，一個有道德的人，應該是表裡高度如一的人，表裡均善的人。所以對定慧等的討論，不能只停留在哲學的層面。

後人對於定慧等學有兩方面的理解：一是繼續強調其道德層面的意義，二是具體化為道德修的方法。

大珠慧海屬於前者，他對定和慧都有倫理性的解釋：「定者對境無心，八風不能動。八風者，利、衰、毀、譽、稱、譏、苦、樂。」（《大珠禪師語錄》卷上）「對一切善惡，悉能分別，是慧；於所分別之處，不起愛憎，不隨所染，是定。即是定慧等用也。」（《大珠禪師語錄》卷上）八風，是人生所面對並經歷的不同境遇，對個人來說，無非可以歸納為利害兩個方面，對人生，這些都不是最為緊要的，逢喜不樂，遇苦無憂，寵辱不驚，毀譽雙忘，才是定的境界。這種定，需要有道德認識的基礎，能夠分清善惡是非。不但能分得清，還能真正做得到，真正做到為善去惡。慧海

還將定慧等學發展為三學等用，即引入了戒的內容，戒、定、慧都是同一本體。

清人石成金所著的《禪宗直指》突出了定慧等學的技術層面的意義，定和慧，「名雖有二，體本不殊，但定而不慧，隨即昏沈；慧而不定，隨即散亂」。修定要修有慧定，無慧之定，是昏沈無記之定；習慧要習有定之慧，無定之慧，是散亂妄想之慧。如此，定慧融和，習慧亦可，修定亦可，修定時是定慧等，習慧時亦是定慧等。這是道德認識和道德行為的高度統一。

3、止觀雙與

這是永嘉玄覺的觀點。永嘉玄覺雖是六祖惠能的弟子，但在禪學思想上也旁涉他宗，投曹溪之前，就習天臺止觀法門，他對止觀法門的理解，是先習止，由止而觀，又以平等之心，止觀雙修。

初修心人入定時，永嘉玄覺有一個道德上的規定，即三不應有和三須具。三不應有是：不應有惡，不應有善，不應有無記。不應有惡，是不應該思惟世間的五欲（色聲香味觸）等因緣。不應有善，是指不應該有世間雜善等事。雜善的概念，在淨土宗中指依他力念佛之外的其他修行法門，像禪宗的自力修行之類，是少善根或劣善根。永嘉玄覺在這裡，指世間的一些事法，雖然也通向善，但如果不和出世間的人生解脫之大事因緣相聯繫，則是少善，不是追求出世間解脫者所應為的。不應無記，也應該是針對世間的善惡而言的，不應該對於世間的善惡，不加辨別，善惡不思。三須具：一須具足攝律儀戒，二須具足攝善法戒，三須具足饒益有情戒。他在這裡談到了三淨聚戒的作用，攝律儀戒是又稱自性戒，

其內容包括五戒、八戒、十戒、具足戒等，含攝了律儀中止惡方法戒律，其功能是斷惡。攝善法戒指修習善法，在身口意三方面都有規定，其功能是修一切善。饒益有情戒即攝眾生戒，以慈心攝受、利益一切眾生，其功能是度一切眾生。這裡涉及到了三學中的戒學和定學。

　　初修心人入門之後，玄覺還討論了應該遵守的相應的道德準則，識五念，即必須辨別五種思想意識活動：一是故起，二是慣習，三是接續，四是別生，五是即靜。故起是起心思惟世間的五欲等惡和雜善等善；慣習是雖然沒有故意去思惟世間善惡等事，但由於思惟慣性，忽然間會想起此類事情；接續是明知慣習生起，而不加以止制，任其發展；別生是說感覺到前面的念頭都是散亂心的表現，能夠生起慚愧之心而改悔之；即靜是再不思惟世間善惡及無記等事。初習定的人，容易產生慣習心；懈怠的人，容易產生接續、故起二念；慚愧的人，容易產生別生一念，只有精進的人，才能生出即靜一念。前四念都是應該去除的，是病。後一念才是治病之藥。

　　在習定的過程中，一念出現時，要有六種料簡，對一剎那出現的意識進行鑒別，其中也體現出道德修行的原理：一要識病，二要識藥，三要識對治，四要識過生，五要識是非，六要識正助。病有兩種：一是緣慮，二是無記。緣慮，是心中有善惡二念；無記，雖不執著於善惡等事，但心中昏住，不清淨。治此兩種病的藥也有兩種：一是寂寂，二是惺惺。寂寂，是不念心外之境體現的善惡等事；惺惺，是心不出現無記狀態下的昏住現象。以寂寂對治緣慮，惺惺對治無記，是為兩種對治。過生是說，用藥太過，也容易生病，寂寂之藥久用易生昏住之病，惺惺之藥久用易生緣慮之病。所

謂識是非，乃指寂寂和惺惺兩種藥，只有寂寂，是昏住，只
有惺惺，是緣慮，兩者皆無，也會導致昏住的結果，只有兩
者皆有，才是還源之妙性。前三種情況為非，後一種為是。
所謂識正助，是指兩種對治之藥，惺惺為正藥，寂寂為助
藥。

止久而慧明，習止必須和習觀相結合，用智慧觀照，了
知一切諸法，都假借因緣，因緣和合而生，沒有自性，三界
輪迴，六道升降，淨穢苦樂，凡聖差殊，都是因為有不同的
造業因緣，而產生不同的果報。明瞭此理，自然對境不生執
生，有助於達到更深層次的道德境界。

在這個基礎上，永嘉玄覺引出定慧平等之理（參見《禪
宗永嘉集》）。他的觀點，和惠能的定慧等學相比，具有很
強有可操作性，因而亦為禪界所重。

4、頓修頓悟

這種修悟一時的悟修觀，悟和修都在一剎那間完成，所
以言頓悟頓修亦可，頓修頓悟亦可。圭峰宗密對此有過解
釋，「此說上上智根性，樂欲俱勝，一聞千悟，得大總持，
一念不生，前後際斷。」（《禪源諸詮集都序》卷三）明確這
是一種上根法門，惠能自己則說：「自性頓修，亦無漸契。」
（敦煌本《壇經》第41節）「一念修行，自身等佛。」（敦煌
本《壇經》第26節）「悟人頓修，自識本心，自見本性。」
（敦煌本《壇經》第16節）「自性頓修，亦無漸契。」（敦煌
本《壇經》第42節）這也是無修之修而得的頓悟。

神秀講「諸佛如來有入道大方便，一念淨心，頓超佛
地。」（《大乘無生方便門》）其實也是講頓修頓悟，但這種
思想在南宗門下不被提起。

5、頓悟漸修

惠能南宗倡導的是頓悟頓修。頓修頓悟,這本質上是一種無修而悟,悟而無修,一悟永恒,明確講無修,反對漸修。但後來的一些禪僧在繼承其頓悟思想的前提下,稍作修正,而言頓悟漸修。頓悟頓修和頓悟漸修,嚴格地說,是針對不同根機的修學者而提出的不同的方法,不存在是非正誤的價值問題,至多只有些淺深之別,具有不同實踐和認識能力的人,應該根據自身的實際情形,選擇有針對性的悟修方法。

荷澤神會首先提出了頓悟漸修觀點:「夫學道者須頓見佛性,漸修因緣,不離是生而得解脫。譬如其母,頓生其子,與乳,漸養育,其子智慧,自然增長。頓悟見佛性者,亦復如是,智慧自然漸漸增長。」(《神會和尚禪話錄・菩提達摩南宗定是非論》)神會舉的這個例子很形象地說明了頓悟漸修的原理。

圭峰宗密把頓悟漸修視為各種悟修方法之最為重要的方法:「唯云先頓悟,後漸修,似違反也。欲絕疑者,豈不見日光頓出,霜露漸消;孩子頓生,志氣漸立;猛風頓息,波浪漸停;明良頓成,禮樂漸學。是知頓漸之義其為要矣!」(《禪源諸詮集都序》卷三)漸的方法,是為中下根人而施設的。這也說明,惠能之後,禪宗的發展不僅僅是用頓悟來鼓勵人們的自信心,還在於對廣大的修習者提供有針對性的親證方法,口號不能代替修行。對於一般的修習者來說,理可以頓悟,習氣不能頓消,宗密說:「理雖頓悟,事乃漸除,方障盡。」(《圓覺經大疏》卷中之四)漸修的期限,以親證所悟為期,漸修的一般原則,宗密提出十個階段:一是頓悟

本覺；二是發心怖苦；三是修五行，覺妄念，五行即大乘六度，定和慧合為一門，而稱五門；四是開發，即開發第二階段的決心；五是我空，除去我執；六是法空，除去法執；七是色自在，對色不起執著之心；八是心自在；九是離念，心無所念；十是成佛，得究竟覺，親證頓悟之本覺佛性。又提出了具體的方法，體現在其《道場修證儀》中。憨山德清則簡明扼要地指出必須依悟而修，用道德認識指導道德修行，「所言頓悟漸修者，乃先悟已徹。但有習氣未能頓除，就於一切境緣上，以所悟之理，起觀照之力，歷境驗心，融得一分境界，證得一分法身，消得一分妄想，顯得一分本智」（《答鄭崑巖中丞》，《憨山老人夢遊集》卷二）。

宗密之後，頓悟漸修的方法一直是受到禪界重視的，保任一說，就是維護悟後的境界，永覺元賢說：「既悟本心，尚須保任，蓋為無始劫來習氣深重，未能頓除，故保任之功不可或疏然。」（《鼓山永覺禪師晚錄》卷二）

這裡講到了為什麼必須漸修的原因，就是長期形成的各種惡的觀念不能立即除卻，這是現實的修行中經常遇到的問題，為什麼許多人理上能夠說得，事上不能做得？心中還有惡在，對於初習禪法的人猶為如此，溈山靈祐早就說明過這一點：「如今初心，雖從緣得一念頓悟自理，猶有無始曠劫習氣未能頓淨，須教渠盡除現業流識，即是修也。」（《溈山靈祐禪師語錄》）

五、道德主體性

禪宗哲學具有鮮明的主體性精神，這種主體性也反映在禪宗的倫理思想中，至少具體表現為道德修行和道德認識活動中的自力精神、獨立精神、對權威的否定和對親證的強

調，由此也體現出禪宗倫理對道德自覺和自律的強調，而道德自覺和自律不但是禪宗倫理的一般修行原則，也有更為廣泛的方法論意義。從中可以使人感到，世上從來就沒有救世主，一切都要靠自己。確實如此，民間有教子俗語：要成人，自成人，打來罵來不成人。假若自己內心沒有對自身現狀的緊迫感，沒有成就道德理想的衝動，佛祖再有言教，善知識再有開示，又有什麼用？

1、自力拯救

無論對於道德修行還是道德認識，或者成就最終的解脫，禪宗都要求人們依靠自身的力量，自己成就解脫，而不是把解脫的希望寄託在他人身上，特別是寄託在佛菩薩身上，寄託在禪師身上。這和淨土宗的阿彌陀佛接引的他力拯救是有區別的。禪宗不是一點不講他力，但他力只是助緣，最關鍵的一刻，是需要人們自己去努力的。惠能區別了三種情形：第一，有自悟能力而求他力的，此法為錯，「若自悟者，不假外善知識。若取外求善知識，望得解脫，無有是處。」（敦煌本《壇經》第31節）第二，在自己無法實現自力覺悟的情形下，可以尋求他力，「若不能自悟者，須覓大善知識示道見性。」（敦煌本《壇經》第31節）第三，即使借助他力，如果沒有對道德本性的體認，也難以成就解脫，「若自心邪迷，妄念顛倒，外善知識即有教授，救不可得」（敦煌本《壇經》第31節）。關鍵之處還在於自身，他力也要通過自力才能最終產生作用，在這個問題上，葉縣歸省有兩句偈，可視為一個總結：「萬里崖州君自去，臨行惆悵怨他誰？」（《古尊宿語錄》卷二十三）禪宗倫理中的自力精神可以從修、悟、度三方面瞭解。

　　自修原則，眾生依賴自身的力量進行道德修行。什麼叫佛？佛就是人，是什麼樣的人？百丈懷海說：「佛是無依著人，無求人，無依人。」(《古尊宿語錄》卷二) 也就是依自力的人。修行成佛，就是要成就這樣的人，因此，成佛或成人之修行，也不能通過依傍他人來實現，依傍佛嗎？正如臨濟之問：「佛在什麼處？」(《臨濟慧照禪師語錄》) 如果說佛就是殿裡的，殿裡的佛，無非是或金或木或土所成，趙州從諗說：「金佛不度爐，木佛不度火，泥佛不度水。」(《五燈會元》卷四) 只有自心之真佛在自身中坐，所以大珠慧海說：「自修，莫倚他佛力」(《大珠慧海語錄》卷上)。依傍他禪師嗎？有哪個禪師願意代你修行？有僧人要求馬祖道一在離四句、絕百非的情況下指示祖師西來意，馬祖說：我今日無心情。教他去問西堂智藏，智藏說：我今日頭疼。教他去問懷海師兄，懷海說：到了我這裡我卻不會 (見《景德傳錄》卷七)。他們都在暗示一個原則，應該自悟自修，不必他求。有僧向投子大同求法，「千里投師，乞師一接。」投子說：「今日老僧腰痛。」(《五燈會元》卷五) 有僧向首山省念提出同樣的請求，首山腰不痛，但沒工夫，「老僧無這閒工夫」(《五燈會元》卷十一)。為什麼不接？禾山楚材說：「弄巧翻成拙。」(《五燈會元》卷十五) 怕弄巧成拙。為什麼會弄巧成拙？禪師有悟，那是禪師自己的，不是你求法僧的，與你有什麼相干？即使告訴你，也不是從你自家心田裡流出來的，不是你的終究解脫處，所以羅漢桂琛會下就有這樣的問答：

　　　　問：「如何是羅漢家風？」
　　　　師曰：「不向你道。」

曰：「爲甚麼不道？」

師曰：「是我家風。」（《五燈會元》卷八）

依傍佛經嗎？大珠慧海說，佛經傳達佛意，但不並等同於佛意，因為說法的情形有多種，佛本身也有了義語，不了義語，所以慧海門下不許誦經，「如鸚鵡只學人言，不得人意。經傳佛意，不得佛意，而但誦，是學語人，所以不許」（《大珠慧海禪師語錄》卷上）。

自悟原則，眾生依靠自身的力量進行道德認識。覺悟是通過明心見性實現的，明心見性，都要依自力，「自識本心，自見本性」（敦煌本《壇經》第16節）。同樣也不能放棄自力而把希望寄託在佛祖或經典身上。為什麼要追求覺悟？因為有迷。是誰使你迷？是自迷。所以參禪悟道，還是要自參自悟，解鈴還須繫鈴人，天目中峰和尚指示自悟的一段法語，對此有非常精彩的說明，不妨錄下，與諸人共勉：

> 參禪是參自己禪，非參佛祖、善知識禪也。所謂禪者，蓋遠從多劫前，因地所迷，引起生死。迷乃是自己迷，不因境迷，不因物迷，亦非佛使其迷，又非天地鬼神、冤親眷屬使其迷也。以其自迷，故今日若不肯力叩自己，親自信向，自發肯心，向自己己躬下，真參實究一回，以俟其自悟，無有是處。（《天目中峰和尚廣錄》卷四之上）

自度原則，眾生通過自修自悟，自己度脫自己，而成就解脫，這種解脫也是依自力而成的，惠能說，眾生「各各自

度：邪來正度，迷來悟度，愚來智度，惡來善度，煩惱來菩
提度，如是度者，是名真度」（敦煌本《壇經》第21節）。
這裡也不能依賴於佛力拯救，個中原因，大珠慧海說得非常
實在：「若佛能度眾生時，過去諸佛，如微塵數，一切眾
生，總應度盡，何故我等至今流浪生死，不得成佛？」（《大
珠慧海語錄》卷上）佛有無數，總應該把眾生度盡了吧？但
事實並非如此，眾生仍是有無數，所以說，佛不能度眾生，
禪師也不能度眾生，眾生只有自度。

2、獨立精神

　　自己的命運自己主宰，自己的解脫自己成就，這就把人
的獨立性體現出來了。所謂獨立，是獨立於傳統的權威，獨
立於抽象的原則，獨立於一般性原理，把定內在的主宰，而
成就自身的個性。是獨立於各種情執之外，不被內外境染，
而成就自身的自由。

　　如何是成就自身的個性？從自己的內在本性尋求解脫之
路，形成獨特的解脫之境，形成自己的風格。叢林中所謂宗
風，所謂境，都是指的這一點。叢林中經常會問這樣兩個問
題：一個是，師唱誰家曲，宗風嗣阿誰？另一個是，什麼是
某某境？比如楊岐門下，會有僧人問：如何是楊岐境？實際
上就在考問禪師的獨立性問題，禪法個性問題，個人道德境
界的特色問題。

　　臨濟義玄，接引禪僧以喝著稱，有人也模仿其喝，睦州
陳尊宿會下，睦州問一僧：近離甚處？僧人就喝。睦州說：
老僧被你一喝。此僧又喝一聲。睦州教訓道：三喝四喝後作
麼生？僧人才無話可說（見《五燈會元》卷四）。喝是臨濟
的方法，叢林中公認，臨濟的喝都有其特殊的含義，此僧盲

目地學臨濟的喝，而不知為何行喝，如何行喝，所以睦州要問，你喝完幾聲後又怎麼辦呢？

金華俱胝和尚，平常凡是來問法的，他都豎起一個手指頭，沒有任何別的開示，叢林中稱一指禪。俱胝門下有一位童子，每當見到有人問事，也豎起一個指頭，人們都對俱胝說，此童子也會佛法，凡有人問，他也像您一樣豎指。俱胝袖懷刀子，問童子：聽說你會佛法？童子說：是。又問：如何是佛？童子豎起指頭，俱胝抽刀斷其指，童子叫喚著跑出去。俱胝又叫回來，問：如何是佛？童子舉手，不見手指，猛然大悟（見《五燈會元》卷四）。豎指法是俱胝的，不是童子的，童子不知求自己獨特的體悟，直到付出斷指的代價，方才了知。

此類案例，充塞叢林，可知禪師們都在鼓勵學人追求自己的特色。

禪法的個性還表現在從自身的具體情況出發，尋求到適合於自己的悟修方法和切入點，不去盲目追尋他人的時尚。大梅法常禪師，曾在馬祖道一會下求法，當時道一指示個即心即佛，法常由此悟入。後來有人找到他，告知道一現在不講即心即佛了，講非心非佛。法常說：「遮（這）老漢惑亂人未有了日，任汝非心非佛，我只管即心即佛。」（《景德傳燈錄》卷七）道一聽說後，稱讚道：梅子熟也。大梅和尚成熟了。

有些人的禪法似乎也很有個性，但還分個悟與不悟的情形，有人並沒有開悟，也在形式上裝模作樣地講個獨特的禪風，這就非常虛偽了。去五臺山的路上，有一位老太婆，凡是遊五台的僧人問路，她指引說：驀直去。僧人走後，老婆子就說：又這樣去了。僧人將此事告知趙州從諗，從諗一直

懷疑這個老太婆，就去勘驗，終於將其勘破（見《景德傳燈錄》卷十）。老太婆經常講「驀直去」，似乎也是一種禪風，其實自己並沒有一個悟。

如何是成就自身的自由？通過自力解脫，能夠不受一塵所染，不被一法所縛。百丈懷海說：「但不被一切有無諸境轉，是汝師道；能照破一切有無諸境，是金剛慧，即有自由獨立分。」（《五燈會元》卷三）能做到這兩點，才可稱得上是獨立的，自由的。如果被一些虛妄的境界纏縛，比如被名利纏縛，如何能有獨立的人格，自由的心境？《宗門武庫》裡記有一則故事，有一位禪僧白長老，曾說過這樣的話：我的老鄉雪竇只有百首頌，寫得也不怎麼樣，但是卻有這樣大的名聲。出於羨慕雪竇的名聲之大，於是他作頌千首，十倍於雪竇之頌的數量，訂成一集，希望日後聲望超過雪竇，到處請人鑒定，想求得一句半句讚賞。求到一位大和山主門下，大和山主是何等高人，氣吞諸方，從不輕易印可，他斥責白長老為臭不可聞，「此人如人患鴉臭，當風立地，其氣不可聞。」此人從此不敢將其拿出來示人。禪宗倫理的道德關係上，有一條就是處理與自我的關係，白長老就是不能正確處理這一關係，不能如實地認識自我，名利關沒有破，因而不能自由。思之，思之。

3、否認權威

自力解脫，也是禪宗倫理對人和佛的關係的處理原則之表現，反對對佛的崇拜，佛就是人，人就是佛；佛就是我，我就是佛，從佛性論的角度，完全可以這麼說。於是禪宗就有對於佛祖之權威的否定，對外在的道德命令的否定，其中表達的倫理意義是，道德律令，只在我心中，我只受自心本

有的道德命令支配。

　　否定權威的最為極端的表現是叢林中的呵佛罵祖，毀經謗教。臨濟義玄說：「無位真人是什麼？乾屎橛。」（《臨濟慧照禪師語錄》）無位真人是義玄對於佛的描述。「三乘十二分教，皆是拭不淨故紙，佛是幻化身，祖是老比丘」（《臨濟慧照禪師語錄》）。這一句把經教、諸佛、諸祖都罵進去了。國清院奉禪師罵道：「釋迦是牛頭獄卒，祖師是馬面阿旁。」（《五燈會元》卷四）牛頭馬面是中國民間宗教中的鬼怪。德山宣鑒罵得更多、更全：「達磨是老臊胡，釋迦老子是乾屎橛，文殊、普賢是擔屎漢，等覺、妙覺是破執凡夫，菩提涅槃是繫驢橛，十二分教是鬼神簿、拭瘡疣紙，四果、三賢、初心、十地，是守古冢鬼，自救不了。」（《五燈會元》卷七）雲門文偃也有乾屎橛之說，以乾屎橛這種骯髒的物事指謂呵罵的對象，以文偃的罵最為著名。文偃還有殺佛之說，佛傳記載佛祖釋迦牟尼剛出生時，一手指天，一手指地，周行七步，目顧四方，說「天上天下，唯我獨尊。」文偃說：「我當時若見，一棒打殺與狗子吃，卻貴圖天下太平。」（《五燈會元》卷十五）這些都是「名罵」。

　　除了呵罵，叢林中還有一些奇行，最為著名者之一是丹霞天然禪師的燒佛。丹霞在慧林寺，遇上大寒天氣，就取寺中木佛燒火取暖，院主呵罵道：為何燒我木佛？丹霞說：我要燒出舍利子。院主說：木佛哪裡會有舍利子？丹霞於是說出了最為著名的一句：既無舍利，更取兩尊來燒（見《五燈會元》卷五）。

　　這些看似出格的言行，表示的正是對傳統的經教佛祖權威的否定和超越，是叢林中追求的超佛越祖的體現，否定和超越心外的權威、法則，肯定和突顯的是內心本有的準則。

　　但應該提醒的是，能夠呵佛罵祖者，已是解脫者，都是叢林中大德高僧，都是老古錐，這本身也體現出一種境界，一種標誌。如果達不到覺悟而盲目模仿這種風氣，只會敗壞禪風，臨濟義玄早就提出過警告：「大善知識始敢毀佛毀祖，是非天下，排斥三藏教，罵辱諸小兒，向逆順中覓人。」（《臨濟慧照禪師語錄》）

4、親證

　　禪的修行，是每個禪僧的本分事，份內事，不能交由他人，別人也無法替代你。宗杲說：「這刀子把柄，只在當人手中，教別人下手不得，須是自家下手始得。」（《答陳少卿》，《大慧普覺禪師語錄》卷二十六）宏智正覺說：「此一段事，直須人人自到，人人自證。」（《宏智禪師廣錄》卷五）他人的作用，只是助緣，最終必須由自己親自去實行，自力精神，獨立精神，呵佛罵祖，其實也是要突出一個親證的道理，只有親證，才能使自己真切地親身感受到覺悟帶來的實際利益，才能超越生死，透過古今，與佛祖同得。惠明將軍受惠能開示而悟後，講過一句著名的話：「如人飲水，冷暖自知。」（《壇經·行由品第一》）這就是親證後才會有的悟境。解悟所得，畢竟沒有驗證過，只是理上之知。他人轉述的體悟經驗，對於你而言，也只是他人的親證。你自己也應該有個親證，產生自己的開悟經驗，到這個地步，才是真解脫了，是從本身的實際條件出發而實現的解脫。宏智正覺說：「親證真得處，名入佛心宗」（《宏智禪師廣錄》卷六），所述正是此真解脫之意。

　　惠能的許多話，都直接指示了親證的道理，他說：「莫空口說，不修此行，非我弟子。」（敦煌本《壇經》第25節）

「迷人口念，智者心行。」（敦煌本《壇經》第26節）「不在口諍，汝須自修。」（敦煌本《壇經》第43節）但禪師們更強調了禪法教育的「不說破」原則。不說破，就是要學生自己去體會，比如荷澤宗的基本理論是重知，心體本有知，但禪師畢竟不與學生先說這個知字，直到他自己覺悟，才驗證真實之知，親證心之本體。叢林中不說破的方式真是多種多樣。當頭棒喝是不說破，通過突然的激烈言行截斷學生理路，切除其向外求索的意念，轉而向自心上做工夫，歸家穩坐。雲門的一字關是不說破。趙州的喝茶是不說破，由此顯示的親證，是禪宗悟修方法的核心之處。

六、開悟經驗

覺悟是道德本性之一剎那間的情景。這些開悟的例子，如果只注意其開悟的一瞬間，肯定會感到是神秘的覺悟，但如果結合開悟之前的情形，實際上也是有一個長期修習的，是因修行而悟的。只不過，這種修，不是坐禪之修，不是固定程式之修，而是無修之修，在和日常生活結合的修行中，受到某一種機緣的激發，剎那間心地開通，覺悟道德本性，而從多樣性的開悟經驗看，也可以看出禪宗中道德生活的豐富內容。

1、聽經而悟

這是聽到他人念經而觸法機緣，頓時開悟。這一類型，以惠能的開悟經驗最為著名，他就是聽《金剛經》而悟，在賣柴的街市上，「忽見一客讀《金剛經》，惠能一聞，心明便悟。」（敦煌本《壇經》第2節）

2、指示而悟

通過受禪師的開示而頓悟。這種開示，有時是正面的指示，為表詮；但更多的獨特的奇特語，或者是遮詮，即否定性表述，從中也可以看出禪宗在教學方面的特色。

正面的開示，直接指示學人的心性，直接告知修行方法，學人於言下頓悟。惠能門下，將軍惠明追趕惠能至大庾嶺上，惠能以為是來奪衣，擲衣於地，惠明提衣不起，乃說他是為法而來，不是為衣來，請惠能指示，惠能說：「不思善，不思惡，正與麼時，那個是明上座本來面目？」惠明言下大悟，說了一句名言：「今蒙指示，如人飲水，冷暖自知。」（見《壇經‧行由品第一》）大珠慧海禪師，初次到馬祖道一會下時，馬祖問：從何處來？他答：越州大雲寺來。又問：來此擬須何事？他答：來求佛法。道一就指示說：自家寶物不顧，拋家散走作什麼？我這裡一物也無，求什麼佛法？慧海再問：哪個是我的自家寶藏？道一說：即今問我者，是汝寶藏，一切具足，更無少欠，使用自在，何假向外求覓？至此，慧海於言下大悟（見《景德傳燈錄》卷六）。趙州從諗是在南泉普願門下開悟的，南泉指示說：「道不屬知、不知，知是妄覺；不知是無記。若是真達不疑之道，猶如大虛，廓然虛豁，豈可強是非邪？」（見《景德傳燈錄》卷十）從諗於言下悟理。

這種指示，所用的概念，都是本來面目、佛法、道等「形上」性的概念，非常宏大，有的禪師指示，則根本不涉及此類「話語」，只以日常生活語言，只論日常生活之事，甚至不涉及任何概念，學人也能在此言下開悟。趙州從諗會下，有僧人求法：學人迷昧，乞師指示。趙州問：吃粥也未？僧人答：吃粥也。趙州說：洗缽去！僧人因此而悟（見《景德傳燈錄》卷十）。你說他為什麼能悟，又悟個什麼？

禪就是生活；禪修就是無修之修，是自然。

　　有許多指示心性的方式是用奇特語，以常理看是不可能的事，不可思議的事，被組合在這類語言中，學人從中也能悟入。龐蘊居士問馬祖道一：「不與萬法為侶者是什麼人？」道一說：「待遇汝一口喝盡西江水，即向汝道。」（《景德傳燈錄》卷八）指示的也是第一義不可說之理，龐蘊言下頓領玄旨，並留在道一會下參乘二年。良遂禪師初參麻谷寶徹時，寶徹喚：良遂！良遂答應。又喚，又答應，這樣喚他三次，良遂也答應三次。寶徹不禁罵道：這鈍根阿師。良遂終於醒悟，忙對寶徹說：和尚不要罵我，要是不來禮拜和尚，我幾乎空過一生（見《景德傳燈錄》卷九）。良遂認名，不知名字只是形式，不是本性，執著於名，不能見性，被寶徹一罵，猛然有悟，這在叢林中稱為良遂三喚因緣。

3、因喝而悟

　　行喝這種方法，是最為激烈的教學手段之一。學人遭喝，往往出於意料，一喝之下，從前的一切執著，常常就在喝中去除，頓悟自性。

　　百丈懷海在馬祖會下，受馬祖一喝，直震得三天耳聾眼黑，黃檗希運聽說後，也禁不住要吐舌頭（見《景德傳燈錄》卷六），這是叢林中的名喝。

4、受棒而悟

　　叢林中，棒與喝齊名，也是激烈的教學手段。對學人而言，棒是一劑猛烈的清醒藥，當頭一棒，一切情執理路，統統截斷，人們常常在這種情形下頓悟。

　　棒下而悟，最著名的莫過於臨濟義玄在黃檗希運會下的

三頓棒因緣，準確地說，義玄是在三頓棒後再經大愚守芝接引而悟的。義玄初次參問黃檗希運，經第一座提醒，就問如何是祖師西來的的意？希運就打，如此三問，三次被打。義玄不能領會，於是告辭，希運介紹他到大愚和尚處，義玄訴說三度問法、三次被打因緣，並問：不知過在什麼處？大愚說：「黃檗恁麼老婆，為汝得徹困，猶覓過在。」意謂，黃檗也太慈悲了，用了那麼多的施設，而你這傢伙也蠢到底了，還在問有什麼過錯。義玄因此而悟（見《景德傳燈錄》卷十二）。義玄是大器，黃檗和大愚等都有意提誘他，禪又不能說破，既然剛烈的三頓棒下一時不能悟，黃檗特意介紹他到大愚處，大愚用的是陰柔法，這樣剛柔相濟，一紅一白，終於使義玄頓悟，但關鍵之處還在這三頓棒。

5、奇行引悟

叢林施棒當然是奇行，但除此著名的奇行外，還有許多很有特色的奇行，許多禪師以此而接引學人，使之頓悟。這種奇行，其實也是一種暗示，體現了禪宗教學中不說破的原則。

睦州道蹤，叢林中尊稱陳尊宿，是百丈懷海的再傳弟子，雲門文偃去參訪他時，連敲三次門，他才開門。門一開，文偃就要擠進去，他一把推開，罵文偃為「秦時 轆轢鑽」，意謂你遲鈍得像秦朝的錐鑽一樣，毫無鋒刃了（見《雲門匡真大師行錄》）。文偃因此而悟。這是著名的三次敲門因緣。

6、聞聲而悟

這是在日常生活過程中，聽到某一種聲音，受此激發，

忽然覺悟。

百丈門下，在一次鋤地勞動時，有僧人聽到鼓聲，頓時開悟，舉起鋤頭大笑而去。百丈回去後問此僧人見個什麼道理，他則說，因為早上沒有喝粥，聽到鼓聲，可以回來吃飯了。悟個什麼？不可說，當然也不能說「不可說」這樣很學術化的道理，只是說個平常事。百丈聽後，也是呵呵大笑（見《景德傳燈錄》卷六）。

同樣的例子還有，潙山靈祐正在法堂，庫頭敲木魚，火頭聽後，擲掉火抄，撫掌大笑。靈祐叫來詢問：你幹什麼？火頭說，我早上沒有吃粥，肚裡饑餓，所以歡喜。靈祐深表贊許（見《景德傳燈錄》卷九）。

香嚴智閑禪師，有一天勞動，芟除雜草，偶然間拋開一塊石頭，擊中了竹子，發出聲響，忽然有悟，作有一頌，「一擊忘所知，更不假修持，動容揚古路，不墮悄然機」（《景德傳燈錄》卷十一）。在此之前，他曾向潙山問道，潙山問他一句父母未生時如何說？茫然不能答，泣辭而去，後來終於因此機緣而悟。

7、睹色而悟

這是在日常生活中，因忽然間看到某種顏色，受到激發，突出覺悟。較為著名的例子有，見桃花而悟，過水睹影而悟，見日光而悟。

靈雲志勤禪師，在潙山門下時，因為看到鮮豔的桃花，豁然開悟，悟後有偈曰：「三十年來尋劍客，幾回落葉又抽枝。自從一見桃花後，直到如今更不疑。」（《潙山靈祐禪師語錄》）

洞山良价禪師沖問雲巖曇晟：您百年後，假如有人問

我：您還記得老師的模樣嗎（意思是指，曇晟的禪法宗旨是
什麼）？我應該如何回答？曇晟說：「即遮個是。」良价一
時不能理解，曇晟又加了一句：「承當遮個事，大須審細。」
良价還是有所疑惑，後來，因為要過一條河，在水中看到自
己的影子，終於頓悟，留有一偈：

> 切忌從他覓，迢迢與我疏。我今獨自往，處
> 處得逢渠。渠今正是我，我今不是渠。應須恁麼
> 會，方得契如如。（見《景德傳燈錄》卷十五）

良价從我和渠（我的倒影）的關係上，體會到了理與事、體
與用、佛和眾生的關係，不要向外求理求體求佛，這只會愈
求愈遠。理體隨機而緣起事用，形成處處現象；現象都由本
體緣起，本身是空幻不實的，都歸於本體，一旦認識到這一
點，就不會被現象迷惑，這就是曇晟的即事而真的寶鏡三
昧。

雪峰義存門下，越山師鼐禪師受閩王之請，在清風樓用
齋，坐得太久，舉目遠望，因為看到日光，忽然開悟，頌有
一偈：「清風樓上赴官齋，此日平生眼豁開。方信普通年遠
事，不從蔥嶺帶將來。」（《五燈會元》卷七）

第八章　道德生活論

道德生活論

　　禪宗倫理體系中的所謂「形而上」、「形而中」、「形而下」，並不是三個純粹的、完全分開的不同部分，作這樣的區分，原因之一是為了寫作時邏輯分析的需要，實際上，這三者是融合在一起的，融合的落點，是在人們的道德生活中，在每一個禪僧的道德生活中，在每一個禪宗流派的道德生活中，都體現出這種整體性。道德生活是一個內容十分寬泛的概念，表示人們在善惡層面的精神活動或道德活動，其基本內容，涉及了道德教育、道德行為、道德境界三個方面。

一、道德教育

　　禪宗的道德教育有一個基本前提，教育者（這些人或稱為大善知識，或稱為禪師）本身就是理想道德的實現者，這使道德教育成為可能。這種教育的基本原則是不說破，最終由學人自己去體悟，這是為了強調親證的重要，禪師所做的，只是啟發，而對於學生的要求，能夠超越其師，懷海說：「見與師齊，減師半德；見過於師，方堪傳授。」（《古尊宿語錄》卷一）這也是禪宗能保持常新的主要原因。圍繞這一點，禪師們各顯神通，體現出千姿百態的教育風格。

1、道德生活的重要

　　關於這一點，儒家有過明確的看法。孟子認為，人與動物的區分其實只有一點點，就在於是否有道德觀念，人有道德觀念而動物無，所以中國俗文化中視沒有道德感的人為畜

生，視只追求經濟生活而忽略道德生活者為經濟動物，視只追求政治生活而忽略道德生活者為政治動物，此類觀念的理論源頭就在於此。孟子還講到，君子和小人的差別也在於道德層面，君子能夠保存和擴大本有的道德種子，而小人則容易將其遺忘。因此，要成為人，要成為君子，只有從道德層面著手修練。

佛教的傳統，也是強調著道德生活的重要性，佛教就是道德性的宗教，佛教的整個理論體系，都是圍繞著如何成就一個圓滿的人生，有道德的人生；佛的境界，就是道德圓滿的境界。佛教雖然從理上講一切眾生皆有佛性，但實際的存在，既有眾生和佛的不同，也有人和三惡道生命類型的區別。眾生，就是道德的欠缺者，佛是道德的圓滿者，三惡道中的地獄、餓鬼、畜生被視為完全沒有道德生活者，「是惡人輩，不受佛戒，名為畜生」(《梵網經》卷下)。不重視道德修養，沒有道德生活的人，不信受佛教戒律的人，即使是人，只是惡人；而惡人，也已和畜生無異。叢林中常有「披毛戴角」之說，指的就是墮為畜生，臨濟義玄說：「爾若念念心歇不得，便上他無明樹，便入六道四生，披毛戴角。」(《臨濟慧照禪師語錄》)不能體認自心的道德本性者，墮入畜生道中，這種看法，基本的思路是和孟子一致的。這裡也可以看出佛教的是以佛的價值為中心，或者說是以覺悟之人的價值為中心。

禪宗自然也是倫理性的宗教，禪宗以了生死為大事因緣，而要了生死，必須通過道德的修養，因此也十分強調道德生活的重要性。從菩提達摩以來，諸祖師們就一直強調以無我的精神，正確對待個人的榮辱喜憂。明心見性，也就是明見自心的道德本性；修行，也是修此道德本性。惠能注重

吸收儒學的思想入禪，所吸收的重要內容，就是儒學的道德理念，《壇經》可以說是一部禪宗的道德生活寶典，惠能的道德美名長留於叢林，其道德行為最大的兩點就是對親行孝和對國對君行忠。永嘉玄覺是這樣說道德生活的重要性：「寧有法死，不無法生。」（《禪宗永嘉集・戒驕奢意》）這個「法」，也是道德之法。道德原理，因此也可以理解為，寧有道德而死，不無道德而生。這也和儒家的重視道德的思想傳統相同。孔子講：朝聞道，夕死可矣；孟子則強調寧為玉碎，不為瓦全的精神，都是主張道德第一。永嘉批評有些人「終朝擾擾，竟夜昏昏，道德不修，衣食斯費。上乖弘道，下闕利生，中負四恩。」（《禪宗永嘉集・戒驕奢意》）這裡十分明確地提出「道德」的概念，由此可知，在永嘉的道德理念中，道德生活有三個方面的內容，即弘道、利生、報恩。弘道，就是要弘揚佛教正法，佛法的道德理念；利生，就是要以這種道德理念化導眾生，激發眾生體認自心的良知；報恩，是要報父恩、母恩、佛恩、師恩，是為四恩。父母有生身之恩，養育之恩，佛有以其正覺度脫生死之恩，說法之師則有弘揚正法，令迷者得度之恩。所以，從孝的角度看，禪宗以及整個佛教的道德生活中，並沒有否定對父母的孝道，只是行孝的方式不同而已。孝是道德之根本，在中國的道德思想中，一旦孝的觀念確立，其整個的道德體系價值取向就確定下來了。

2、不說破

從禪宗教育的根本方法來說，是不能說破，最後的覺悟，要讓學生自己去體會，有了這個體會的結果，禪師再加以檢驗，稱印證。以這種方法，強調親證或現量的重要性。

佛與眾生之間的薄薄的一層紙，不由禪師捅破，而由學生自己揭破。當然，不說破的原因，還在於禪的真理，不可說，無法用語言揭示其真實意義，只能靠人們的悟去體會。

洞山良价禪師，曾向雲巖曇晟請教南陽慧忠的無情說法之理，辭別曇晟時，曾問法，因曇晟不說破，後涉水睹影而悟，非常感激曇晟的做法，所以每當曇晟忌日，良价總要設齋紀念，有人不解，他說：「我不重先師道德，亦不為佛法，只重不為我說破。（見《景德傳燈錄》卷十五）只一個不說破，就是極高明的教學方法，對學生的開悟極有益，促使學生證悟，而不是強化其解悟。

曇晟這樣做，他自己也是有過深切體會的，他有一段因緣，至死也不明，旁人雖然心中著急，但也不能打破這種不說破的禪門規矩。道吾宗智和雲巖曇晟同參南泉普願，宗智是在藥山惟儼會下開悟之人，普願問：「闍黎[1]名甚麼？」宗智答：「宗智。」又問：「智不到處，作麼生[2]宗？」宗智說：「切忌道著。」南泉說：「灼然道著，即頭角生。」三天後，南泉看到此兩人，又問宗智：「智頭陀前日道：智不到處，切忌道著，道著即頭角生。合[3]作麼生行履？」宗智轉身就入僧堂，南泉也就回方丈室。雲巖問：師弟剛才為什麼不回答南泉和尚？宗智說：「你不妨[4]靈利。」即你真是太聰明了。雲巖不能領會，就去問南泉，南泉告訴他宗智這是向異類中行，雲巖還是不能領會。宗智知道雲巖的關於

---

1 梵語 acarya 之音譯 "阿闍黎" 的略稱，意譯為軌範師、正行、教授等，是能夠教授學生，使之行為端正合宜，而自身又是學生的道德、學問、修行楷模的導師。
2 意為如何、怎麼樣。
3 應該。
4 真是，實在，太。

異類中行的悟法因緣不在南泉這裡，就帶他回到藥山惟儼會下，雲巖問：什麼是異類中行？藥山答：「吾今日睏倦，且待別時再來。」雲巖說：我特意為此事而來的。藥山說：出去。雲巖果然就老老實實地出來了。宗智在方丈室外，知道雲巖還是不領悟，心中著急，不覺咬得手指出血，問雲巖道：師兄為什麼要去問那段因緣？雲巖說：和尚不肯為我說。宗智見他如此不明，也只得低頭不語。直到雲巖臨死之前，寄信來和宗智道別，宗智閱信，對洞山良價等禪師說：我真後悔當時沒有向他說清楚，但是不能違背藥山的宗風（見《五燈會元》卷五）。其實，禪門中要得一個悟，也很不容易。

禪師眾多接引方法，都在體現這一不說破之理，都在指示學人返見自性。龐蘊居士參石頭希遷，問：「不與萬法為侶者是甚麼人？」石頭用手掩其口（見《五燈會元》卷三）。溈山靈祐曾建議大隨法真問法去，問個「如何是佛」，大隨立即掩溈山之口，溈山感歎道：你真是得了禪之真髓了（見《五燈會元》卷四）。以手掩口，表示不能說破，不可說。一位禪僧參臨濟義玄，問了句「如何是佛法大意？」義玄一把抓住，揮手一掌，又隨手推開，禪僧只得站在一旁，其他禪師提醒道：還不趕快禮拜！禪僧大悟（見《臨濟慧照禪師語錄》）。義玄的作略，也是表示不可說，也不願意為其說破。有僧人問：「如何是道？」徑山道欽說：「山上有鯉魚，海底有蓬塵。」（《五燈會元》卷二）這種用常識中的不可能性現象組成的語言，稱為奇特句，魚在水中，如何會在山上？狂塵遮天蔽日，是在陸地上才有的事，如何會在海中存在？既然此類事為不可能，你問的問題禪師也不可能回答。當然，這類叢林奇特語還有其他的含義。

3、暗示

　　暗示法，實際上也是不說破的一種表現，不能說破，但有時又不得不說，禪師又得說這不可說之說，方法之一，就是用暗示法。這種不可說之說，包括言說之語言和形體之語言，實際上都是在暗示，暗示眾生佛性的本有，鼓勵人們自修自悟，鼓勵人們以正確的方式習禪。

　　南嶽懷讓的磨磚之舉，可謂是禪門中最早的也最為經典性的暗示式教學法門之一。馬祖道一禪師初在懷讓會下時，專心坐禪，懷讓去驗問：大德坐禪圖什麼？道一說：圖作佛。這是對禪定漸修的執著，而依南宗派門，這種方法，不能得道。懷讓就取一塊磚在旁邊磨，道一問：您在做什麼？懷讓答：磨鏡。道一問：磨磚豈能成鏡耶？懷讓說：磨磚既不能成鏡，坐禪豈能成佛？道一的方法受到否定，心中睏惑起來，問道：應該怎麼辦才好？懷讓還不直接說破，又舉個例子：比如有人駕車，車不行走，是鞭打車子還是鞭打拉車的牛？道一回答不出。至此懷讓水到渠成地直接開示禪理：「汝學坐禪？為學坐佛？若學坐禪，禪非坐臥；若學坐佛，佛非定相，於無住法，不應取捨。汝若坐佛，即是殺佛，若執坐相，非達其理。」（《景德傳燈錄》卷五）整個過程非常講究教學的技巧和針對性。

　　德山宣鑒有一次造訪龍潭崇信禪師，天黑時，還在屋外默坐，崇信問「何不歸來？」德山說：「黑。」崇信點蠟燭給德山，德山剛想接，崇信就一口吹滅，德山頓時便悟（見《景德傳燈錄》卷十五）。崇信沒有一句直接講法語，德山他悟個什麼？是從暗示中悟得，崇信暗示，人給你的光明，只是外在的，你自心有內光明，人應該靠發明自心的光明，

依自心光明而修。

4、身體力行

從師德的角度看，禪師本身就是圓滿道德的體現者，其禪修生活的各個方面，都以道德規範為依，以自己的人品和道德人格，默默地影響僧眾。在道德教育過程中，榜樣的力量，特別是身邊的榜樣，有著重要的作用，這一點，孔子早就說過，其身正，不令而行，其身不正，雖令不行。禪宗中大凡著名的弘法道場，其僧團領袖必是大德高僧，而成為僧團領袖，必要條件之一就是道德境界的高尚。

弘忍作為僧團領袖，身體力行，禪修、勞動，都堪稱楷模，特別是勞動，他「役力以申供養，法侶資其足焉。」（《楞伽人法志》）通過帶頭勞動，在經濟上保證僧團的自給，改變傳統的乞食制度，倡導具有禪宗特色有勞動倫理，這是對禪宗的社會倫理觀的突破。百丈懷海，則以「一日不作，一日不食」之美德而名播于叢林。荷澤神會則在朝廷政權受到威脅，平息內亂缺乏資金之時，以「帶罪」之身，不顧年邁，出來出售度牒，籌集軍費。這樣的例子，真是數不勝數。

5、因材施教

佛教講人與人之間的根機、根器、根性的差異，主要是指人在一些先天素質方面的差別，比如心理方面和生理方面的差別，也包括後天各種因素（例如環境和教育等）的不同影響而造成的差別。這種差別影響到人的實踐和認識能力，最終影響到覺悟的遲和疾，漸和頓，因此在教育上，就不能忽視這種差別，就有了對人的分別，一般分為三種，即下

根、中根、上根，還有一種上上根或出格人，是指超常人才。對這些不同程度的學生，禪宗要求採取有針對性的教學方法，使各類學生都能感受道德利益。汾陽善昭說，「夫說法者，須及時節，觀根逗機，應病用藥。」（《古尊宿語錄》卷十）具體的表現，總是「有問有答，有放有收，有主有賓，有殺有活。」（《大慧普覺禪師語錄》卷三）。

雙峰道信的禪法，就已經注重這一問題，他把求法學生分為上上人、中上人、中下人和下下人，「有行有解有證，上上人；無行有解有證，中上人；有行有解無證，中下人；有行無解無證，下下人。」（《楞伽師資記》）佛教一般所認為的修行，必須有四個過程，即信、解、行、證。信是信仰、信樂；解是瞭解，理解，認識，行是身體力行的修持；證是證悟道果。理解也是一種悟，乃是解悟，沒有經過個人的親證，還不能親自感受這種覺悟所帶來的實際利益，可以稱為開悟。證悟則是由實踐而體會到真理，可以稱為悟入。道信略去了信的一環，乃是因為，他認為凡是叢林中人，必是持信者，這是一個當然前提。

道信指示不同的學生，或者是修任運法門，不念佛，不捉心，不看心，不看淨，不計念，不思惟，不觀行，不散亂，心不去，也不住，只是任運自在。這自然是上上人的修行方法；或者通過看心觀心，可以得悟，這自然是對下下人的修行方法；或者可以通過禪師的指示開悟；或者永遠不需要禪師指示，而能自己覺悟。這兩種人，大概指中下、中上根眾生。但不管是何種學生，都在修習方便法門，通過五種方便，了知自心和佛性的關係。

惠能實際上是區分了漸和頓兩種不同的教學方法，並以說頓的南宗禪法為上根法，上根眾生修習的禪法，講漸的北

宗禪法是小根法，下根眾生修習的禪法，「汝師戒定惠，勸小根智人，吾戒定惠，勸上人。」（敦煌本《壇經》第41節）對於這樣的觀點，應有正確的理解，神秀北宗，看到了眾生中更多存在的是中下根器的實際狀況，而有針對性地勸習漸修方法，對於一些上根者，也勸頓悟方法，但以勸漸為特色，由此體現出的倫理特色，是純技術性的，重在禪修的具體方法。惠能的頓的禪法，並不是忽視眾生根性的差異，而著重強調，無論是何種根器的眾生，都應該有一個自信和自覺，相信自己本來就是真正意義上的人，並決心依靠自身的力量實現道德理想，由此體現的倫理特色，是啟蒙性的，旨在解放思想，衝破觀念的障礙。

馬祖道一禪師的即心即佛、非心非佛、不是物三句，從教學方法的角度看，也可以理解為不同針對性的因材施教。下根人，不知自心是佛心，懷寶迷邦，對他們，講個即心即佛，指示眾生本來是佛，你就是佛，除你自己之外，不存在別的佛，即使你認為有，那是別人心中的佛，對你沒有實際意義。中根人，他們對於即心即佛之理已有瞭解，但又執著於即心即佛，所以必須對他們講個非心非佛。上根人，即心即佛之理和非心非佛之理都瞭解，對於他們，則要講個不是物，即說似一物都不中，既不是即心即佛，也不是非心非佛，離四句，絕百非。三句後，還有一句，「且教伊體會大道。」實際上是透過三句外了，是針對出格之人而說的，沒有具體的定則，完全以師生相見時的具體情形而施設。

臨濟門下，有多種教學施設，但也不出因材施教，其四照用、四料簡法，都是如此。

四照用法，根據學生不同的情形，或先照後用，或先用後照，或照用不同時，或照用同時。照和用，從禪宗的認識

理論角度看，照是指對客體的認識，也指法執；用是對主體自身之認識，也指我執。義玄以照用為法，照實際上是對法執的破除，用是對我執的破除。從接引時所施具體方法的角度看，照是指師生之間的問答，用是棒喝等手段。義玄說：「先照後用有人在；先用後照有法在；照用同時，驅耕夫之牛，奪饑人之食，敲骨取髓，痛下針錐；照用不同時，有問有答，立主立賓，合水和泥，應機接物；若是過量人，向未舉已前撩起便行，猶較些子。」(《人天眼目》卷一）對於法執重的人，破除其法執；對於我執重的人，破除其我執；對於我法二執都重的人，雙破其二執。耕地的農夫執著於牛，驅趕其牛，饑餓的人執著於飯食，奪掉它，這都是形容臨濟去人執著的猛烈手段。對於二執俱無的人，接引起來就很方便了，這四類接引法所針對的學人，二執俱無，是上根人；二執俱有，是下根人；或有我執，或有法執，是中根人。除了這三種根器，還有一種上上根器的「過量人」，接引這樣的學生，就要看禪師的水平了，一見面，必是電閃雷鳴，臨濟在德山宣鑒門下，就是一個「過量人」，德山接引他，作略自然不簡單，有一次義玄隨侍德山，德山說，「今日睏。」義玄罵道，「這老漢寐語作什麼？」德山便打，義玄掀翻繩床，德山便作罷。義玄又繼承了德山的這種風格，他曾問樂普禪師：有兩個人，一個行棒，一個行喝，哪能一個更親（即更符合禪法）？樂普說：都不親。義玄又問：那什麼是親？樂普就大喝一聲，義玄舉杖就打（均見《古尊宿語錄》卷五）。

四料簡也是類似的方法，根據學人不同的執著，區分四種不同教學的方法，「有時奪人不奪境，有時奪境不奪人，有時人境俱奪，有時人境俱不奪。」(《人天眼目》卷一）我

執重者破其我執（奪人），法執重者破其法執（奪境），二
執兼有者雙破二執（人境俱奪），二執俱無者無執可破（人
境俱不奪）。

　　雲門文偃用一字法，無論是誰來都用此法，比如有僧
問：「一生積惡不知善，一生積善不知惡，此意如何？」雲
門說：「燭。」（《五燈會元》卷十五）一字法是接引上根眾
生的方法，而真正的上根機眾生，現實生活中是非常少的，
雲門宗的衰落，和其宗風險峻高古不無關係。

6、隨處作法

　　禪宗的教學，並不只限於上堂開示，禪師在日常生活的
各個方面，隨舉一個自然因緣，都指示心性。如天皇道悟對
弟子崇信所說：「汝擎茶來，我為汝接；汝行食來，吾為汝
受；汝和南時，吾便低首。何處不指示心要？」（《景德傳燈
錄》卷十四）從理論上說，禪法體現生活的各個方面，理在
事中，事事顯理，任由一事，都能悟入理體，道德生活體現
日常生活的各個方面，任做一具體的、平常之事，都帶有道
德的意義，因此，道德教育，並不一定要尋找一個宏大性
的，非常「高尚」的事相為因緣，細微之處，平常之處，都
有教育的機緣。

　　惠能在弘忍門下得法後，連夜南行，來到九江邊，乘船
渡江時，弘忍要為惠能搖櫓，惠能馬上從中體會到，渡河之
度，從此岸至彼岸之度，正是人生解脫之度，所以惠能說：
「迷時師度，悟了自度。」「今已得悟，只合自性自度。」
（《壇經·行由品第一》）

　　百丈懷海在馬祖道一門下當侍者時，三年之中，每當有
施主送齋飯來，懷海揭開盤蓋，馬祖總要拿起一塊大餅問一

聲：「是甚麼？」天天如此（見《古尊宿語錄》卷一）。這種指示，不能否認對懷海產生深刻影響，後來懷海制定叢林清規，就把農業勞動列入其中，這也是要回答這個「是甚麼」的問題。懷海的悟入，則是由於野鴨的因緣，有一天，懷海隨侍馬祖散步，聽到野鴨的叫聲，馬祖問：「什麼聲？」懷海順口答道：「野鴨聲。」過了一會兒，馬祖再問：「適來聲向什麼處去？」懷海答：「飛過去。」馬祖一把搊過懷海的鼻子罵道：「又道飛過去！」即你再跟我說一遍飛過去，懷海頓時有省（見《古尊宿語錄》卷一）。因為野鴨子飛過，馬祖就順便以此指示心要，這也說明，禪的教學要處處留心。

　　溈山靈祐禪師，參百丈懷海禪師，在百丈門下為參學之首，有一天百丈叫他去看爐子中有沒有火，靈祐撥爐子回說無火，百丈親自來爐前，稍撥，就見火，舉起來給靈祐看：這不是火？靈祐頓時發悟，禮謝百丈（見《景德傳燈錄》卷九）。火如佛性，迷者不見，悟者定見，真參實修者能見，缺乏精進心者難見，但不管見與不見，火總是存在著。

　　龍潭崇信出家之前，是個賣大餅人家的孩子，每天送十個餅給道悟，道悟每次吃完，都要返還一個給崇信，崇信不解，造訪道悟求問其理，道悟說：「是汝持來，復汝何咎？」本來就是你的，再還給你，有什麼過錯？崇信因此而有所省悟（見《景德傳燈錄》卷十四）指示的意義是說，你本來就有真性，佛性是你本來具有的，應該好好維護自性。

　　圓悟克勤在求法過程中，曾參真覺惟勝禪師，當時正巧惟勝的手臂受傷出血，他便順此開示說：「此曹溪一滴也。」克勤對此頗有省悟，而問：「道固如是乎？」（見《五燈會元》卷十九）

7、注重特色

　　雖然說因材施教，但不同宗派的教學方法，還是有其不同特點的，形成不同的宗派特色，不同的禪師，也有不同的教學風格，學生可以在不同的宗風或風格中，根據自己的具體情形，選擇印可的禪師。

　　禪宗五家之中，法眼文益總結了四家一般的教學方法特色，「曹洞則函唱為用，臨濟則互換為機，韶陽則函蓋截流，溈仰則方圓默契。」（《宗門十規論》第四）法眼在這裡並沒有舉出自己的宗風，這也是自謙的表現。

　　《五家宗旨纂要》總結，則更為全面詳盡，從中可以看出，臨濟的教學方法，可以概括為「峻烈」，像北方性情剛烈豪放的漢子，頗有燕趙之風，「全機大用，棒喝齊施，虎驟龍奔，星馳電掣，負沖天意氣，用格外提持。」（《五家宗旨纂要》卷上）曹洞的門風，顯得比較平和、細密，強調理事回互圓融，「君臣合道，正偏相資，鳥道玄路，金針玉線，內外回互，理事混融。」（《五家宗旨纂要》卷中）溈仰宗風，師生如父子，禪師殷勤體貼，情深意切，「師資唱和，語默不露，明暗交馳，體用雙彰。」（《五家宗旨纂要》卷下）雲門宗在語言機峰之險峻方面，甚至有過於臨濟之處，具體的行為作略之激烈則不如臨濟，可以概括為「孤危高古」，「出語高古，迥異尋常，北頭藏身，金風體露，三句可辨，一鏃遼空，超脫意言，不留情見，以無伴為宗，或一字，或多語，隨機拈示明之。」（《五家宗旨纂要》卷下）香林澄遠在雲門文偃會下，雲門接引香林，只是喚他名：「遠侍者！」香林答應，雲門再問一句：「是什麼？」如此十八年，才開悟，雲門說，我今後再也不叫你了（見《碧巖

錄》卷一）。這樣的風格，一般人真是難以湊泊，難以承
當。法眼宗的宗風有綜合諸家之處，基本精神也是「對病施
藥，相身裁縫，隨其器量，掃除情解」（《人天眼目》卷
四），具體則體現為，「聞聲悟道，見色明心，句裡藏鋒，
言中有響。」（《五家宗旨纂要》卷下）

　　每個禪師，也有其特有的教學手段，德山宣鑒好施棒，
趙州從諗講吃茶，在叢林中聞名。百丈懷海有下堂句，上堂
時大家才到齊，就用柱杖趕下去，乘大家下堂之時，他會召
回，問一聲，「是什麼？」（《古尊宿語錄》卷一）百丈懷海
禪師的三句法，為初善、中善、後善，又講透出三句外，才
能得解脫。初善句揭示眾生的道德本性，鑒覺自己是佛，如
馬祖的即心即佛；中善句不執著於這種認識，如馬祖的非心
非佛；後善句對中善也不執著，如馬祖的不是物。對此三句
又要一起穿透過，如馬祖的「且教伊體會大道」。黃龍慧南
有三關，第一關問：「人人盡有生緣，上座生緣在何處？」
要求眾生從因緣和合的角度認識人生的本質，樹立佛教的人
生觀。第二關問：「我手何似佛手？」指示眾生和佛的平等
之理，激勵人們的自信，直下薦取，當下超佛越祖。第三關
問：「我腳何似驢腳？」出關後的境界，表示步步踏著的自
由境地，鷺鷥立雪的和諧境界。鏡清道怤禪師有啐啄之機，
母雞孵蛋，小雞在蛋殼內將出來，就啐蛋殼，母雞立即將蛋
殼啄破。道怤講習禪要講啐啄之機，強調師生之間要有機鋒
默契的配合。

二、道德行為

　　道德行為，是指在一定的道德意識支配下的自覺行為，
也是行為主體自願作出的道德選擇，實際上體現著道德認識

和道德修行的統一；而其外在的表現，則更多地顯現為一種無修之修。禪宗的道德行為，去除了一切人為的痕跡，體現著真正的心靈自由，是基於對本性的悟入而在生活中的具體體現。在這裡，雖然可以分析為許多表述，比如任運、平常、無事、無求、隨緣等等，所表達的意思都是相同的，都歸結到同一個道德要求，正如百丈懷海所言：「若遇種種苦樂，稱意不稱意事，心無退屈，不念名聞、利養、衣食，不貪功德利益。」（《五燈會元》卷三）

1、任運自然

任運，任由心性自由流淌，不作任何人為的干涉，其基本原理，也可以用華嚴宗的理事圓融無礙論來理解。理事圓融，體現在許多方面，比如，理能成事，事能顯理，就事能顯示理的特點而言，對於任何一事來說，都完整地顯現理的意義。任運，其實也可理解為任事運行。這一任運的原理，在雙峰道信禪師處就提到了，「夫身心方寸，舉足下足，常在道場，施為舉動，皆是菩提。」（《楞伽師資記》）此類的話，黃檗希運也說，「一塵一色，便合無邊理性，舉足下足，不離道場。」（《古尊宿語錄》卷三）正是有了對道德本心的完全的覺悟，才可能進入這種自由的境界。

關於任運自然的生活，人們常常集中在行住坐臥四儀方面作討論，永嘉玄覺說：「行亦禪，坐亦禪，語默動靜體安然。縱遇刀鋒常坦坦，假饒毒藥也閑閑。」（《永嘉證道歌》）大珠慧海說：「會道者，行住坐臥是道。」（《大珠慧海禪師語錄》卷下）臨濟義玄說：「若是真正道人，終不如是，但能隨緣消舊業，任運著衣裳，要行即行，要坐即坐，無一念希求佛果。」（《臨濟慧照禪師語錄》）這實際是以此四儀代

表道德生活中的一切行為，不論是托情、指境、言語、沈默，還是揚眉瞬目，都由當下的心境或主客體狀況而定，不論做出什麼樣的行為，都與道通，都符合道德本性。這裡如果把禪宗的任運作一個非常狹窄的理解，認為所謂任運，就是個人的日常生活行為的有限自由，想坐就坐，想走就走，想想吃就吃，想睡就睡，那就是誤讀。禪宗中即使有此類的話語，也只是個比喻，而比喻只是指，不是月，不能以指為月。禪宗此處是強調人們道德選擇上的自由，而且這種自由的選擇又能符合出於本性的道德規範，不離開善良意志的要求，也就是孔子所說的隨心所欲不逾矩。

任運不是離境而修，而是在境而不染，不受一切內情外境的束縛，沒有一切執著之心，也就是要做到惠能所說的無念、無相、無住。黃檗說：「終日不離一切事，不被諸境惑，方名自在人。」（《古尊宿語錄》卷三）不離境，特別是不離世俗生活之境，因此，禪宗的表象可以是出世的，但本質又是入世的，以出世的形式，行入世的事業。假如在一個理想的道德世界中，君子國中，要做到隨心所欲不逾矩相對來說要比較容易，因為，道德典範和道德監督處處存在；而在一個俗世之中，處處還存在惡的現象界中，要達到這種任運的境界，對人們的道德要求就非常高了。

2、平常

禪宗的道德生活，又非常強調平常心。平常心這個概念現在已經泛化成一個普通的俗語了，由此可以看出禪宗精神的普及。其實平常心的意義是比較寬泛的，總的原則是要求尊重日常的平凡生活，強調這種生活就是道德生活的反映，離此別無所謂的道德生活，化彼岸為此岸，化理想為現實，

因為，彼岸、理想只存在於此岸、現實之中，就像道和器的
關係，離器無道，天下沒有虛懸孤立之道。這就要求反對刻
意追求離開當下日常生活的單純的所謂「崇高」的、「轟轟
烈烈」的、「波瀾壯闊」的生活，以為只有從中才能體現出
真正的道德生活，從而把道德生活定位在重大事件中，突發
性事件中，集體性的行為中，也把道德生活精英化，以為凡
是這類社會生活中的體現出的精英人物或英雄，必定也是道
德楷模。也要反對追求所謂單純的彼岸式的道德理想，以為
這種理想是不融於世俗生活的，從而把道德生活前臺化，以
為凡是處於社會生活舞臺中心的，必定是道德楷模。去除對
這種生活類型的執著，而以平靜的心態面對日常的世俗生
活，從中體會禪意，發掘道德生活的意義，尋找心靈的歸
宿。

　　一般認為，平常心的觀點是以南泉普願的看法最為著
名。趙州從諗問：「如何是道？」他回答說：「平常心是
道。」又問：「還可趣向否？」他說：「擬向即乖。」(《景
德傳燈錄》卷十)這句「平常心是道」乃是根本。平常心，
也就等於是真如之心，如來藏心，也就是佛性，也就是道德
本心，不能離卻平常心之外別覓道德心。這種著名的話，馬
祖道一也說過：「若欲直會其道，平常心是道。何謂平常？
無造作，無是非，無取捨，無斷常，無凡聖。」(《馬祖》，
《指月錄》卷五)

　　什麼是平常心？馬祖已經說明，無分別之心是平常心，
只有去除了區別之心，才能得到平常心，這是從一般的禪學
方法角度而談的。具體而言，平常心也可以理解為生活的自
然法則，長沙景岑將其解釋為「要眠即眠，要坐即坐。」並
進一步解釋為「熱即取涼，寒即向火」(《景德傳燈錄》卷

十）。從最表層的意義上說，犯睏了，自然要去睡覺，累了
自然要坐一坐，熱的時候自然要乘涼，冷的時候自然要取
暖；反之，熱時求熱，冷時求冷，卻是違背自然法則的，這
從另一方面看，也是一種做作，刻意的作偽，是裝模作樣。
佛性本來是在自心中本有的，有人卻偏要向外求索，到處奔
走，無疑是在宣佈，我要修行了，我決心成佛作祖了。這種
風氣如果沒有道德監督機制的制約，容易使人滋長並鼓勵沽
名釣譽之風，縱容欺世盜名之徒，所以義玄一再強調，「且
要平常，莫作模樣」（《古尊宿語錄》卷三）。有些不識好壞
的人，只知道見神見鬼，指東劃西，好晴好雨，忽略平常心
對於道德生活的意義，都是在裝模作樣。

3、無事

平常心，如果得到真正的體現，那在道德生活中就呈現
為無事的境界，無事也就是無修。除了日常生活之事外，除
了依生活的自然法則而生活外，別無他事；除了日常生活之
事為修外，別無他修。黃檗有「絕學無為閑道人」之說，反
對求知解，反對有修，做個無事人，「但消融表裡情盡，都
無依執，是無事人」（《古尊宿語錄》卷二）。無情執，就能
做到無事，這是以無事為修，進一步的要求，甚至連「無事」
這個概念本身也是無。溈山靈祐也具體講到如何做個無事之
人：不論何時，都以平常之心去看去聽，不故意閉目塞聽，
只要情不附物，心無惡覺，能如秋水澄淳，清淨無為，就是
一個「無事道人」（見《景德傳燈錄》卷九）。以此來反觀
老子的「塞其兌，閉其門」就是一種刻意的行為了。有的人
不埋解這種無事的作用，總想找些事，特別是所謂「好
事」，興善惟寬禪師指出了此種想法之非：「如人眼睛上，

一物不可住，金屑雖珍寶，在眼亦為病。」（《景德傳燈錄》卷七）所以說好事不如無，佛法都是藥，禪法也是藥，無病而用藥，好藥也成毒。

所以，臨濟義玄只承認日常的穿衣吃飯之事，強調佛法只是「平常無事，屙屎送尿，著衣吃飯，睏來即臥。愚人笑我，智者知焉」（《古尊宿語錄》卷四）。趙州從諗門下，有僧人問：「未審和尚還修行也無？」趙州說：「著衣吃飯。」僧人說：「著衣吃飯尋常事，未審[5]修行也無？」趙州反問道：「你且道我每日作什麼？」（《古尊宿語錄》卷十三）這位僧人總以為除了這些日常生活行為，還應該有特別的修行，還應該有些更重要的事情要做，趙州揭示了這樣的無事原則：除了日常生活，還有什麼是可以稱為修行的？趙州的宗風中，常以「吃茶」指示學人，也是指示個無事無修。「師問新到：『曾到此間麼？』曰：『曾到。』師曰：『吃茶去。』又問僧，僧曰：『不曾到。』師曰：『吃茶去。』後院主問曰：『為甚麼曾到也云吃茶去，不曾到也云吃茶去？』師召院主，主應諾，師曰：『吃茶去。』」（《五燈會元》卷四）此為叢林中著名的「趙州茶」。

天如和尚曾自述日常生活之事：「從早起下床，屙屎送尿，洗面漱口，撥火燒香，和南問訊，吃粥吃飯，呼童掃落葉，臨水看游魚。」（《天如和尚語錄》卷一）沒有一處是刻意顯示修行，和修行相聯繫的，但沒有一處不是修行。

《無門關》有一首頌，是頌南泉和趙州「平常心是道」因緣：「春有百花秋有月，夏有涼風冬有雪，若是無事掛心頭，便是人間好時節。」這把無事的生活化為美的生活。

---

5 不知道，是不是。

無事，其實也是一種隨緣，隨順因緣，不改變因緣本身的運行法則，有僧問大隨法真禪師：「生死到來時如何？」法真答：「遇茶吃茶，遇飯吃飯。」（《五燈會元》卷四）這就是隨緣的心態。

4、無心

穿衣吃飯，這是人人都會的事，那麼迷與悟又有什麼區別的標誌呢，眾生與佛又有什麼不同呢？這裡存在著有心和無心的差別，大珠慧海說，對於沒有覺悟的眾生來說，他們當然也吃飯睡覺，但是，「他吃飯時，不肯吃飯，百種須索；睡時不肯睡，千般計較，所以不同也」（《大珠慧海語錄》卷下）。他有千頭萬緒在心中，滿腦子的官司，什麼都放不下，吃也吃不好，睡也睡不香。黃檗希運說，覺悟的人，當然也吃飯行路，但是，他能做到無事在心頭，所以，「終日吃飯，未曾咬著一粒米，終日行，未曾踏著一片地」（《古尊宿語錄》卷三）。兩種說法，表達了同一個意思。希運因此而提出了這樣的思想：「即心是佛，無心是道。」（《古尊宿語錄》卷三）從道德的本原意義上說，眾生心是佛心，從修行的角度看，無心就是真正的修行，「無心即便是行此道」（《古尊宿語錄》卷三）。而以無心為修行，本質上又是任運自在，又可以回到任運的分析上去了，「一切時中，行住坐臥但學無心，亦無分別，亦無依倚，亦無住著，終日任運騰騰，如癡人相似」（《古尊宿語錄》卷三）。

三 道德境界

道德境界是人們所能達到的道德意識的程度，精神生活能夠達到的界限，也是覺悟的程度，是道德理想的實現或向

現實生活的轉化。境界當然有高低之別，這裡所指的，是最
高的境界。佛教的道德境界是解脫，涅槃，成道，成佛，這
些在禪宗倫理中同樣體現出來。禪宗的道德理想，既講成佛
作祖，也講超佛越祖，以成就自我，或成人為目標，這種目
標又體現在現實的人生中，使禪宗顯現出某種入世主義的傾
向。禪宗的道德境界，又和審美情感相結合，因此可以說，
這種境界實際上體現了真善美的統一：清淨本性是真性，本
有佛性其實就是善性；這種真性善性的實現又表現為美感，
這種真善美的統一又落實在人的自由之中。

1、成佛作祖

　　成佛作祖，是禪宗的一般性的道德理想的要求，要求人
們達到佛的境界，祖的境界。什麼是佛？什麼是祖？諸佛諸
祖，從道德的角度看，是圓滿道德的體現者，理想的道德境
界的實現者，都達到了道德境界的最高層次，因此也是佛教
道德的化身。對於佛與祖的道德境界，禪宗有具體的解釋，
黃檗希運禪師說：「不起諸見，無一法可得，不被法障，透
脫三界凡聖境域，始得名為出世佛。」（《古尊宿語錄》卷三）
不受任何錯誤見解的障礙，心靈達到自由之境，超越了世俗
世界中的一切道德層次，而達到出世的道德理想。這裡講的
出世，體現了佛教道德的超越性，對世俗道德的超越，遠遠
超出世俗道德的要求。黃檗又說：「心性不異，即性即心，
心不異性，名之為祖。」（《古尊宿語錄》卷三）佛的境界，
也就是眾生的境界，或者說人的境界，作為道德本原的佛
性，每個人心中都先天具有，稱為心性不異，能夠自覺體悟
到這一點，也就稱得上是祖師了。正因為對祖師境界的追
求，以致於自達摩以來，特別是惠能以降的禪法，都要稱為

祖師禪了。

　　從學習者的角度看，作為一個初入叢林修行者，初學
者，成佛作祖是其最基本的道德信念，所以入得禪師門下，
總要問個「什麼是佛」，或者問個「什麼是祖師西來意」。
這個西來的祖師就是菩提達摩。或者要問「什麼是大人
相」，大人代表著一切得道之人。或者問個「什麼是道」，
道是真理的同義詞，也是道德原理、道德理想的體現。或者
要問個「什麼是佛法大意」，佛法大意，也就是道。或者要
問個「如何是一法」，這個一法，也就是終極法門，終極真
理，道德的最高境界。或者要問個「如何是第一義」，第一
義，也就是一法，也就是道，佛法、禪法最根本的意義。或
者要問個「如何是第一句」，第一句是表達禪法玄妙的語
句，非語言文字所能表達的語句，也就是第一義。或者要問
個「如何是涅槃」，涅槃之境，代表著佛境界，祖師境界，
也就是理想的道德之境。或者要問個「如何是解脫」，解脫
也代表著佛境界，祖師境界。

　　他們要分別一個覺悟之前和覺悟之後的不同道德境界，
以便作個比較。德山緣密門下一位僧人的問話，正代表著這
種分別：

　　　　問：「佛未出世時如何？」
　　　　師曰：「河裡盡是木頭船。」
　　　　曰：「出世後如何？」
　　　　師曰：「遮頭踏著那頭軒。」……
　　　　問：「達摩未來時如何？」
　　　　師曰：「千年松倒掛。」
　　　　曰：「來後如何？」

　　師曰：「金剛努起拳。」

　　問：「師未出世時如何？」

　　師曰：「佛殿正南開。」

　　曰：「師出世後如何？」

　　師曰：「白雲山上起。」

　　曰：「出與未出還分不分？」

　　師曰：「靜處薩婆訶。」（《景德傳燈錄》卷
二十二）

　　這裡且不去理會德山緣密禪師的答話，單看那禪僧的問話，
就可以看出他對道德境界的初步理解。首先要問佛的境界，
這是第一層次的，最為根本的，具有本體性意義。其次要問
達摩的境界，達摩作為中國禪宗的初祖，其境界在中國禪宗
中又是最根本的，相對於佛境界來說，則是佛境界的具體
化。還要問他正在向其求法的那位德山緣密的境界，這是更
為個性化的具體的禪宗道德境界，對於學生來說，也是更為
可感知的，更為現實的道德榜樣，他們正是從許許多多這樣
的禪師中直接感受禪宗道德境界的魅力。

　　從禪師的角度看，禪師們總是引導學人走向成佛作祖的
境界，以佛祖的道德規範作為典範。黃檗希運強調曹溪惠能
的地位，以入曹溪之門為實現道德境界的標誌，如何入？
「心若不生，自然成大智者，決定不分別佛與眾生，一切盡
不分別，始得入我曹溪門下。」（《古尊宿語錄》卷三）成就
了無分別心，就能入曹溪境界。臨濟義玄則以成佛作祖為其
教育的根本宗旨，有一位僧人問：「這一堂僧還看經嗎？」
義玄答：「不看經。」又問：「還學禪嗎？」答：「不學
禪。」又問：「經又不看，禪又不學，畢竟作個什麼？」義

玄說：「總教伊成佛作祖去。」（《臨濟慧照禪師語錄》）他稱這樣的解脫者為「活祖」，「你心心不異，名之活祖」（《臨濟慧照禪師語錄》）。

2、超佛越祖

成佛作祖，是禪宗對其道德境界的一般性描述；其更深層次的要求，是超佛越祖，即超越佛祖所已達到的究極境地，連佛祖之究極境地也不加執著。這用長沙景岑的話來說，是「百丈竿頭，更進一步」，「百丈竿頭不動人，雖然得入未為真。百丈竿頭須進步，十方世界是全身」（《景德傳燈錄》卷十）。這已涉及到超佛越祖的基本原因。實際上在成佛作祖的理念中，已經包含了超佛越祖觀念，這是由禪宗的道德本原論所決定的。眾生心即是佛心，眾生心中本來完整地具足佛性。成佛，不是成就心外的佛，而是成就心中本來就有的佛；作祖，不是作成心外的祖師，而是作成心中本來就有的祖師之境。在這個意義上，禪宗的成佛作祖也就意味著超佛越祖。但是為了表示和佛教中成佛作祖的一般性理解的區別，禪宗還要特意強調一個超佛越祖。太虛法師把惠能之後的禪法劃分為超佛祖師禪和越祖分燈禪，正揭示了禪的超越意義。作為禪師來說，其教育的目標，不只是一般地講成佛作祖，而要指示超佛越祖之道，指示來問法的每個人自身，就是佛，就是祖。

超佛越祖，從具體方法上講，諸家各有不同體會和經驗。比如，有透過三句外的方法，有透過祖師關的方法，而根本的方法，是要破除人們的一切情執之想。

透過三句外，是較早的提法，懷海強調的方法，「若貪染一切有無等法，有取捨心在，透三句不過，此人定言有

罪。若透三句外，心如虛空，亦莫作虛空想，此人定無罪」
(《古尊宿語錄》卷一)。三句分別稱為初善句、中善句、後
善句。以此分析馬祖道一的心性論：第一句是即心即佛，第
二句是非心非佛，第三句是不是物。三句之外，還要講個
「且教伊體會大道」，這是透過三句外。雲門宗的宗風，也
講三句：函蓋乾坤句、截斷眾流句、隨波逐浪句，又講一簇
破三關，透過這三句關。

透過祖師關，則是後來叢林中更為廣泛的方法。祖師關
是領會祖師禪法奧秘的關鍵之處，每一個祖師都有其特有的
祖師關，趙州的庭前柏樹子、狗子佛性，洞山的麻三斤，雲
門的乾屎橛等等，都是祖師關。黃龍則有三關，第一關：人
人盡有生緣，如何是上座生緣處？這是初關；第二關：我手
何似佛手？這是重關；第三關：我腳何似驢腳？這是生死牢
關。你要透得過祖師關，就洞悉了其禪法的秘密，同時也就
可以談得上超佛越祖，這一點，龍牙居遁講得十分明確：

> 夫參學人須透過祖師關始得。……若透祖佛
> 不得，即被祖佛謾[6]去。(《景德傳燈錄》卷十七)
> 若透得祖佛過，此人過卻祖佛也，始是體得
> 祖佛意，方與向上古人同。如未透得，但學佛學
> 祖，則萬劫無有復期。(《景德傳燈錄》卷十七)

不論是透過三句外，還是透過祖師關，滲透著過多的技
術成份，禪宗還講究一個根本性的方法，就是要破除情執，
或者說，要殺佛殺祖，臨濟義玄定下的宗規：「向裡向外，

---

6 欺騙。

逢著便殺，逢佛殺佛，逢祖殺祖，逢羅漢殺羅漢，逢父母殺
父母，逢親眷殺親眷，始得解脫，不與物拘，透脫自在。」
（《古尊宿語錄》卷四）殺，是一種形容，表示對一切執著的
徹底消除，叢林中常問：殺父殺母，佛前懺悔，殺佛殺祖，
向什麼處懺悔？思考的就是這個「殺」的原則，依照義玄的
禪法宗旨，殺佛殺祖，無須懺悔，甚至連惠能這樣的祖，也
是在殺滅之列的，五祖法演說：「六祖能大師，是個大癡
漢。後代兒孫多，展轉生惑亂。」（《古尊宿語錄》卷二十一）

　　但涉及到具體的超越個案時，實際上是非常困難的，有
兩個例子，可以說明這一點。一是香嚴上樹：

　　　　如人在千尺懸崖，口銜樹枝，腳無所踏，手
　　無所攀，忽有人問：如何是西來意？若開口答，
　　即喪身失命，若不答，又違他所問。當恁麼時作
　　麼生？（《景德傳燈錄》卷十一）

二是芭蕉行路：

　　　　如人行次，忽遇前面萬丈深坑，背後野火來
　　逼，兩畔是荊棘叢林。若也向前，則墮在坑塹；
　　若也後退，則野火燒身；若也轉側，則被荊棘林
　　礙。當與麼時，作麼生免得？（《五燈會元》卷九）

　　禪的超越，就是要在這看似無路處尋個出身處，在極端
睏難之處找到解決的辦法，在各種矛盾中求得解脫之道。這
種超越，實際上也不是一般人所能做得到的，非得具有超宗
越祖能力的人才能擔當，而這樣的人，並不是處處都有，所

以唐朝叢林有這樣的話：大唐國裡無禪師。黃檗希運特意解
釋說：「不是無禪，而是無師。」（《景德傳燈錄》卷九）缺
少的正是這樣的禪師，這也說明對禪宗的心性體悟之難，似
易實難。人們熱衷的是談論超佛越祖，卻難以真正做到，而
超佛越祖並不是僅供人們掛在嘴上談論用的，這種超佛越祖
之談，其實又成為一種執著，所以禪師們要破此談，鼓勵
行。有僧問：「如何是超佛越祖之談？」雲門文偃說，「糊
餅。」（《古尊宿語錄》卷十五）有僧問：「如何是超佛越祖
之談？」越州乾峰反問道：「老僧問汝。」僧人又說：「和
尚且置。」意謂您的問題先放一放。乾峰說：「老僧一問尚
自不會，問什麼超佛越祖之談？」（《景德傳燈錄》卷十七）
雲門和乾峰反對的是對超佛越祖的執著。

3、現實人生

　　道德理想的實現，是在現實的社會生活中進行的，證得
了理想的境界，也不是要人們離開這個現實世界而另覓所謂
的純粹的清淨之地，從即心即佛這一根本性前提出發，理想
和現實之間，彼岸和此岸之間，世間和出世間之間，並不是
二元分裂的。因此，現實的人生，是入世的人生，此岸的人
生，不離現實而實現理想，不離世間而成就出世間，不離此
岸而到彼岸。這種人生，又是處於無明之中的，處於煩惱汙
染之中的，處於生死輪迴中的。道德理想的實現，是即無明
而證得智慧，不是離開無明追求純粹的智慧；是即煩惱而得
菩提，不是離開煩惱而另覓純粹的菩提；是即生死而得涅
槃，不是離生死而求涅槃。這現實主義的宗教觀，在惠能的
禪法中就非常系統了。

4、無得之得

　　眾生未悟時，生活在這個世俗世界之中；眾生覺悟後，也沒有離開這個世界。從迷到悟，究竟得個什麼？嚴格地說，沒有得個什麼，一物也未得，禪宗中稱為無得。因此，禪宗的道德理想的境界，也是無所得的境界。如果說這也是得，可以稱其為無得之得。無得之得，是畢竟得。

　　無所得的基本原理，也在於心性論。佛性，或者說道德本性，是每個人心中本來具有的，佛性在心中，不存在有與無的問題，只有隱與顯的區別。人們因為煩惱的原因，沒有發明自性，佛性隱而煩惱顯；一旦煩惱頓消，佛性顯現，可以稱為覺悟。人們覺悟所得的，是來自自家寶藏，不是從外得來的，不是從無而至有，這種得，既不可謂之得，也可謂之得。不可謂之得，因而講無得；也可謂之得，得無所得，因而講無得之得。

　　關於無得，可以從三個方面討論：一是從禪師的教育方面，是無法可說；二是從學人的認識方面，是無法可見；三是從學人的最終實現的道德境界方面，是無得之得。

　　無法可說，其理論基於般若空觀，基於《金剛經》等般若類經，《金剛經》中說：「無法可說，是名說法。」為什麼無法可說？因為般若之體，畢竟清淨，無一物可得，所以也無一法可說，所以大珠慧海講：「我不會禪，並無一法可示於人。」又說：「貧道未曾有一法度人。」（《大珠慧海禪師語錄》卷下）百丈惟政禪師在普請時對一僧人說：「汝與我開田了，我為汝說大義。」僧以為有禪法大義可說，就替惟政幹活，回來請惟政說佛法大義，惟政兩手一攤（見《景德傳燈錄》卷九），表示無法可說。

　　無法可見，見，是一個認識論的術語，以禪宗哲學的觀點，心外無法，若想在自心外見一法，這是迷。真正明心見

性者，不見一切法。「不見一切法，乃名得道；不解一切法，乃名解脫」（《少室六門》）。永嘉玄覺則說：「夢裡明明有六趣，覺後空空無大千。」（《永嘉證道歌》）所謂覺悟之境，就是悟個諸法皆空。這種無見，既是無所見，也是無所不見。

無得之得，有人理解為悟同未悟，「悟了還同未悟人，無心勝負自安神」（《龍牙和尚頌》，《景德傳燈錄》卷二十九）。這是對悟前悟後外部表現的描述，也是對無修之修的概括。究竟如何無所得，黃檗希運有具體分析：不可以用身得菩提，因為身無形相，身無我，如果認為可以有這種得，是無相之中又得無相；不可以用心得菩提，因為心也無形相，心是空寂之體，如果認為可以有這種得，是虛空之中又得虛空；不可以用性得菩提，性本身就是本原佛性，如果認為可以有這種得，是本性之中又得本性，這於邏輯上都行不通。所以說，「不可以無相更得無相，不可以空更得空，不可以道更得道」（《黃檗斷際禪師宛陵錄》）。他實際上指出了沒有一個「得」的主體存在。而大慧忠杲則進一步說明，沒有一個「得」的對象或客體存在：頓也不可得，漸也不可得，權也不可得，實也不可得，中也不可得，邊也不可得，理也不可得，事也不可得，因也不可得，果也不可得，釋迦老子也不可得，拄杖也不可得，說法者也不可得，聽法者也不可得（見《大慧普覺禪師語錄》卷一）。一切皆空，一切皆不可得。兩人的結論都是，最終連「無得」這個概念也不可得。

既然不可得，那麼大家的無修之修又修個什麼？大家來參禪又為什麼？石門蘊聰禪師就這樣問大眾：「上來下去為什麼事？若有所得，埋沒諸兄弟，若無所得，圖個什麼？」

（《古尊宿語錄》卷九）雖然無所得，但人總是有個迷與悟的
境界差別。有僧人間國泰院?：「古鏡未磨時如何？」院?
說：「古鏡。」又問：「磨後如何？」院?說：「古鏡。」
（《五燈會元》卷八）同樣是古鏡，但有個磨與未磨的區別，
未磨，不能鑒照，但其照明的本性不變，已磨，能夠鑒照，
明性顯現。

5、審美愉悅

在禪宗的道德生活中，道德境界的實現又和人的審美活
動結合在一起，道德的理想境界，也是美的極致，道德情感
和審美愉悅和諧地融合為一，可以稱這種美為道德美。孔子
曾經講過「里仁為美」，在中國美學史上是比較早地涉及到
道德美的問題。佛教，特別是禪宗，又用禪悅這一概念來概
括道德美。

禪悅的最初也是最為經典的體現，是傳說世尊在靈山法
會上拈花時，摩訶迦葉露出的會心微笑，表明他契入了佛陀
的涅槃妙心，微妙法門，心中產生得道的快樂，美的感受。
而這種快樂，一直是禪門所強調的，五祖法演說：「大丈夫
意如此，快樂無憂。」（《法演禪師語錄》卷下）葉縣歸省禪
師說：「道契一言，縱橫自在，打破髑髏，揭卻腦蓋，豈不
是慶快？」（《古尊宿語錄》卷二十三）天如和尚用十字街頭
母子相遇來形容這種禪悅，「者場痛快，舉侶人不得，譬如
窮子久失慈母，十字街頭忽然撞見，執手牽衣，彼此雙淚如
雨。」（《天如和尚語錄》卷一）這都是講的愉悅，笑是快
樂，哭也是快樂。

道德美，也是一種圓融之美，其中的原理，佛果克勤禪
師說，「法法圓融，心心虛寂，大包無外，文彩已彰，細入

無間，眼莫能觀。」(《圓悟佛果禪師語錄》卷八) 這是在禪
悟之後，達到的整個天地、古今、人我、心法、世間和出世
間的融合之境。因此，道德美既可體現在人的社會關係、交
往活動中，也可以體現在個人和自然界的交流之中。

　　雲門文偃講「日日是好日。」(《碧岩錄》卷一) 就是強
調達到世法和出世間法的圓融之境後每一個當下的時刻都能
體會以到的美感，同時也體現出一種適意逍遙的生活方式，
也就是美的人生。

　　體現在人和自然關係中的道德美，用傳統的說法，乃是
一種天人關係，禪宗則表達為心法關係，也是一種生態倫理
觀，生態之和諧協調，就是美，這是美的生態倫理。在這層
心法圓融關係中，空靈之美，是其突出的表現，飄逸，性
靈，無痕，無跡，都是空靈的體現，反映出心的寧靜、空
闊、清淨、靈明，對這種美境的文字表述，常常和明月、深
秋、清江、曉露、白雪、幽情、靜夜、虛空等意象相聯繫，
人只是自然之境的一個很小的組成部分，不一定是主題，卻
和境融為一體。玄覺說：「江月照，松風吹，永夜清宵何所
為？佛性戒珠心地印，霧露雲霞體上衣。」(《永嘉證道歌》)
「霧露雲霞體上衣」一句，最為傳神。鳳凰從琛禪師把自己
的禪法境界描述為「雪夜觀明月」(《五燈會元》卷八)。五
個字中，就含有雪、夜、月三種意象。廣平玄旨用「一輪明
月散秋江」(《五燈會元》卷八) 形容體用關係。芙蓉道楷禪
師以「滿船空載月，漁父宿蘆花」(《五燈會元》卷十四) 比
喻佛性本體。楊岐方會禪師用「風散亂雲長空靜，夜深明月
照窗前」(《楊岐方會和尚語錄》) 一句暗示禪悟境界。

　　有時，這種美感還化為蒼涼之心，這和禪師在不同時刻
的瞬間心理狀態有關，這種美感，常常和枯、寒、猿、愁、

瘦、煙等意象相聯繫。仙宗契符禪師回答學人所問「諸聖收光歸源後如何」之問時說：「三聲猿屢斷，萬里客愁聽。」（《五燈會元》卷八）大陽警玄禪師，其禪境是：「羸鶴老猿啼穀韻，瘦松寒竹鎖青煙。」（《五燈會元》卷十四）有人問雪竇重顯：「什麼是諸佛本源？」雪竇答道：「千峰寒色。」（《五燈會元》卷十五）什麼是向上宗乘？法輪應瑞禪師說：「昨夜霜風刮地寒，老猿嶺山啼殘月。」（《五燈會元》卷十八）

更為普遍的審美愉悅，是從對自然美的欣賞中獲得的。這一點，在討論人和自然的關係時，已有涉及，不再重複。

6、道德自由

道德自由，從一般的意義上說，是道德選擇的自由，道德行為的自由，是人們自主地選擇道德價值的能力之體現。這種能力，是在對道德本原的完全覺悟基礎上而達到的高度的道德自覺，是在完全掌握處理人與神、人與人、人與社會、人與自然、人與自我諸種關係之原則後的行為自由。這樣的人，不論何種主體的需要，不論何種行為，都是符合道德原則的，都不會違背道德規範，這也就是孔子講的「不逾矩」，能夠隨心所欲不逾矩，就是道德自由的體現。在禪宗中，各種道德行為，所謂任運，自然、平常、無心、隨緣、無求等等，都是在講道德自由。從禪的終極目標看，佛境界、解脫、涅槃，也都是講道德自由。更需要指出的是，自由這個概念，在禪宗中是原來就有的，反複強調的。

誰能得自由？佛能得自由，因為佛是自由人，佛境界是自由之境。百丈懷海說：「佛只是去住自由，不同眾生。」（《古尊宿語錄》卷二）把自由賦予佛的意義，是禪宗特別強

調的觀點，這對傳統佛教突出佛之覺的特點來說是個發展。

什麼是去住自由？是超越生死，不被生死所障礙之意，一般人不得自由，也就表現為礙於生死，不脫生死。佛則不是這樣，處於生，不被生所留，處於死，不被死所礙，這稱為「去住自由，出入無難」（《古尊宿語錄》卷一）。更具體而言，是不被一切境界染著纏縛，「倘要燒便燒，要溺便溺，要生即生，要死即死，去住自由，者個人有自由分」（《古尊宿語錄》卷二）。

從眾生即佛的原理看，眾生也能得自由，只要覺悟自性。也就是說，從佛性本體的角度看，人們生來是自由的，自由也是人的本性，只是人們不覺此性，而不得自由。

如何得自由？無染無執無著就能處自由，百丈說：「只如今於一一境法都無愛染，亦莫依住知解，便是自由人。」（《古尊宿語錄》卷一）反之，則不得自由，「茫茫地徇一切境轉，被他萬境回換，不得自由」（《臨濟慧照禪師語錄》）。

無事無心無修，就能得自由。黃檗說：「不作人天業，不作地獄業，不起一切心，諸緣盡不生，即此身心是自由人。」（《古尊宿語錄》卷三）而諸緣不生，不是一向不生，而是隨意而生，就如惠能講的無念，不是一念不生，而是念念無住。

這種自由，是真善美之統一的最高體現。

第九章 文化融合論：對儒學倫理的吸收

文化融合論：對儒學倫理的吸收

　　禪宗的建立，是一個文化融合的過程。以惠能為代表的禪宗中人，對中國傳統文化或本土文化有著廣泛的回應和引收，特別是融入了儒學的倫理觀和道家倫理思想中的許多內容，甚至禪宗的自力原則也和墨家的自力精神有相近之處。從中國文化的大背景來看，不論是佛教內學還是儒道外學，都是一種代表農業文明的文化，或者說，都是反映小農經濟制度和等級政治制度之上的文化。它們之間的差別是存在的，表現形式也可以不同，但不存在原則性的分歧，這就為不同文化的融合，為禪宗吸收外學奠定了一個基本的前提。這裡不可能全面探討這種文化融合關係，僅是站在禪宗倫理的角度，簡要分析一下禪宗倫理中對儒學的忠孝觀的吸收，以突顯禪宗倫理的社會倫理的內容。儒道兩教集中在忠孝問題上批評佛教；而佛教，特別是禪宗本身，對於孝有著獨特的看法，禪宗的孝論豐富了中國倫理對於孝的規範。

一、叢林制度中對儒學倫理的吸收

　　叢林制度中對儒學倫理的吸收，內容之一是注意到儒學的等級秩序思想在社會管理中的作用，而將此種管理理念引入僧團管理中。佛教、禪宗講眾生平等，沒有高下之分，因而也不承認人的等級差別，這一點是和儒教有別的。但另一方面，禪宗在管理技術的層面上又比較重視儒教的等級秩序思想。內容之二是注意到儒學中以血統為核心的凝聚力的形式，從而提出法統的體系。這裡可以看出禪宗法統和儒家血統思想的聯繫。

1、叢林中的禮

儒家文化是禮的文化，禮是社會秩序，「禮者，天地之序也」（《禮記・樂記》）。而這種秩序是通過將社會成員分成不同的等級，鼓勵人們各安其位而維繫的。儒學，可以說是等級的文化，儒家的倫理，其根本性的內容，是維護這種等級的制度，因而也可以說是等級的倫理。

禮存在的一個前提是等級制度的存在，「天有十日，人有十等」（《左傳・昭公十年》）。《禮記》中，規定了王者之制，分為五級：公、侯、伯、子、男。除了相應的物質待遇，還有符合等級身份的倫理要求，比如說，「天子之田方千里，公、侯田方百里，伯七十里，子、男五十里」（《禮記・王制》）。這裡物質待遇的不同。「天子祭天地，諸侯祭社稷，大夫祭五祀」（《禮記・王制》）。這裡祭禮方面的要求不同，也是儒家社會倫理對不同等級的不同要求。除了這種王制，等級在中國社會中是處處存在的，對於社會生活中的每一個人來說，就是要依照各自的等級身份生活，不在其位，不謀其政。禪宗中也講禮，這種對禮的尊重，和儒學的禮學文化背景也有一定的關係。不過儒學講禮，也有表示尊敬之意，見《孝經》中的解釋；但從根本上講，是要維護一種等級的制度，維護高等級者的權威和尊嚴。禪宗的重禮，更多是表達對他人尊重的情感，以及維持僧團的秩序，有利於僧團的管理。

上堂之禮，叢林制度中規定了東西兩序，或稱兩班，這和朝廷中的上朝之禮規定的兩班在形式上相同。朝廷官員，有文武兩班，上朝時分列兩旁，文東武西。據《史記》之《叔孫通傳》，西漢初年，叔孫通和儒生商定朝儀，功臣、

列侯、諸將軍、軍吏按次序排列於西方，面向東；文官、丞
相以下排列于東方，面向西。文東武西的規矩從此確立。叢
林中的兩序，在形式上和朝廷的兩班是一致的，實際上可以
說是模仿了世法。在住持之下，設東序和西序，長於學德
者，立於西，稱西序，工於世法者，立於東，為東序。東序
由都寺、維那、副寺、典座、直歲等不同僧職組成，負責經
濟和日常行政事務等；西序由首座（前堂首座和後堂首
座）、書記、知藏、知客、知浴、知殿侍者等組成。這些僧
職，特別強調了道德素質，比如前堂首座，其根本要求是作
為叢林僧眾的表率，並具體監督道德生活，「表率叢林人天
眼目，分座說法，開鑿後昆，坐禪領眾，謹守條章，齋粥精
粗，勉諭執事，僧行失儀，依規示罰，老病亡歿，垂恤送
終」（《敕修百丈清規》卷四）。後堂首座的道德要求是：
「輔贊宗風，軌則莊端，為眾模範。」（《敕修百丈清規》卷
四）從本質上講，「兩序之設為眾辦事」（《敕修百丈清規》
卷四）。不管是東序還是西序，都是辦事的，可以說叢林工
作只有分工不同，沒有高低貴賤之分，即使是侍者，也是以
明心見性為目標，並不表示其地位低下，禪師接引學生，也
不依人的僧職高低不同而有區別。這和世俗的官制是不同
的，世俗的官制，以官職定身份，顯示人的高低貴賤的區
分，維護等級的政治體制。禪師在接引學人時，常常注意打
破學人對於自己職務的執著，溈山靈祐有一天喊院主，院主
到，溈山說：「我喚院主，汝來作甚麼？」（《五燈會元》卷
九）院主是僧職，是虛名，是假象，只有內在的真性才是根
本之所在，才是人與人平等的根據。不過，要說人們心中毫
無由僧職決定的等級觀念，也不盡然，《校定清規》解釋
「立班小頭首」時說：「侍者謂之立班小頭首，在方丈。所

以多不與位者，猶父子一家也。……在住持前，雖為位卑，
然亦壓寺中諸小頭首。」（轉引自《禪林象器箋・職位門》）
這種解釋，就帶有尊卑高低的觀念，認為侍者的地位要比住
持低，但比其他各小頭首的地位高。

禪門中的行禮方法，也和中國傳統的禮拜方法有相近之
處。關於禮拜，《周禮・大祝》中講到九拜：一是稽首，二
是頓首，三是空首，四是振動，五是吉拜，六是凶拜，七是
奇拜，八是褒拜，九是肅拜。《禪林象器箋》引《經國大典
注解》說：「臣之於君，稽首；……下官於上官，頓首；…
…下官於上官，空首。」從儒學的角度看，禮法的主要內容
是君臣之禮，稽首，是臣對君所行之禮，具體方法，頭向前
伸，停留在地面上較長的時間。頓首，是下級官員對上級官
員的禮拜方法，額頭碰到地再抬起來。空首，是上級官員對
下級官員的禮節，具體方法，頭低下來，還沒有碰到手時就
立即抬起來。同級之間也可行空首禮。稽首，在儒家宗法中
是最高之禮，在印度佛教傳統中，也以稽首為最高禮，具體
方法上有別於儒家，是彎背曲弓，頭面著地，雙手向前伸向
被禮拜者的雙足，又稱稽首接足禮。禪宗中也講究此禮，萬
年念禪師有一首頌，其中頌道：「元正三，上來稽首各和
南。」（《五燈會元》卷十六）中國佛教，中國禪宗行此禮
法，既有印度的傳統，也照顧到了中國的禮制背景。

2、法統的親和力

儒學中講究血統，血緣關係的演化流傳系統。仕官之
家，有修家譜的傳統，家譜，是記載家族世系和重要成員事
跡的譜表，體現的是祖先崇拜，以血緣為基礎，記錄家族的
傳承，區別親疏遠近正旁，家族的凝聚力，就靠這種血統關

係維繫。這種血統文化，在一定程度上也影響到佛教的法統觀。

禪宗在進行制度建設時，和教門一樣，也確立了本宗的法統，而這種法統，實際上不能說和儒家的這種血統觀毫無關係，絲毫未受其影響。在儒家文化的背景下，不受其影響，是很難做到的。從形式到作用，禪宗強調的法統，和儒家的血統很相近。關於禪宗的法統，敦煌本《壇經》記載了從七佛到慧能的四十代法統傳承，到菩提達摩時為三十五代，自釋迦牟尼至達摩為二十九代，自摩訶迦葉至達摩為二十八代，而禪界對禪宗法統記錄，從摩訶迦葉始，西國傳承究竟有多少代，有著多種看法：敦煌本《壇經》就是二十八代說，荷澤神會提出八代說，宗密持二十八代說，《歷代法寶記》持二十九代說，還有二十四代說，其根據是《付法藏傳》，興善惟寬提出五十一代說。最後約定俗成為二十八代說，不僅是《壇經》持此說，後來如《寶林傳》、《祖堂集》、《景德傳燈錄》都持此說。這裡，契嵩是有很大貢獻的，他鑒於傳法世系的不統一，又為了反對天臺宗的二十四祖說，寫有《嘉祐集》（由《傳法正宗定祖圖》、《傳法正宗記》、《傳法正宗論》三書合成），定為28代，成為禪界定論。此法統的第一祖，是釋迦牟尼的弟子，摩訶迦葉，以禪宗中的傳說，摩訶迦葉是在靈山法會上得佛心意、會心微笑唯一的一位。禪門西天譜系從多說到一說的統一，說明叢林中對於法統問題的重視。為什麼要重視？有了這種法統，對於宗派來說，就有了一個存在和發展的歷史依據，同時，也容易形成宗派內部的凝聚力，有利於宗教的發展。這種凝聚力，既是對同一法門的認同，實際上也是對宗主地位的認同，具有祖先崇拜的遺風。在此之前，道安以出家人都

姓釋來統一佛教信仰，禪宗及其他宗派重視法統，是對佛教
發展內在規律的又一次重要的探討。禪宗，在此法統中，顯
示出本宗為釋迦牟尼之正出。這種宗祖代代相傳的世系，和
儒家的以血統為基礎的族譜、家譜的形式與精神都十分相
似。

如果具體到各位禪師之下的獨自系統，就更像族譜了。
叢林中對諸方法門中成就宗風者，特別是五家七宗，都單獨
編出法系，分為第一世、第二世，等等。南嶽一系，懷讓為
第一世，馬祖道一是第二世，如此代代相傳。每一世中，嗣
法弟子都排在第一位，道一的法嗣，百丈懷海排為第一，而
他是南嶽下第三世。這就和儒學修族譜的思路非常相似。

叢林中在編制禪法傳承世系時，特別注意正出和旁出，
禪法的發展脈絡，以正出為經，旁出為輔。《祖堂集》中還
沒有正旁之別，但在《景德傳燈錄》就已經如此了，雖然沒
有特別標明正出之「正」，但特別指明了誰是旁出。這種
正、旁之分，在敘述惠能之前的禪史時經常使用：道信的法
嗣是弘忍，而法融等人為旁出，並構成其本身法系中的第一
世；五祖弘忍法嗣為惠能，神秀、慧安等十三人為旁出，且
為其本身法系的第一世。惠能之後，結束了代代單傳的制
度，門下龍象各為一方法主，就依諸宗的小世系傳承排列。
這種正、旁之分，也和族譜中的正、庶之分在形式上相似。

再進入某一個具體的禪宗宗門下，禪宗的寺院組織，也
很像一個個大家庭，方丈是寺院的的中心，像一個大家庭的
家長。只是對方丈衣鉢的繼承，不像儒學的嫡長子繼承制，
方丈下，有德者承之，有時，貼身的侍者由於比他人更有機
會親近方丈，經常感受教誨，嗣法的可能性更多。寺院有一
整套的組織制度，維持寺院各方面的事務，禪僧之間，有著

不同的輩份，叔伯兄弟之分，只是不像儒家的以年齡定輩份，而以出家時間的先後定輩份，因此，即使在俗時為父子，若兒子先出家，父親晚出家，在僧家的身份，父親也要稱兒子為師兄。這也是儒家對佛教批評的地方。有的山頭根據具體的情形而另定清規，這又很像世俗大家庭中的家規、家法。

3、禪法中的尊卑觀念

這一問題的討論當然並不涉及叢林制度，放在這裡，僅僅是為了敘述和安排本章內容的方便。禪宗倫理從本質上講是堅持諸法平等，眾生平等的，這無可爭議；但在具體討論到一些基本觀點時，常常會用尊卑觀念來敘述。其實在方法論上，這種敘述更多地是和哲學中的體用論相似，但使用尊卑一詞，客觀上反映出其潛意識中所受儒教倫理文化之影響。儒教倫理就十分注重尊卑之序：陽為尊，陰為卑；天為尊，地為卑；君為尊，臣為卑；夫為尊，婦為卑；父為尊，子為卑；兄為尊，弟為卑。

石頭希遷禪師，在其《參同契》一文中討論南宗和北宗的融合問題，其基本方法是華嚴宗的理事融合論，因此其禪學可以歸入「華嚴禪」一類。這裡要說明的是，他在分析這種融合觀時，舉了一個例子：「本末須歸宗，尊卑用其語。當明中有暗，勿以暗相遇。當暗中有明，勿以暗相睹。明暗各相對，比如前後步。」意思是說明，不同的宗派在以語言指示以性時，有著不同的方法。這些方法是有尊有卑的，有高有下的，有的是以明顯的語言正面表述，有的則是以奇言反面表述，前者為尊，後者為卑。這兩種指示方式，對於禪門來說，都是需要的。尊卑一語在些並沒有任何別的意思。

　　曹洞宗的五位君臣體系是對尊卑方法最典型的運用。在
曹山本寂的體系中，五位君臣分別是君位、臣位、臣向君
位、君視臣位、君臣道合位。這五位又分別代表正位、偏
位、偏中正位、正中來位、兼帶位。另外一套說法，以五位
偏正為中心，即正中偏、偏中正、正中來、兼中至、兼中
到，又分別表示五位君臣之君位、臣位、君視臣位、臣向君
位、君臣合位；又表示五位王子之誕生、朝生、末生、化
生、內生；又表示五種內外紹之內紹、外紹、隱棲、神用、
不出；又表示五位功勳之向、奉、功、共功、功功。可以說
是以君臣方法為核心構成的整個禪法體系。但這裡的尊卑一
語也只有方法論的意義。

二　孝的觀念

　　儒家倫理中，孝的地位實際上具有某種本體性的意義，
被視為人最基本的，也是最重要的品德。而這種對於孝的重
視，也影響到禪宗。在儒學和佛教的衝突，或者說儒學對佛
教的倫理批評中，最核心問題其實就是批評佛教違背了儒家
的孝道。禪宗在進行佛教中國化的思考時，對孝的問題非常
重視，甚至可以說是越來越重視，理由是隨著禪宗的發展變
化，教的問題不斷被禪宗提出討論。這種討論有兩種傾向：
一種是明確佛教的立場，強調佛教的孝論要比儒學的孝論完
備得多，這以圭峰宗密為代表；另一種更傾向於儒學的立場
來討論佛教的孝，這以明教契嵩為代表。禪宗南宗的創立者
惠能沒有明確系統地提出完整的孝的理論，但他的許多觀點
都涉及孝，他本人更是個孝行的實踐者，他是以大孝子的形
象出現的。不論禪宗的孝以何種形式出現，它既是對佛教之

1佛教的經、律、論中都有對孝的論述，比如《大般涅槃經》講到，為什麼要行孝？

孝道傳統的繼承[1]，也是對儒家之孝的回應，當然也不可避免地受其影響。

1、儒家對孝的規範

關於儒家的孝，在周代的金文裡就已經有了大量的記載，再往前追尋，在殷商金文裡也有其蹤影[2]。其理論的完備，是通過《論語》、《孟子》、《孝經》等儒家經典進一步體現的。

孔子是把孝（以及悌）的道德放在其道德規範體系的重要地位，其原因在於，「其為人也孝弟，而好犯上者，鮮矣。」（《論語·學而》）孝和悌，「宗族稱孝焉，鄉黨稱悌焉」（《論語·子路》）。孝是子對父母等親長之輩的道德要求，悌是對兄長的道德要求。能夠孝順父母、尊敬兄長的人，是不會製造和參與社會動亂的，是社會維持穩定的基本原因。

在此基礎上，再具體討論孝的不同要求，比如，孝要保持恭敬之心，而不是簡單的衣食奉養，不然的話，與養馬養狗沒有多大區別。「今之孝者，是謂能養，至於犬馬，皆有能養。不敬，何以別乎？」（《論語·為政》）「父母之年，不可不知也，一則以喜，一則以懼。」（《論語·里仁》）對於父母的年齡要知道，既為其高壽而高興，又為其年老而擔

"奇哉，我母受大苦惱，滿足十月，懷抱我胎，既生之後，推乾去濕，除去不淨大小便利，乳哺長養，將護我身，以是義故，我當報恩，色養侍衛。"（《大般涅槃經》卷九）這和孔子三年之喪的原因解釋是十分相似的，這也說明東方文化的共性的一面。此處要說明的觀點是，在討論禪宗和中國傳統文化關係時，不能因此而忽略或否認禪宗所受印度佛教文化的影響。禪宗首先是佛教的，然後才是中國文化的，既是佛教的，和印度佛教總有著內在的聯繫。

2 參見《中國傳統價值觀詮釋學》，上海三聯書店 1996 年 2 月版，頁 115-120。

憂。孝最難做到的是「色」，和顏悅色，所以孔子又講「色
難」（《論語・為政》）。

孟子可以說對孝討論得不多，但他也留下了影深遠的
話，比如，子女的婚姻，應依父母之命、媒妁之言，此是孝
的表現，否則，「父母、國人皆賤之」（《孟子・滕文公
下》）。又如，「不孝有三，無後為大」（《孟子・離婁
上》）。這句話常被儒學後人用來批評佛教的剃髮出家的制
度。

對孝道作更多多討論的，當推《孝經》，將這種討論提
高到「經」的地位，也是試圖以「經」的權威確立孝的重要
性。此經成為後世的道德範本，其中的許多觀點，也被人們
用來批評佛教的剃髮出家制度。其基本內容涉及到關於孝的
基本觀點、孝道和國家政治的關係、孝道的具體實行方法等
方面。孝道的基本觀點，區分了孝由低至高的不同階段，
「始於事親，中於事君，終於立身。」身體膚髮，受之父
母，不敢毀傷，這是孝之始；揚名於後世，以顯父母，是孝
之終。不同等級身份中的人，又有不同的孝的形式和內容，
天子之孝、諸侯之孝、卿大夫之孝、士之孝和庶人之孝，都
有不同的規定。天子之孝，「愛敬盡於事親，而德教加於百
姓，刑於四海。」以愛敬之心盡力事奉父母，以其至高無上
的道德教化眾民，以成為天下百姓的行為典範。諸侯之孝，
「富貴不離其身，然後能保其社稷，而和其民人。」即能夠
把握並守住財富，就能保住自己的國家，使人民和諧相處。
卿大夫之孝，「非先王之法服不敢服，非先王之法言不敢
言，非先王之德行不敢行。」服飾、語言、行為上都以先王
的道德標準為準，這其實是以忠為孝。士的孝，「忠順不
失，以事其上，然後能保其祿位，而守其祭祀。」這也是以

忠為孝。庶民的孝，才是供養父母，僅以這種孝來對待父母，其實是受到後世儒學歧視的。

傳統道德規範中有三綱，三綱之一就是規定子對父的道德關係的，父為子綱。一般認為，只有儒學才講三綱，其實法家之韓非，早就講此「三常」，「臣事君，子事父，妻事夫」三者，都是天下之「常道」（《韓非子・忠孝》）。到董仲舒從天地陰陽的角度論證君臣、父子關係、夫妻關係中君、父、夫之主導地位的成立理由，《白虎通》將此解釋為「君為臣綱，父為子綱，夫為妻綱」（《白虎通・三綱六紀》）。其中，孝也作為一種不變的準則被確定下來。

2、惠能的孝行

惠能在吸收儒家倫理時，對孝雖然沒有作過多的闡述，但應該承認，他是十分注重這個問題的，禪宗中人對惠能的孝行也是非常重視的。惠能是個父親早亡的孩子，從小和母親一起相依生活，他因在賣柴時聽《金剛經》而悟，準備投黃梅弘忍禪師，但老母親怎麼辦，不能行世之孝，也就不能真正行出世之大孝。諸種版本的《壇經》在惠能的出家時對老母親的處理的問題上，是很下功夫的。這是通過對惠能之孝行的描述，體現禪宗的孝道，提高和推廣惠能的社會影響。

敦煌本《壇經》中說：

> 惠能聞說，宿業有緣，便即辭親，往黃梅馮墓山，禮拜五祖弘忍和尚。（第2節）

這是非常簡單敘述，但辭親的具體情形如何？後來諸種版本

的《壇經》在這一點上也有發揮，增加了為老母留生活費的具體情節。惠昕本中說：

> 惠能聞說，宿業有緣，乃蒙一客取銀十兩，與惠能，令充老母依糧。教便往黃梅禮拜五祖。（第2節）

在《祖堂集》中，買柴客給惠能的銀子又有增加，惠能與買柴客安道誠圍繞老母有一段對話：

> 惠能聞說，宿業有緣。其時道誠勸惠能往黃梅山禮拜五祖。惠能報云：緣有老母，家乏欠闕，如何拋母，無人供給？其道誠遂與惠能銀一百兩，以充老母衣糧，便令惠能往去禮拜五祖大師。惠能領得其銀，分付安排老母訖，便辭母親。（《祖堂集·惠能和尚》）

這樣，惠能養親的形象就比較完備了。這一故事本身就說明，佛教、禪，並不是不講孝，而是既講世間之孝，也講出世之孝。

《宋高僧傳》也記有此事，只是較簡潔，「能聞是說，若渴夫之飲寒漿也。忙歸備所須，留奉親老」（《宋高僧傳·惠能傳》）。

在敦煌本《壇經》第48節中，提到新州國恩寺，此寺是惠能為紀念其母親，舍新州故宅而建的。此事《宋高僧傳》中也有記載。據《景德傳燈錄》卷五，惠能在先天元年（712年）在國恩寺旁建報恩塔，既是報親恩，也是報國

恩；報親恩是行孝，報國恩是行忠。次年，惠能在圓寂之前
告門人，死後歸葬於老家，取葉落歸根之意，更深層有道德
意義是和父母相伴，是要在另一個世界繼續盡其孝道。契嵩
對惠能的孝行有一個完整的記述：

> 惠能始鬻薪以養其母，將從師，患無以為母
> 儲，殆欲為傭以取資。及還，而其母已殂，慨不
> 得以道見之，遂寺其家以善之，終亦歸死於是
> 也。故曰葉落歸根。（《輔教編下·孝論》）

除了此直接的孝行，惠能實際上也有孝理的討論，這就
是他對居士佛教的重視，即入世而出世的思想，其中包含著
對於孝的思考。

3、宗密的孝論：儒佛之孝的比較

惠能是個實踐家，沒有學者式的思考，進行這種思考的
是宗密。荷澤系的圭峰宗密對孝進行了專門討論，他的文化
立場，也是三教融合的，著有《盂蘭盆經疏》，對儒教和佛
教的孝進行分析比較，兩者有同亦有異，有優亦有劣。宗密
自然認為是佛教之孝優於儒教之孝。

《盂蘭盆經》是方等部經，佛教的一部孝經，講的是孝
子目蓮的故事，目蓮是佛陀的弟子，其母死後墮入餓鬼道
中，受倒懸之苦，目蓮不忍，向佛問法，佛說，在七月十五
僧眾自恣日，用百味飯食、五果供養十方佛僧，可以使其母
脫離苦難。此經強調的是孝子報恩思想，依此經而有盂蘭盆
會，傳播孝行。

宗密本人也是個孝子，他因雙親早亡，心中「每覆雪霜

之悲，永懷風樹之恨」（《盂蘭盆經疏》卷上）。《禮記‧祭
義》有：「霜露既降，君子覆之，必有悽愴之心」一說，代
表了因親人去世而心中常有的悲戚之情，是為「雪霜之
悲」。《韓詩外傳》卷九又有「樹欲靜而風不止；子欲養而
親不待」之說，是齊國孝子皋魚對孔子所講的名言，生為人
子，親人已去，不能養親，是為「風樹之恨」。宗密寫下
《盂蘭盆經疏》，既是表達對雙親的孝意，也是討論其對佛
教之孝的觀點。

宗密對儒佛兩教之孝論之異，區別了三條：一是內容的
差異，二是生前供養異，三是沒後追思異。由此異處，證明
儒之孝，為低層次的孝。

就內容上看，宗密認為，儒家之孝，只有五孝之別：庶
人之孝，士人之孝，大夫之孝，諸侯之孝，天子之孝。而佛
教之孝道，內容十分豐富，精致而又完備，特別體現在各種
戒律之中，菩薩大戒，分為輕戒和重戒，輕戒有四十三條
（這是指《菩薩戒本》中所規定戒條，《梵網經》為四十八
輕戒），重戒有十條；佛教在家信徒守五戒，出家後守十
戒；受具足戒，比丘要守二百五十戒，比丘尼要守三百四十
八戒。

生前供養異，即儒佛兩教在對在世雙親的行孝方式和內
容之差別，儒家的生前供養，以養護髮膚，揚名顯親為孝；
而佛教則以佛法救苦為孝，不追求個人的身後之名。

沒後思追異，即儒佛兩教對去世雙親行孝方式和內容的
差別，宗密分析了三點：一是居喪異，辦理喪事的差別。儒
家喜歡「棺槨宅兆，安墓留形」（《盂蘭盆經疏》卷上)，死
屍要用內棺、外槨盛殮，為之看風水，造陰宅，建墓。佛教
只是舉行法會，進行追懺加以悼念。二是齋忌異，即守喪期

間的齋戒和有關禁忌方面的區別。儒家強調內齋外定，內心以哀悼來追思，還注重通過外在的形式來表達，如守喪、穿孝服、面帶哀容，經常回憶故人的音容笑貌。佛教則設供講經，以助先人有個來世的好報。三是終身異，即為懷念先人，終身應守的基本規範。儒教講殺生以祭先人，春夏秋冬，都殺生以祭，佛教則恰恰相反，放生以祭，體現出對生命的兩種不同態度。宗密認為，儒家的這種為追求孝子之名而不惜殺生的方法，最終將遭到惡的報應。

對於這種差異產生的原因，宗密歸結為儒學創立時，佛教還沒有傳入，那麼如今既已有了佛教的孝道，就不應該再執著於儒家之孝。

就相同方面而言，宗密分析為存沒同和罪福同。不管父母在世或沒世，儒佛兩家對雙親的致孝原則是一致的，即居則致敬，養則使樂，病則憂，喪則哀，祭則嚴。這是存沒同。是否遵守孝道，儒佛兩家的獎懲原則是一致的，違戒犯過，都要受到各自的懲處；功德顯彰，都講善報之福。

宗密的觀點，不是誇誇其談，他對儒佛孝道之差別的討論，在今天，都是有可取之處的，相比之下，佛教的孝在形式和方法上，都更理性化。他對儒家之孝的貶低，並不表示對其持完全排斥的態度，而只是與佛教相比而言，在其三教合一的思路中，儒學構成低層次的理論，其基本的立場，是佛本儒末論。

4、契嵩的孝論

明教契嵩的文化立場更傾向於儒教，他也對孝進行專門討論，著有《孝論》十二章。儒家有《孝經》，而契嵩之孝論，實禪家之《孝經》、中國佛教之《孝經》，其基本觀

點，是強調佛教對於孝的「殊尊」，特別重視。具體討論的
內容有：

明孝。首先明確孝和戒的關係。孝名為戒，這是佛教戒
律的一個基本原則，《梵網經》云：「孝順父母、師僧、三
寶，孝順至道之法：孝名為戒，亦名制止。」孝順父母，受
五戒，是為優婆塞、優婆離（男女居士），由此可以達仁義
之道；孝順師僧，受具足戒，是為比丘、比丘尼，孝順自己
的各位老師，由此可以達涅槃之道；孝順佛、法、僧三寶
法，受菩薩戒，是為摩訶薩（菩薩），由此可以達菩提解脫
之道。《梵網經》也是禪宗所重之經，惠能在說法中多次引
用此經，因此，此經亦是禪宗倫理的基本觀點。契嵩認為，
佛教戒律，是以孝為基礎的，「孝為戒之端，子與戒而欲亡
孝，非戒也，夫孝也者，大戒之所先也」（《輔教編下·孝
論》）。「端」，指孝作為戒的出發點，離開了孝，就不可
能有真正意義上的佛戒，對於孝和戒，不應該理解為：一是
世間的孝，另一是出世間的戒，在佛教的戒律中，本身就是
戒孝合一的，因此，修行者如果試圖只持戒而不行孝，那麼
所持之戒，非佛戒。由此也可以看出，在禪宗中，世法和出
世法之間，是合而為一的。

孝之為戒的觀點，從理論上講，是善的歸趣的一致性，
孝為百善之先，而戒律的基本功能就是為善去惡，確立了
戒，善行、善語、善意的建立就有了依據，所以契嵩又說，
「戒也者，眾善之所以生也」（《輔教編下·孝論》）。這就回
到了禪宗倫理之基本問題的層面，孝、戒、善三者的關係，
實際上就是由孝而戒，由戒而善，契嵩所說「為善微戒，善
何生耶？為戒微孝，戒何自耶？」（《輔教編下·孝論》）所
指的就是這層關係。結論：契嵩引用經文說，要使我疾速證

成無上正真之道，就必須修持孝之德。

孝本。此討論孝的本原，即孝何以必須建立的內在原因或基礎，也是討論孝的對象。從整個社會生活的角度看，契嵩認為，天下有三本：神用之本，教誥之本，形生之本。世界上最有活力和希望的事情，莫過於生生，即生命的產生和變化、發展。作為一個具體的人，其生也必須依於父母；人生活於社會中，必須受教育，其受教也必依于教師；人之為人，必須有所作為，而其所作所為也必依於真理，依於道。至此，人的意義就體現出來了：生命的存在，教化的接受，行為的展開，而此三者，都可以包括在孝理之中。三者又都有其所本，「夫道也者，神用之本也；師也者，教誥之本也；父母也者，形生之本也」（《輔教編下·孝論》）。因此，孝的對象，就是道、師、父母三者，在禪宗中，道是佛法，禪法，師是師僧，父母當然是生身父母。如何行此孝？孔子講一個「勇」，就是履行道德理想的勇氣，敢於為善，勇於除惡；而契嵩則講即使面對白刃和饑餓等危及生命的事，也不可忘記孝道，大有儒家捨生取義、殺身成仁之勢。結論：孝順父母、師僧，孝順至道之法。

原孝。從修行的角度講，討論孝道之根本所在，這就是誠。契嵩從孝理和孝行角度進一步具體分析孝道：孝理是孝之不可見部分，孝行是其可見部分。對於孝的修持，契嵩認為不應該只修孝行而不習孝理，如果這樣，那麼對父母之行孝並不篤實，有虛偽之嫌；對他人之施惠並不真誠，有虛假之嫌。應該首先修習孝之理，亦修孝行，如此才能事父母而惠人，振天地而感鬼神。孝理和孝行的結合之孝，歸結到一個「誠」字，「夫以誠孝之，其事親也全，其惠人恤物也均」（《輔教編下·孝論》）。這是孝和誠的關係。他又釋孝為

「效」，釋誠為「成」。效，此當效力、成效解，成，此當完成、有所成就解，是一種理念外化為具體的行為並使之圓滿地完成。為孝沒有行孝的實際行為和功效，就不成其為孝；為誠沒有成其孝行，也不能稱為誠。結論：聖人之孝，以誠為貴。這個誠的觀念，契嵩明確表示來自於儒家，孟子曾云：「誠者，天之道也；思誠者，人之道也。」（《孟子·離婁上》）但契嵩對這個誠，大大發揮了，而言誠常、誠善、誠孝、誠忠、誠仁、誠慈、誠和、誠順、誠明（見其《輔教編中·廣原教》）。

評孝。對一般所持缺乏三世論基礎之孝的批評。契嵩認為，一般人對孝的看法，是局限於一世，缺乏對於整個宇宙生命系統的關注，具體表現，是只重人而不重神，只求人而不求神。中國佛教和儒教的差別之一，是儒教不知三世法，雖然也講祭祀，祭祀的理論基礎是有神論，但更重此生一世，是現世法，儒教本身對此智慧十分推崇，當代新儒學視之為實踐理性。佛教講究未得解脫者之生命的輪迴，並不認為死亡代表生命的終結，只表示生命之某一個階段的完結，卻是另一個階段的開始；超脫輪迴者，則是實現了生命之永恆。出於對超脫生死輪迴的超越之追求，有些人擔心牛羊為自己父母靈魂之重生，而禁殺，強調不殺生，以此懷念親人，也有些人更注意對還在世的父母以道奉養，不僅僅是物質生活方面的奉養，以免父母死後陷入諸惡道中。契嵩認為，如果以不殺生作為基本的孝理孝行，那樣也可以達到社會的移風易俗作用，但如果以擔心父母來生陷於惡道之憂慮作為孝理孝行的基礎，這更可以推廣人們的慎終追遠之心。結論：生孝順心，愛護一切眾生。此慎終追遠之說，也是來自於儒家，為孔子的名言，「慎終追遠，民德歸厚矣。」

（《論語・學而》）

必孝。討論行善的必要性。契嵩從道、善、孝三者的關係說明：聖人之道有其外在的顯現，稱為用，以善為用；善又有最根本之處，稱為端，以孝為善之端。道如果不通過善來體現，也不存在所謂道；善如果能行孝，是不完善的，所以，要用孝驗證善，就看是否能行孝於父母。再加上父母為人的形生之大本，行孝於父母，既是重大本，又是報父母之大恩。他批評有些人自稱出家人，不必務於孝道，這不是出家人應有的想法。出家者追求的道，也是要處理道、善、孝的關係的，如果不善於父母，如何能稱其為佛教之道？他引經說作為其結論：父母和一生補處菩薩（等覺菩薩）有相等的地位。如何孝父母？從物質的層面講，應減衣鉢之資，而養父母；從精神或信仰的層面講，如果父母是佛教的正信者，鼓勵之，如果沒有此正信，給予之。這可以看出佛教之孝有著和儒教之孝不同的內容。

廣孝。討論儒教之孝和佛教之孝的不同特點。一般的世俗觀點，是認為儒教講孝而佛教不講孝；或者聽說佛教也有孝，則主張既有儒之孝，又何必加上佛教之孝？契嵩認為，此是見儒而未見佛。佛，表示一種思想境界的終極境地，在孝這個觀念上，「以儒守之、以佛廣之；以儒人之，以佛神之」（《輔教編下・孝論》）。儒教之孝堅持了孝的一些基本原則，而佛教之孝進一步擴大孝的思想內涵；儒教之孝，側重於孝敬生活中的父母本人之身，而佛教之孝，還孝敬先人之靈。如果用大小淺奧來對比兩者之善或孝，契嵩認為，佛教之孝所體現的善，是大善、奧善。結論：君子應志于佛教之大奧之孝。

戒孝。從佛教倫理之底線道德規範的五戒談孝和戒的關

係。五戒所言，都是孝，「其五者修，則成其人、顯其親，不亦孝乎？」（《輔教編下‧孝論》）這五者，如果有一戒不修，直接的結果是對自身形象的貶損，使雙親蒙辱，就是不孝。整個的佛教戒律，都是講孝。因此，契嵩又從道德修行論的角度把孝論推進至戒，人們想要修福，則必須真切地行孝；想要真切地行孝，則必須持戒。結論：是行孝必須持戒。戒作為佛教倫理的行為規範集成，是其區別於世俗倫理的一個突出之處。

孝出。孝所賴以產生的基礎，這就是善，「孝出於善，而人皆有善心」（《輔教編下‧孝論》）。契嵩在此回到了儒家性善論的立場，而不再像唐宋許多禪僧那樣強調方法論意義上的無善無惡之心體。既人人都有善心，亦人人都應該行孝。在這個善性基礎上的孝道，是泛孝。儒家講愛親，也說泛愛眾。契嵩則強調佛教之孝的泛愛意義，愛的對象，不僅僅是人，也包括一切有情生命。結論：君子務道務善必須慎加選擇，對不同的道德價值體系，須有辨有品。

德報。討論對父母的報恩方式。對父母生養之恩的回報，契嵩分為三個層次，一是奉養，二是報德，三是達道，「養不足以報父母，而聖人以德報之；德不足以達父母，而聖人以道達之。」（《輔教編下‧孝論》）養是最基本的孝，為父母提供物質生活保證；但只有此養，並不能盡報父母之恩，而應報之以德，以自身良好的道德修養的培養來報恩；但這也不足以盡報父母之恩，還應該追求終極真理，追求道，達道就是最高意義上的孝道。結論：行孝必須修德達道。

孝略。行大孝之前，對父母之禮，以簡略不告為上，「告則不得其道德，不告則得道而成德」（《輔教編下‧孝

論》)。不告，是權，成就大道德之後，自然是對父母的深渺之孝。俗話說，聖人無父，就是講這種情形。但聖人的這種孝行常遭小人譏毀。契嵩的意思，佛教之孝正是這種大孝，因此在表現方式上，會有被常人一時難以理解之處。

孝行。列舉包括惠能在內的佛教界諸高僧的行孝事跡，證明佛教能夠不遺親而得道。

終孝。說明為死去的父母守喪的方法，重心喪，守心喪三年。三年之喪，本出於孔子，其心理原因是小孩子從出生到脫離母親之懷，正需要三年的時間。契嵩沿三年之喪說，但重在心中表示哀思，在外在的形式上，並不一定要穿喪服，披麻戴孝，「縗絰則非其所宜」（《輔教編下‧孝論》）。至於哀哭與否，則各任其性，三年心喪後，每逢父母忌日，則設齋頌法以示追念。

對契嵩的此論，已無須再加過多的評說，可以看出雖然他站在佛教的立場上堅持佛教之孝優於儒學之孝，但其儒學化的傾向是十分明顯的。

5、對孝的廣泛認同

惠能是南宗創立者，其孝行有示範性的意義。宗密和契嵩的孝論，由於其系統的理論性，也在禪宗倫理方面佔有一席之地。除此之外，禪界還有許多關於孝的可圈可點的行為或言論，不能一一具述，略舉而簡論之，大致展示宋明禪宗對此問題的看法。由此可以發現，禪界都注重孝道，但都視孝有大小之分，而以佛教之大孝為至孝。

洞山良价是一個大孝子，父亡母老，他一直在思考孝的問題，但終以儒學世俗之孝為末，而以佛教之出世孝為終極之孝。他出家後，曾給其母親寫信，闡述其對出世間孝的追

求，其母也是有很高文字修養和人文修養的傑出女性，雖然常灑悲淚，但也能理解和支持其子的追求。

良价在其信中說，人都從父母而生，受父母生身之恩，又受天地覆載之德，理應回報父母天地之恩，但如何回報？「若把世賂供養，終難報答；作血食侍養，安得久長？」（《洞山悟本禪師語錄・辭北堂書》）必以出家功德為報，唯有出家，才能「載生死之愛河，越煩惱之苦海；報千生之父母，答萬劫之慈親」（《洞山悟本禪師語錄・辭北堂書》）。出家之報恩功能，有一人出家、九族升天之說，依這種看法，他起誓，誓不還家。這裡的基本觀點和契嵩是一致的。

出家十年後，良价又給其母寫信，重申此觀點，「夫人居世上，修己行孝，以合天心」（《洞山悟本禪師語錄・後寄北堂書》）。並勸母親也收心慕道，勸發正信；至於母親的日常生活之養，則囑其阿兄小弟多加事奉，阿兄要以為母求水裡之魚的精神奉母，小弟要以為母泣箱中之筍的精神奉母。他不同於惠能，家中老母無人奉養，他有兄弟在家，對此理應有所安排，他追求出家大孝，世之最基本的孝養，也是關注的。但家中的實際情形，是兄薄弟寒，使其母的日常生活無所依賴。這些情形，是其母收到良价的出家信後告訴他的。因此，良价的大孝追求是犧牲了對母親的小孝，而小孝則支持著母親的日常生活，其中實際上存在著一些困難。

明末靈峰蕅益智旭也是三教融合論者。他對孝也有自己的看法，以世間之孝不是真正的孝，只有出世間的孝才是大孝，基本的立場是《梵網經》中的觀點，即孝順父母、師僧、三寶，他對此加以說明，又對世間和出世間的孝道分出不同的層次。為什麼要孝父母？父母生我色身；為什麼要孝師僧？師僧生我法身；為什麼要孝三寶？三寶生我慧命。他

把世俗之孝分為三個層次：以朝夕色養為小，以不辱其身，不玷其親為中，喻親於道為大。出世間的孝，也有三層區分：　勤心供養三寶，興崇佛事，是小孝；脫離生死，不使眾生沈溺於三界六道，是中孝；發無上菩提心，觀一切眾生都本來就是我父母，必定要度脫他們，使之成就佛道，這是大孝（見《孝聞說》，《靈峰宗論》卷四之二）。這裡的層次之分，和契嵩的觀點有相似之處，而倫理層次性的突出也正是佛教倫理的一個基本特點。智旭論出世間孝的第一個層次，其實也是惠能所批評的以梁武帝為代表的興福一類；中孝，所指的也只是避苦求樂的基本心理動機；大孝，才體現出大乘佛教的普度眾生的救世特點，在這一點上，正和儒家之孝最終所要體現的治國平天下有相近的社會功效。

憨山德清也是三教融合論者。他把孝順作為禪門的修行之法：「苟能以孝順心而敬事之，是則以佛心為心也」（《示曹溪旦過寮融堂主》，《憨山老人夢遊集》卷五十二）。這裡以孝所事的對象，是指惠能。又引《梵網經》中關於孝的觀點，得出這樣的結論：「孝順為戒之本，戒為成佛之本。」（《示曹溪旦過寮融堂主》，《憨山老人夢遊集》卷五十二）視孝順之行為成佛之基本，只要行孝，不必行別法，孝行能攝一切佛教之修行。這極大地突出了孝行在禪門修持中的地位，可以看出晚明佛學對儒教倫理的深度回歸傾向。

6、關於孝的制度規範

在《敕修百丈清規》中，強調「報本」、「尊祖」，實際涉及的內容，也就是孝順佛寶，孝順祖師。所謂本，是本性，佛和眾都有此本性。禪所傳的是佛心，循生本心，就是報本；報本，也就是報佛恩。所以佛誕日、成道日、涅槃

日，都要做法事，以示對佛的孝心。對祖師的孝，孝順達摩祖師、百丈懷海禪師、本派道場開山歷代祖師、嗣法祖師。沙彌剃度受戒，先要發願，願文中就規定了孝的內容，「師長父母，道業超隆。」(《敕修百丈清規》卷五)。禪宗尊崇的《梵網經》已經確立了孝的原則，叢林清規對此更加以制度化的規定。

三、忠的觀念

忠的觀念是儒學倫理中又一個重要命題，在東漢之後，其地位提到了孝道之上，而忠孝合說，忠在先。儒學對佛教的批評，其中也包含了從忠觀角度的批評，指責佛教入國破國，在經濟上、政治上都影響到國家的秩序。禪宗對這種批評同樣十分關注，在禪宗建構其禪法體系的過程中，回應了這種批評，也納入了忠的內容。從本質上講，佛教和儒學的忠沒有衝突，儒教陽助王化，佛教陰助王化，但由於形式表現不同，而招致非議，禪宗甚至在忠的表現形式上也盡力縮短和儒學的距離，忠觀體現普遍在其忠行、忠之禪理之中。

1、儒家對忠的規範

忠在先秦儒家的道德體系中，並不是一個很突出的概念，孔子是經常講到忠，把忠理解為一種對他人的盡心竭力的一種態度，不只指對君王，也指對其他人，但更主要的是指對上級的道德規範。不過孔子在強調這種上下級關係時，在君臣關係上使用忠的概念時，也多強調君對臣的道德要求，而不是單方面強調臣對君的道德要求。到了漢代，忠的地位被突顯出來，而且被專門用來規範君臣關係中臣對君的關係。禪宗對忠的觀點，也多是在東漢以後的理解上使用

的。

孔子道德思想的核心，不是孝，而是忠，「夫子之道，忠恕而已矣」(《論語・里仁》)。忠是恕的一種高級表現，恕有「己所不欲，忽施於人」(《論語・衛靈公》)的意義，忠則進一步體現為「己欲立而立人，己欲達而達人。」(《論語・雍也》)有學者解釋解釋，這是講自己要站得住，同時也要使別人站得住；自己要事事行得能，同時也要使別人事事行得通[3]。這也是仁的意義，體現出對他人的尊重、理解和關愛。孔子還把忠看作實現仁的手段，「樊遲問仁，子曰：居處恭，執事敬，與人忠」(《論語・子路》)。孔子又把忠和信聯繫起來，「主忠信」(《論語・顏淵》)。「言忠信，行篤敬」(《論語・衛靈公》)。認為對人的真誠之心也是取信於人的根本。在君臣關係上，當然忠也是臣下對於君上的道德要求，「君使臣以禮，臣事君以忠」(《論語・八佾》)。

到了東漢之後，忠專指臣下對於君主的道德要求。《白虎通》則總結西漢農民起義的教訓，總結王莽篡位的教訓，這就是缺乏忠觀，因此提出了三教思想。三教乃「忠、敬、文」三種道德教化規範：內盡忠，外持敬，加以文飾，其中忠是居於首位的，「三教所以先忠何？行之本也。」(《白虎通・三教》)相傳經學家馬融還仿《孝經》而作《忠經》十八章，以忠為天地間最重要的道德品質，「天之所覆，地之所載，人之所履，莫大乎忠。」(《忠經・天地神明》)

2、孝親與忠君的內在關係

後世對孝親和忠君的認知，是以忠為重，所以形成忠孝一詞，其重心落在忠上。《孝經》論孝，實重忠，以孝勸

忠，經中所講的始、中、終三階段的孝，中孝和終孝都與忠
相關，不同社會身份者的孝行內容雖不同，如諸侯之孝、卿
大夫之孝、士之孝，但其實都是講忠；而且對於庶人之純以
奉養為孝，是鄙視的。《忠經》進一步在忠君和孝親的一致
論上，提出能忠對於孝的決定意義，能盡忠，必能盡孝，忠
是孝的基礎和保證，無忠則無孝，「君子行其孝，必先以
忠，竭其忠則福祿至矣」（《忠經・天地神明》）。只有忠
君，建功立業，揚名天下，才能有效也有利地保證對親之
孝。其實孔子對於忠孝的關係，也有此意，他排列出君君、
臣臣、父父、子子不同等級關係，君臣關係，先于父子關
係，而君臣關係中，臣事君以忠；父子關係中，子對父以
孝。

　　禪宗中人也討論忠孝的關係，有一種基本觀點，是忠義
並重，兩者是互為保證的。大慧忠杲說，「未有忠於君而不
孝於親者，亦未有孝於親而不忠於親者」（《示成機宜》，
《大慧普覺禪師語錄》卷二十四）。

3、對忠的廣泛認同

　　佛教不是不講忠，禪宗不是不講忠，這一點是無可懷疑
的。佛教為什麼要行忠？不只是向國君行忠，還要向各級政
府行政長官可行忠。基本的思考，是佛教的發展必須得到各
級政權的支持，道安早就為中國佛教的發展定下了一條原
則，「不依國主，則法事難立」（《梁高僧傳・道安傳》）。
這是一個十分理性的思考，處理的是宗教發展中的政教關
係。這其實也是禪宗為什麼要強調忠觀的基本原因。憨山德
清還為禪門的忠孝說尋求理論依據，這個依據就是心性論，
忠孝都依賴於人的良心，「夫忠孝之實，大道之本，人心之

良也」(《法語‧示容玉居士》,《憨山老人夢遊集》卷四)。他強調,習禪不能背心性,同理,也不能離忠孝。他據此回應了歷史上對佛教去人倫、捨忠孝的批評,指出儒教所批評的,只是佛教的外在方面,其內在對良心的歸向,儒教並不了知。

禪宗人的忠行,有多種表現。惠能的教發展觀中,居士佛教、人間佛教的構想,都有利於實現佛教的忠觀。惠能本人行忠的直接行為,也體現在其舍宅所造的國恩寺之寺名上。寺名也有報國恩、皇恩之意,體現的正是忠的觀念。許多禪師,雖身遭不幸,對皇帝和朝廷的忠心依然不改。荷澤神會因被御吏盧弈誣告而兩年中四遷貶地,但一旦朝廷需要,加以起用,毫無怨言,立即出來為朝廷工作。大慧忠杲也曾因為與侍郎張九成關係密切,而被毀衣焚牒,發配湖南、廣東達十五年,忠杲「雖死不悔」(《大慧普覺禪師塔銘》)。憨山德清則有下獄流放的經歷,同樣忠心不改。誰說禪家不言忠?

禪宗的的忠行,還通過禪師和皇室的密切合作而體現出來。有的禪師出入宮廷,當帝師或國師,直接盡忠,神秀、老安、智詵、南陽慧忠等人,都曾任此職。大部分人是通過其他方式實現禪宗「陰助王化」的功能,這就是忠,得到的回報常是生前得殊榮,死後又受諡號。惠能諡號「大鑒禪師」是唐憲宗追諡。神會為皇室出售度牒以集軍費,有功於朝廷,唐肅宗詔其入宮,為其在洛陽造寺,死後諡「真宗大師」。宗密經常來往於長安宮中和終南山之間,他在宮中為唐文宗講佛法,受賜紫方袍,死後諡「定慧禪師」。南嶽懷讓受諡「大慧禪師」,馬祖道一受諡「大寂禪師」,青原行思受諡「洪濟大師」,臨濟義玄受諡「慧照禪師」,溈山靈

祐受謚「大圓禪師」，洞山良价受謚「悟本禪師」，雲門文
偃受南漢皇帝之謚「匡真禪師」，又受宋太祖追謚「大慈雲
匡真弘明禪師」，法眼文益生前就受南唐皇帝「淨慧大師」
之賜號，死後受謚「大法眼禪師」。此等現象，在禪門中非
常普遍，這也從一個側面反映出，忠的觀念在禪門中非常流
行。

在平常的開堂示法中，說法的禪師先要進三炷香，每炷
香有其含義。汝州葉縣歸省捻香示眾說：

> 願皇帝萬歲，重臣千秋，文武百僚常居祿
> 位，……謝郎中、巡檢、司徒諸官員等，光揚佛
> 日。（《古尊宿語錄·歸省禪師語錄》）

神鼎洪諲禪師說：

> 此一炷香，奉爲今上皇帝萬壽無疆；第二炷
> 香，爲府主學士、合郡尊官，伏願長光佛日，永
> 佐明君；第三炷香，此香不是戒定慧香，亦非栴
> 檀沈香，只是汝州土宜。（《古尊宿語錄·洪諲禪
> 師語錄》）

三炷香沒有一炷是爲禪法的，但又沒有一炷是不爲禪法的。
這就是政教關係的奇妙之處，禪師常常這樣表達忠意。

雲門文偃在這一點上也是十分注重的。他和皇帝有著一
層特殊的關係，他繼任靈樹道場法席，就是由皇帝在靈樹如
敏滅度後所任命。他自己在臨滅度前，專門留有《遺表》，
向南漢皇帝劉晟辭別，祝朝廷「鳳曆長春，扇皇風於拂石之

劫；龍圖永固，齊壽考於芥子之城。」(《雲門禪師廣錄》卷下) 又為門人留下《遺誡》，其中講到，「上或賜額，只懸於方丈中，勿別營作。」(《雲門禪師廣錄》卷下) 方丈室自然是文偃所居之室，他希望萬一皇上有所賜額，必須掛於此室，以向後人詔示他和君王的關係，顯示其禪門宗風中「忠」的成份。

禪宗中的忠觀，還通過君僧關係體現出來。世法中有君臣關係；禪法中，許多禪僧也對皇上自稱為「臣」，為臣僧。契嵩就自稱為臣僧，他在《上皇帝書》中重申了道安的政教關係原則，認為「佛教損益馳張，在陛下之明聖矣，如此，則佛之徒以其法欲有所云為，豈宜不賴陛下而自棄於草莽乎？」(《傳法正宗記》) 基於這一原則，佛教徒必須保持對於皇帝的忠心。宗杲就自稱臣僧，「從上諸聖既如示現，今日臣僧宗杲亦如是說法，只將如是之法，恭為徽宗聖文仁德顯孝皇帝顯肅皇后，用嚴仙駕。」(《大慧普覺禪師語錄》卷二) 君臣關係，就等於君僧關係，不像有些叢林中大德那樣，以「山僧」自謂，慧遠倡導的沙門不敬王的風格再難以一見；而以儒家的君臣關係規範，臣事君的規矩就是一個「忠」字。

同孝的制度化一樣，禪宗用清規把忠的原則制度化。在《敕修百丈清規》中，開篇《祝釐章》首先確立的就是忠的法則，即「報君」，為何要報君，國君「不以世禮待吾徒」。又免除經濟上的賦稅，「特蠲賦役，以安厥居」。所以，為僧對於君，朝夕必祝，一飯不忘，祝今上皇帝，聖壽萬安。沙彌剃度受戒，先要發願，願文中首先就規定了忠的內容，「皇帝萬歲，臣統千秋。」(《敕修百丈清規》卷五) 這是對忠的制度化規定；既是制度化，也說明了這一原則在

叢林中的他律強制性。

四、五戒與五常

儒家有五常，佛教有五戒。禪宗在這裡尋找到兩者的共同點，以證明兩者的相同價值取向。這種觀點，在中國佛教思想史上是長期存在的，而且較早地出現了。就是在儒教界，也有人持這樣的看法。佛教注意到這一點，作為儒佛融合論的依據。在禪宗中，處理儒佛關係的原則，基本傾向是存同而不是求異。

1、儒家之五常

儒家五常，謂仁、義、禮、智、信，稱之為「常」，乃是強調其具有不可更改的必然性。這五者，作為道德規範，在先秦儒學中已經提出了。孔子對五種道德規範都下有斷語，有過多層面的解釋。孟子則強調仁、義、禮、智四德，並且把這四德融入孝悌原理之中。「仁之實，事親是也，義之實，從兄是也，智之實，知斯二者，弗去是也，禮之實，節文斯二者是也」（《孟子‧離婁上》）。仁的核心是對親之孝，義的實質是對兄長的敬愛，智就是要了知這種孝悌原理，禮的實質就是要在品節、文章方面都能實現孝悌。但提高到「常」的地位，是由董仲舒提出的，他說：「夫仁、誼（義）、禮、知（智）五常之道，王者所當修飾也。」（《舉賢良對策一》）漢代之後，五常和三綱一起，成為「名教」的基本內容，自然也引起了佛教界的注意。

2、禪宗對五戒的重視

五戒本是佛教為在家修行者所制定的行為規範，從修行層次或道德層次來看，從五戒、八戒，到小乘教的十戒、大

戒，再到大乘教的菩薩戒，是為教門的戒律遞進。禪門是教外別傳的，自有其叢林清規，但這並不說明禪宗是無視五戒的。五戒一方面代表著佛教的底線倫理，或基本倫理規範，另一方面還代表著居士佛教的修行方式。而禪宗，特別是惠能，正是特別強調居士佛教的，必然要重視五戒。惠能雖然沒有對五戒發表觀點，但他的在家修行的導向，本身就是對五戒的尊重。

惠能之後，許多禪門中人直接對五戒的重要性發表看法，並將其和儒家的五常相比較，視五戒同於五常，成為禪界的流行觀點。

3、對五戒與五常的比較

在這個問題上，禪家基本的觀點是視五戒同於五常，比較有代表性的是宗密的看法。他不只是稱其同，更有理論證明。言其同，「佛且類世五常之教，令持五戒」（《原人論》）。具體的相同性：不殺是仁；不盜是義；不邪淫是禮；不妄語是信；不飲酒啖肉，神氣清潔，益于智，與智相同。他對此有較為詳細的理論論證。

不殺是仁。仁是慈愛之心，「仁是愍物，博施恩惠，廣濟患難」（《圓覺經大疏鈔》卷七之上）。佛教的不殺正體現這樣的慈愛心，因而，不殺生戒與仁相融通。

不盜是義。義代表一種行為準則，如果依照這種準則來規範人的行為，必定是「有志有準，非理不為」（《圓覺經大疏鈔》卷七之上）。而不偷盜戒，正是這一準則的具體化，所以與義相同。

不邪淫是禮。禮代表一種社會秩序，基本功能在於「別尊卑，息譏嫌，分內外，禁諍亂」（《圓覺經大疏鈔》卷七之

上）。淫是非禮之極，人只要能做到不淫欲，其他的一切禮法都可以順利地遵守，所以不邪淫戒與禮相同。

不妄語是信。信是遵守信用，不食言，不違約，「發言無二，不虧其約」（同上）。不妄語戒正是這個意思，與信相同。

不飲酒是智。對這一點，宗密也表示可能會有一些難以理解，但只要認識到智代表識達分明，頭腦清醒，就能理解，不飲酒正是要人保持這種清醒的頭腦。

宗密之外，還有許多禪門中人在一再強調這一點，於中，契嵩的觀點較有典型性。他進一步解釋五戒之善：不殺，指愛生，愛護一切生命，不可以因一己之私而暴一物，不只是不吃肉而已；不盜，指不義之財不取，不只是攘他人財物而已；不邪淫，指不亂非其匹偶，夫婦之道亦有禮，不只是不對其他異性的行淫而已；不妄語，是指不以言欺騙他人；不飲酒，指不以醉酒亂其修行（見《輔教編上・原教》）。他以儒學的標準、儒學的立場比較五常和五戒，「以儒校之，則[五戒]與其所謂五常仁義者異號而一體耳」（見《輔教編上・原教》）。

這種比較，是一種簡單的類比，基本方法還是格義式的。但應該承認兩點：第一，兩者達到的教化作用是完全一致的，終極目的是教人為善，禪家強調的也正是這層意思，「聖人為教不同，而同於為善也」（見《輔教編上・原教》）。第二，從道德底線的角度看，禪宗強調這一點，也是為了說明佛教和儒教之間在基本價值觀層面上的一致性，從而回應儒學對佛教的批評，體現禪宗倫理的融合特色。這種道德底線，不只在儒佛教之間存在，在整個人類宗教或其他價值體系中都存在。

引用書目

1. 《弘明集》，[梁] 僧祐撰，《大正藏》第五十二卷

2. 《廣弘明集》，[唐] 道宣撰，《大正藏》第五十二卷

3. 《楞伽師資記》，[唐] 淨覺集，《大正藏》第八十五卷

4. 《觀心論》，《大正藏》第八十五卷

5. 《大乘無生方便門》，《大正藏》第八十五卷

6. 《壇經》(敦煌本)，石峻等編《中國佛教思想資料選編》第二卷第四冊，中華書局1983年6月版；鄧文寬、榮新江錄校

7. 《敦博本禪籍錄校》，江蘇古籍出版社1998年12月版

8. 《禪宗永嘉集》，[唐] 玄覺撰，《大正藏》第四十八卷

9. 《荷澤神會禪師語錄》，石峻等編《中國佛教思想資料選編》第二卷第四冊，中華書局1983年6月版；《神會和尚禪話錄》，楊曾文編校，中華書局1996年7月版

10. 《禪源諸詮集都序》，[唐] 宗密撰，石峻等編《中國佛教思想資料選編》第二卷第二冊，中華書局1983年1月版

11. 《華嚴原人論》，[唐] 宗密撰，石峻等編《中國佛教思想資料選編》第二卷第二冊，中華書局1983年1月版

12. 《佛說盂蘭盆經疏》，[唐] 宗密撰，《大正藏》第三十八卷

13. 《大珠禪師語錄》，[唐]慧海撰，石峻等編《中國佛教思想資料選編》第二卷第四冊，中華書局1983年6月版

14. 《筠州洞山悟本禪師語錄》，[日本]慧印校，《大正藏》第四十七卷

15. 《撫州曹山元證禪師語錄》，[日本]慧印校，《大正藏》第四十七卷

16. 《潭州溈山靈祐禪師語錄》，[明]語風圓信、郭凝之編，《大正藏》第四十七卷

17. 《袁州仰山慧寂禪師語錄》，[明]語風圓信、郭凝之編，《大正藏》第四十七卷

18. 《宗門十規論》，[唐]文益撰，《續藏經》第一輯第二編第十五套第五冊

19. 《大慧普覺禪師語錄》，[宋]蘊聞編，《大正藏》第四十七卷

20. 《鐔津文集》，[宋]契嵩撰，《大正藏》第五十二卷

21. 《人天眼目》，[宋]智昭集，《大正藏》第四十八卷

22. 《景德傳燈錄》，[宋]道原纂，《大正藏》第五十一卷

23. 《古尊宿語錄》，[宋]賾藏主編集，蕭萐父、呂有祥點校本，中華書局1994年5月版

24. 《五燈會元》，[宋]普濟著，蘇淵雷點校本，中華書局1984年10月版

25. 《敕修百丈清規》，[元]德輝重編，《大正藏》第四十八卷

26. 《紫柏尊者全集》，《續藏經》第一輯第二編第三十一套第四冊至第三十二套第一冊

27. 《憨山老人夢遊集》，侍者福善日錄，門人通炯編校，

新文豐出版股份有限公司1995年10月版

28.《中國禪宗史》，印順著，上海書店1992年3月版

29.《宗教學通論》，呂大吉主編，中國社會科學出版社
1989年7月版

後記

　　本書是江蘇省社科規劃(九五)項目「當代中國宗教倫理研究」的最終成果之一。作這項研究是為了考察當代中國大陸的宗教現狀以及在宗教倫理方面的實際體現，以研究宗教倫理和精神文明的適應關係，突出宗教的倫理功能，強化宗教倫理在提升人的品質中的積極的一面，而不是簡單地否定之。但這並不是說對宗教倫理本身不需要作分析清理工作，可以完全照搬，相反是要發掘其具有普遍意義的價值和適合於現時代的價值。全部的計劃是對包括準宗教倫理（儒教）、宗教倫理（中國基督教、佛教、道教等）、民間宗教倫理（實際存在著的）等方面的內容都作一番梳理，但因為涉及的內容太多，不是一個幾千元的小額資助所能完成的，也不是在短時間內能完成的。如果貪大求全，好大喜功，研究結果很可能是大而無當；又若是以功利之心去做這項工作，也不會有任何積極意義的結果。所以，決定先從禪宗入手，探討禪宗倫理的基本特徵，而成本書。

　　寫作此書，還是盡了最大努力，研究態度是認真的，至少原典是要去翻，不會抄二手資料，這問心無愧，至於質量寫到什麼程度，和個人的資質，或者根器有關。寫作標準的具體把握，我是依照「形而中」的原則而寫的，試圖使其具有學術性，也有可讀性，專家學者從中會覺得有觀點，普通讀者會覺得自己也能看懂一些。成高深玄妙式的學術「專著」，而試圖使其既有學術性，也有可讀性，專家學者從中會覺得有觀點，普通讀者會覺得自己也能看懂一些。

　　本書是我宗教倫理系列研究中的一部分，這一系列研

究，涉及禪宗倫理、中國佛教倫理、中國宗教倫理、佛教倫理、宗教倫理，是由點到面式的研究，現在算是開了一個頭。中國佛教倫理、佛教倫理的研究也都有了一個基本的思路，等我手頭的一些研究完成，即可著手進行。整個計劃，也許終生都完成不了，但我不會放棄。

感謝您的翻閱或閱讀。

董群

1999年6月29日

國家圖書館出版品預行編目資料

禪宗倫理 / 董群著. --初版.-- 臺北市：世界宗教博物館基金會，
2003[民92] 面； 公分. --(經典對話系列3)
參考書目： 面
ISBN957-97653-9-1　　　　　　　　(平裝)

1.禪學　2.倫理學　3.宗教類
226.6　　　　　　　　　　　　　　　92003581

禪宗倫理 經典對話系列 3

作者 / 董 群

發行人 / 釋了意

出版者 / 財團法人世界宗教博物館發展基金會附設出版社

執行主編 / 賴皆興

責任編輯 / 陳美妏、劉巧雲

封面及內頁設計 / 周木助

法律顧問 / 北辰著作權事務所 蕭雄淋律師

地址 / 106 台北市和平東路一段238號9樓

電話 / (02)2369-2437　　(02)2369-4127

傳真 / (02)2362-5290

統一編號 / 78358877

E-mail / zongbo1@mwr.org.tw　　zongbo2@mwr.org.tw

總經銷 / 生智文化事業有限公司

電話 / （02）2366-0309

郵政劃撥帳戶 / 財團法人世界宗教博物館發展基金會附設出版社

郵政劃撥帳號 / 18871894

初版一刷 / 2003 年 3 月出刊

定價 / 350元

本書是由浙江人民出版社授權在台發行繁體中文版